ERNST GÜNTHER GRIMME

BRONZEBILDWERKE DES MITTELALTERS

ERNST GÜNTHER GRIMME

BRONZEBILDWERKE DES MITTELALTERS

1985
WISSENSCHAFTLICHE BUCHGESELLSCHAFT
DARMSTADT

CIP-Kurztitelaufnahme der Deutschen Bibliothek

Grimme, Ernst Günther:
Bronzebildwerke des Mittelalters / Ernst Günther Grimme. – Darmstadt: Wissenschaftliche Buchgesellschaft, 1985.
ISBN 3-534-01592-4

1 2 3 4 5

Bestellnummer 1592-4

Satz: Maschinensetzerei Janß, Pfungstadt
Druck und Einband: Wissenschaftliche Buchgesellschaft, Darmstadt
Printed in Germany
Schrift: Linotype Garamond, 10/11

ISSN 0533-344X
ISBN 3-534-01592-4

Q(V)OD FORE CERA DEDIT TVLIT IGNIS (ET) ES TIBI REGDIT
(Was das Wachs vorgebildet hat, nahm das Feuer,
und das Erz hat es dir wiedergegeben)

Inschrift an einem Türzieher im Trierer Domschatz [1]

[1] Zit. nach Kat. Ex aere solido, Bronzen von der Antike bis zur Gegenwart, Saarbrücken 1983, S. 9.

INHALT

EINLEITUNG

Die Betrachtung der Bronzebildwerke des Mittelalters setzt zu einem Zeitpunkt ein, an dem die Kunst des Bronzegusses schon eine lange Tradition aufwies. Es ist kein Zufall, daß die „ersten“ Bronzebildwerke des Mittelalters antike Monumente waren, die Karl der Große aus Italien über die Alpen in seine Aachener Residenz schaffen ließ. Es waren das Reiterstandbild des Theoderich (vielleicht ein „umgetauftes“ Monument, das ursprünglich dem Kaiser Zeno errichtet wurde) und der spätantike Bronzeguß einer Bärin, die in Aachen, der Nova Roma Karls, die Funktion der Lupa, des Wahrzeichens der Stadt Rom, zu übernehmen hatte. Die ersten in einer karolingischen Gießhütte gefertigten Werke, die Türen und Gitter der Aachener Pfalzkapelle (vgl. S. 7ff.), folgten weitgehend antiken Vorbildern.

Schon dieser Beginn macht deutlich, wie komplex ein Überblick über die Kunst des Bronzegusses im europäischen Mittelalter sein muß. Allein die Eingrenzung auf den Werkstoff Bronze, des „edelsten“ unter den „unedlen“ Metallen, führt zu unüberwindlichen Schwierigkeiten. Wegen der geringfügig anders gearteten Mischungsverhältnisse der Grundsubstanz läßt sich der sog. Gelb- oder Messingguß hier nicht ausklammern. Die Tatsache der ursprünglichen Vergoldung der meisten Bronzegüsse macht anschaulich, wie die Entstehungszeit sie verstanden wissen wollte.

Hier kann keine „Geschichte“ dieses Kunstzweiges im Mittelalter gegeben werden, da das, was sich erhalten hat, mehr oder minder zufällig und die Liste der untergegangenen oder eingeschmolzenen Arbeiten ungleich umfangreicher ist. Die Zerstörung der Bronzetür von Benevent im letzten Weltkrieg ist nur ein Beispiel aus der jüngsten Vergangenheit.

Zwar kann man Gießhütten im mittelalterlichen Europa mit guten Gründen lokalisieren, doch gerade die Blütezeit des Bronzegusses im frühen und hohen Mittelalter läßt als Wurzelgrund oft byzantinische Bronzen oder Elfenbeine, spätantike Miniaturen oder frühchristliche Sarkophagplastik erkennen.

Die Dauerhaftigkeit des Materials führte schließlich auch dazu, daß man nicht nur hochrangige Einzelwerke aus Bronze goß, sondern auch liturgische Geräte, Kerzenleuchter, Bronzeeimer, Gießlöwen (Aquamanilen) usf. Es kommt zu einer „Breitenproduktion", die dem Gebrauchsgegenstand ebenso verpflichtet ist wie dem herrschaftlichen Grabmal, den Thronlehnen eines Kaiserstuhles oder reich reliefierten Tauffünten.

Die Literatur zur Bronzeplastik des Mittelalters ist schier unübersehbar geworden. Doch seit dem Buch von Lüer und Creutz (1902) hat es keinen Versuch einer Gesamtdarstellung mehr gegeben. Zu riesig wurde das Material, zu unergiebig waren gesicherte Quellentexte. So kam man mehr und mehr zu monographischen Untersuchungen von Einzelwerken und -komplexen. Adolf Goldschmidt und Albert Boeckler stellten die großen romanischen Bronzeportale in Deutschland und Italien vor, Otto von Falke und Erich A. Meyer sammelten das Material zu dem Corpuswerk der Bronzegeräte des Mittelalters: romanische Leuchter, Gefäße und Gießgefäße der Gotik, an das noch Ursula Mende in ihren jüngst erschienenen großen Arbeiten über die romanischen Türzieher sowie die Bronzetüren des Mittelalters anknüpfen konnte.

Angesichts einer solchen Forschungssituation wäre schon der Gedanke an eine geschichtliche Darstellung des Bronzegusses im Mittelalter vermessen. Vielmehr können nur große Einzelwerke vorgestellt werden, und auch dies nur vor dem Hintergrund der künstlerischen Gesamtentwicklung des Zeitraumes, in dem sie entstanden.

Soll es nicht bei einer Aufzählung von Stücken sein Bewenden haben, so ist Auswahl geboten, das aber heißt, Subjektivität kommt ins Spiel, und Akzente werden gesetzt. Die Fülle des sog. Gerätes, der Leuchter, Schüsseln, Glocken und Kanonenrohre usw. muß zurückbleiben. Arbeiten treten in den Vordergrund, die eben als Einzelkunstwerke von hoher Strahlungskraft sind und vergessen lassen, daß in der Spezies „Bronzeguß" das Kunsthandwerkliche im Vordergrund steht, Entwurf und Ausführung getrennt zu sehen sind und eine Fülle handwerklicher Vorgänge notwendig wird, um die ursprüngliche Intention des künstlerischen Entwurfs ins endgültige Erscheinungsbild umzusetzen.

Werkstatt und Material

Bronze bezeichnet eine Metallegierung, die dünnwandige Ausformung und eine außerordentlich feine Bearbeitung erlaubt. Wetterbeständigkeit läßt sie für den Guß skulpturaler Bildwerke als besonders geeignet erscheinen. Die Abgrenzung der Materialzusammensetzung ist schwierig, da man Messing, Erz und Glockenspeise gleichwertig neben dem Begriff Bronze verwendet. Die Legierung von „alramentum“, im Mittelalter auch „bronzium“ genanntem Material besteht aus drei bis neun Teilen Kupfer auf ein Teil Zinn, jedoch verwendet man meistens eine Mischung von 4 : 1. Auch kommen geringe Zusätze von Blei und Silber vor. Im Hinblick auf die Dominanz des Kupfers spricht man von Rotguß, während der Messingguß als Gelbguß bezeichnet wird. Die schon von Plutarch erwähnte, durch natürliche Oxydation entstehende Veränderung der Oberflächenfarbe, auch Patina genannt, konnte schon in spätmittelalterlicher Zeit durch Firnisse, Säuren und Farben vom Künstler beeinflußt werden.

In der Gießerei braucht man zur Anfertigung eines Gusses die Form, das Schmelzmaterial und den Schmelzofen. Von den beiden Haupttechniken des Voll- und des Hohlgusses ist die zweite für unsere Betrachtung die wichtigste. Während für den Vollguß eine einfache Hohlform in Stein, Sand oder Lehm genügt, die bei vollrunden Körpern hälftig oder mehrteilig zusammengesetzt sein muß, bedarf es für den Hohlguß einer komplizierter aufgebauten Form, deren Hauptkennzeichen der feste, unbewegliche Kern ist. Fast alle der hier zu betrachtenden Werke sind im sog. Wachsausschmelzverfahren, dem Guß mit der verlorenen Form, entstanden. Die Technik wird keineswegs erst im Mittelalter gebräuchlich, sie wird seit Jahrtausenden als vergleichsweise einfachstes Verfahren gepflegt. Und doch bleibt es immer ein Wagnis, ob der Guß gut aus der Form kommt, ob er überhaupt brauchbar ist oder ob Fehlstellen den Gesamteindruck beeinträchtigen. Bei diesem Verfahren wird die Wachsschicht, die die Dicke der späteren Metallwandung haben muß, um den Kern gelegt, der vorher durch ein Gerüst seinen festen Halt gewinnt. Die Wachsummantelung muß exakt mit dem Bildhauermodell übereinstimmen. Jetzt kommt der Lehm hinzu, der um die Wachsschicht gelegt wird. Einguß- und Luftröhren, die durch diesen Mantel hindurchgeführt werden, erlauben der Wachsmasse bei Erhitzung des Ganzen auszufließen. Der Brennvorgang festigt den Lehm, so daß zwischen Figurenkern und Lehmmantel nach Ausfließen des Wachses ein Leerraum entsteht, in den man durch die Luftröhren nunmehr die verflüssigte Bronze einströmen läßt. Nach dem Prozeß der Abkühlung wird der erhärtete Lehmmantel zerschlagen. Röhren und Kern entfernt man, reinigt den Rohguß und ziseliert sorgfältig Faltenwerk und andere Detailpartien nach. Die Herstellung einer fehlerlosen Form erfordert enormes technisches Können, das man im Mittelalter in so hohem Grade bewundert hat, daß häufig der Gießer vor dem Hersteller des künstlerischen Entwurfs Vorrang genoß, öfter auch durch Inschrift genannt wurde, während Bildhauer und Modelleur fast immer anonym blieben.

Die Kenntnis des Wachsausschmelzverfahrens in mittelalterlicher Verwendung danken wir der sorgfältigen Beschreibung durch den Presbyter Theophilus, der am Anfang des 12. Jahrhunderts seine ›Schedula diversarum artium‹ vermutlich im Kölner St. Pantaleonkloster verfaßte. Neuerlich hat Eckhard Freise[2] die oft vermutete Identität des Theophilus mit Rogerus von Helmarshausen, einem der größten Goldschmiede des frühen 12. Jahrhunderts, auf eine solide Basis gestellt. Im III. Kapitel dieses Schlüsselwerks (60. Abschnitt) wird der Guß eines Weihrauchfasses und wenig weiter (84. Abschnitt) ein Glockenguß in einer für das ganze Mittelalter gültigen Weise geschildert.

Theophilus beschreibt für den Guß des Weihrauchfasses zuerst die Anfertigung des Tonkerns, auf den dann die Wachsmodellschicht aufgebracht wird. Im folgenden werden die Eingußkanäle und Windpfeifen im Wachs angebracht und der Formmantel aus Ton aufgelegt. Theophilus empfiehlt jetzt das Ausschmelzen des Wachses und das Glühen der Form, die dadurch für einen weiteren Guß unbrauchbar wird. Jetzt wird die Metallegierung (aurichalcum) geschmolzen und die Form in die vorbereitete Grube gebettet. Der Guß kann nunmehr erfolgen. Nach dem Abkühlen werden Mantel und Kern entfernt. Die erkaltete Bronze wird jetzt nachbearbeitet, ausgebessert und gefeilt. Fehlstellen verlötet man und gießt sie aus. Mit Grabstichel und Schabeisen werden letzte Feinheiten herausgearbeitet. Dann folgt abschließend das Vergolden.

Auch das Verfahren des Glockengusses wird von Theophilus erläutert. Hier sorgt man zuerst für einen Tonkern über einer drehbaren, horizontal angeordneten Spindelachse. Dieser Kern wird mit dem „Glockenhemd" aus Talg bekleidet, darüber werden zwei

[2] Freise, E., Roger von Helmarshausen in seiner monastischen Umgebungswelt. In: Frühmittelalterliche Studien 15, 1981, S. 180ff. – Dagegen: Theobald, W., in: Theophilus. – Technik des Kunsthandwerks im zehnten Jahrhundert. Des Theophilus Presbyter Diversarum artium schedula. In Ausw. neu hrsg., übers. u. erl. v. W. Theobald, Berlin 1933.

Tonschichten angebracht. Die Spindel wird nunmehr herausgenommen und die Form aufgerichtet. Klöppelöse, Mittelbogen und Henkel werden angearbeitet, Windpfeifen und Einguß kommen hinzu. Über eine weitere Tonlage werden zwei eiserne Reifen gezogen und mit zwei zusätzlichen Tonschichten abgedeckt. Es folgt das Aushöhlen des Kerns, das Ausschmelzen des Talgs und das Brennen der Form in der Grube. Der Schmelzofen wird hergerichtet, in dem das Gemisch aus 4/5 Kupfer und 1/5 Zinn geschmolzen wird. Der Formofen wird nunmehr abgebrochen und die Form in der Grube eingedämmt. Man vermischt jetzt Kupfer und Zinn und bringt die Pfannen zur aufnahmebereiten Form. Das Gießen erfolgt mit Hilfe des Abschaumtuches nach Entfernen von Kohle und Asche. Die Erde wird aus der Grube ausgehoben und der Kern entfernt. Dem Zerbrechen des Mantels folgt das Entfernen der Reifen. Auf einer Spindel wird die Glocke geglättet und mit Klöppel und Aufhängebalken versehen.

Die Gußmethoden sind in dem von uns betrachteten Zeitraum kaum von den Rezepten des Theophilus abgewichen. Erst später wird der Bildguß wesentlich durch Verbesserungen erleichtert, die mechanische Wiederholungen des Wachsmodells für weitere Güsse erlauben. Die ›Trattati dell oreficeria e della scultura‹ (Florenz 1568) des Benvenuto Cellini berichten davon.

Theophilus, der Kronzeuge für mittelalterlichen Bronzeguß, beschreibt auch den schon seit der Antike gebräuchlichen Schachtschmelzofen, dessen Glut mit Blasebälgen angefacht wurde und nach Art des Tiegelofens eine unmittelbare Verbindung mit der Dammgrube besaß. Der seit dem 15. Jahrhundert gebräuchliche Flammenofen besteht aus einem Feuerraum und der damit verbundenen, geneigt angeordneten Schmelzpfanne. An ihrer tiefsten Stelle sorgt ein Stichloch für den Ablauf des Metalls. Eine gemauerte Gießrinne verbindet das Stichloch mit der Eingußöffnung der Form in der Gießgrube. Nach dem Schmelzen des Metalls entfernt man mit einer Eisenstange den Tonpfropfen, der bis dahin das Gußloch verschließt. Jetzt kann die Bronze aus dem Ofen in die Form einströmen.

Doch man sollte die Anweisungen des genialen Theophilus nicht allein als technisches Lehrbuch mißverstehen. Denn in seinem Text tut sich auch der Geist kund, aus dem heraus alle Werke, die mit Hilfe dieser „Rezepte“ entstanden, zu verstehen sind; nicht zuletzt aber auch die tiefe Einsicht, was alles man vorangegangenen Künstlern, Handwerkern und Epochen schuldig ist: „Was die sorgfältige

Voraussicht unserer Vorgänger bis in unsere Zeit überliefert hat, das darf die fromme Gottesverehrung der Gläubigen nicht verachten; und was Gott als Erbteil dem Menschen hat zukommen lassen, das soll er begierig ergreifen und sich zu eigen machen. Wenn er es sich zu eigen macht, soll sich niemand rühmen, als ob er es aus sich geschaffen und nicht von anderer Seite her bekommen hätte, sondern er soll sich im Herrn rühmen, von dem er und durch den er alles erhalten hat, und ohne den er nichts erreicht habe, in aller Bescheidenheit seiner Freude Ausdruck geben." (Aus der Einleitung der ›Schedula diversarum artium‹ des Theophilus Presbyter.)

Behandelte Werke

Unsere Betrachtung gilt in erster Linie der Bronzeplastik, d. h. vornehmlich dem nicht zweckgebundenen Bronzeguß. Doch gerade bei dieser Technik sind die Grenzen zwischen freier und angewandter Kunst so fließend, daß eine solche strikt durchgeführte Trennung etwas Gewaltsames haben müßte. So wird durchaus die Rede von Lesepulten und Leuchtern, Taufbecken und Weihrauchfässern sein müssen, soweit sie hohen künstlerischen Rang haben.

Es wird zu fragen sein, wann Epochen der Blütezeit innerhalb der Kunst des Bronzegusses anzusetzen sind und welchen Gesetzmäßigkeiten sie folgen. Gibt es ikonographische Sonderheiten innerhalb der Bronzekunst und landschaftsgebundene stilistische Eigenarten?

„Die Schöpferkraft der deutschen Bildhauer des 13. und 14. Jahrhunderts und ihrer Hütten hat sich nur ausnahmsweise in Bronze ausgedrückt, in Stein bauten sie und in Stein meißelten sie ihre großartigen architekturgebundenen Werke. Daneben läuft die reiche, aber unbedeutende Produktion eines gediegenen, die kultischen Bedürfnisse befriedigenden bürgerlichen Erzgießerhandwerks, aus denen sich nur wenige Werke über den Durchschnitt erheben ..." (H. R. Weihrauch). Mit einem Blick auf die großen Werke, die eine Brücke schlagen aus dem Denken des Mittelalters in eine neue Landschaft des Bildens und Erfindens – es sind bezeichnenderweise Sepulcralanlagen –, soll unsere Darstellung ausklingen: dem Nürnberger Sebaldusgrab und dem gigantischen Projekt des Kaisergrabes Maximilians I. in der Innsbrucker Hofkirche.

KAROLINGISCHE BRONZEGÜSSE

Karl der Große hat das Zentrum seines Reiches, Aachen, mit Denkmälern ausgestattet, die der Intention des Herrschers, inmitten des Frankenlandes eine „Roma nova“ entstehen zu lassen, bildhaften Ausdruck verleihen sollten. Es sind entweder antike Originale oder Nachbildungen römischer Werke, mit deren Hilfe die „Authentizität“ dieses Reichszentrums legitimiert werden sollte. Vornehmlich erhaltene Bronzegüsse lassen heute noch erkennen, wie mit Hilfe von Kunstwerken dem Gedanken von der „Renovatio imperii“ Anschaulichkeit verliehen werden sollte. So bringt man das Bronzereiterbild des Theoderich aus Ravenna über die Alpen nach Aachen, gibt einer antiken Bronzebärin gleichsam als „Ersatz“ der römischen „lupa“ ihren Ort im Pfalzbereich und vervollständigt die aus dem byzantinischen Kaiserhof und der römischen Papstresidenz gewonnene Vorstellung eines neuen „caput mundi“ durch eigene Werke, die als erste große Zeugnisse nachantiker Thoreutik in einer Aachener Gießhütte entstehen.

So ist es vornehmlich ein politischer Aspekt, der die staunenswerten Bronzegüsse der Aachener Werkstatt entstehen läßt. Hierzu mußten Fachleute aus Ländern der antiken Welt berufen werden, die das Wissen um künstlerische Form und fachgerechte Technik gleichsam noch als fortwirkendes Erbteil eines untergehenden Zeitalters in die Bildung einer neuen, im Christentum wurzelnden Weltordnung einbrachten. Es ist ein erregender Vorgang, wie etwa an den Bronzegittern (Abb. 2) der Pfalzkapelle in der Mischung von spätantiken Formelementen und nordländisch geprägter Ornamentik die Quellströme mittelalterlicher Kunst offen zutage treten. So hätte es nicht der Grabungen bedurft, die Schlacken und Teile von Gußformen zutage förderten, um diese erste nachantike Gießhütte im cisalpinen Bereich in Aachen nachweisen zu können. 1911 hat man sie aufgefunden. Ein gut erhaltenes Formstück erlaubt einen Gipsnachguß, der feingestufte antikisierende Profile erkennen läßt (seit 1954 verschollen).

Es waren die Jahre zwischen 794 und 798, in denen sich Karls monumentales Pfalzprojekt entwickelte und „aus dem Frankenführer zu Pferd . . . der König in seiner Residenz wurde“ (Braunfels).

Ihrer Ausstattung hatten alle künstlerischen Techniken zu dienen, allen voran der Bronzeguß, sah doch schon die Grundkonzeption der Pfalzkapelle Bronzetüren und -schranken vor. Nach Alkuins Zeugnis war der Rohbau 798 vollendet. Sechzehn gut erhaltene große Güsse – acht Emporenschranken und acht Türflügel – künden noch heute von der wahrhaft königlichen Ausstattung, mit der die Capella Palatina in den Folgejahren geschmückt wurde. Des Kaisers Biograph Einhard hebt diese einzigartige Zier des Bauwerks in seiner ›vita Caroli magni‹ rühmend hervor: „basilicam ex aere solido cancellis et januis adornavit" – er schmückte die Kirche mit Gittern und Türen aus starkem Erz. Wolfgang Braunfels hat sich zuletzt ausführlich mit der Werkstatt und der Chronologie der in ihr geschaffenen Werke auseinandergesetzt.[1] Er nimmt an, daß sich die Bronzegießer schon in anderen Zentren des Reiches, vielleicht in St. Denis, in Metz, an der Maas, in Worms oder Regensburg, bewährt hatten, bevor sie nach Aachen berufen wurden, um hier einen Auftrag auszuführen, den nur ein Mann vom Range Karls erteilen konnte. Vergleichbares ist auf Jahrhunderte hin nicht mehr entstanden. Praktisch unvorbereitet, ohne eine lange künstlerische Entwicklung, aber auch ohne greifbare Nachfolge, so stellt sich die Leistung dieser Gießhütte dar. In ihr hat man wahrhaft „monumental" gedacht. Das gilt nicht nur von den äußeren Dimensionen ihrer Werke – ein Türflügel der sog. Wolfstür wiegt allein 34 Zentner –, sondern auch bei aller Variabilität innerhalb der Einzelform von der kongenialen Einpassung von Gittern und Türen in die Architektur. Mit ihnen verbindet sie sich zu einem „Gesamtkunstwerk", das insofern echt karolingisch ist, als es sich einmalig und unwiederholbar als Zeugnis der karolingischen Staatsidee, unmittelbar als „Style carolingienne" zu erkennen gibt, möglich nur in der Regierungszeit des großen Karl, nach dessen Tod die Aachener Hofwerkstätten sich auflösen.

Die Aachener Gitter

Obgleich die acht Bronzeschranken des Aachener Hochmünsters aus einer großartigen Gesamtkonzeption entwickelt wurden, sind

[1] Braunfels, W., Karl der Große, Lebenswerk und Nachleben, Bd. III, Karolingische Kunst, Düsseldorf 1965, S. 168ff.: Karls des Großen Bronzewerkstatt. – Ders., Kat. Karl der Große, Aachen 1965, S. 27ff. – Ders., Die Welt der Karolinger und ihre Kunst, München 1968, S. 135ff.

sie untereinander verschieden und lassen sich in stilistische Gruppen einteilen, in denen jeweils „Fränkisches“ und „Römisches“ dominiert[2]. Gemeinsam ist ihnen allen die Aufteilung in vier Felder, in denen sich bewegtes ornamentales Leben entfaltet. Die Abmessungen betragen 122 cm in der Höhe und divergieren in der Breite zwischen 419 und 429 cm. Bei den „fränkischen“ Gittern (Abb. 2) markieren in je zwei der fast quadratischen Felder Vierpaßrosetten die Kreuzungspunkte diagonal verlaufender Flachstäbe, während in den beiden anderen rechtwinklig angeordnete Kreuzformen, in einen Vierpaß zentriert, von einem Winkelrahmen umfaßt sind. Einmal hochgestellt, einmal lagernd, versuchen sie der Eintönigkeit vorzubeugen. Beim zweiten „fränkischen“ Gitter sind die „Winkelrahmenfelder“ von den „Diagonalstab“-Füllungen in die Mitte genommen, so daß nun ein zentrierender Rhythmus entsteht. Ein einheitliches Rahmenmotiv aus Stauden mit Fünfblättern umfaßt die ganze Abfolge, während ein reiches Volutenmotiv den Schmuck der Vertikalstreifen bildet, die die Einzelfelder voneinander trennen. Noch betonen die wie „ausgesägt“ wirkenden Füllmotive die Fläche, erinnern an germanische Zweidimensionalität. Die „römische“ Gruppe ist durch die Verwendung des „opus quadratum“, wie es an zahlreichen frühchristlichen Chor- und Altarschranken überliefert ist, stärker plastisch empfunden.

Die Flachstäbe sind nun zu kräftigen Vierkantelementen geworden. Kleine und große plastisch durchformte Rosetten beugen dem Abgleiten vom Ornament zum Muster vor. In der „klassizistischen“ Gruppe ist das bisher verwandte Rahmenwerk aufgegeben. Man verwendet jetzt architektonische Ordnungen. Kannelierte Pilaster mit korinthischen Kapitellen trennen die Einzelfelder und tragen das Abschlußgesims bzw. die mit reichem antikisierenden Pflanzenornament belegte Abschlußleiste (Abb. 3). Bei dem wohl zuletzt entstandenen Gitter ist in jede der vier Füllflächen nochmals ein kräftig profiliertes Rahmenwerk einbeschrieben. Die plastische Stufung vom „fränkischen“ Flachgitter zu „klassizistischer“ Plastizität muß sich in einem Zeitraum von weniger als einem Jahrzehnt abgespielt haben, in dem man auch jene technischen Schwierigkeiten überwunden hat, denen man sich, wie es der Wechsel von Hohlguß am Thron- und Chorgitter zum Massivguß an den übrigen ver-

[2] Braunfels, W., Die Welt der Karolinger und ihre Kunst, a. a. O., S. 136ff.

deutlicht – anfangs gegenübersah. Schon 1865[3] hatte man beobachtet, daß die beiden „cancelli nach Osten und Westen zuerst fertiggestellt wurden . . . bei dem Hohlguß dieser Umrahmungen, mit freistehenden Laubornamenten nach beiden Seiten hin, ergaben sich große technische Schwierigkeiten; aus diesen Gründen dürfte man bei dem nachfolgenden Guß der übrigen Schranken diese à jour-Arbeiten bei den Umrahmungen haben fallen lassen. In der That ersieht man oben auf der Brüstungslehne der Gitter nach Osten und Westen hin mehrere offene Stellen, die anzeigen, daß technische Mängel und Unvollkommenheiten durch den Guß entstanden sind."

Im Jahre 1794 wurden alle Gitter herausgebrochen, um zusammen mit den antiken Säulen nach Paris verbracht zu werden. Sie sind jedoch in Aachen geblieben und kamen 1843 wieder an ihren alten Ort. Von ihrer einstigen Vergoldung ist nichts erhalten. Auch eine Wirkung in die Zukunft scheint ihnen versagt gewesen zu sein, sieht man einmal vom Utrechter Elfenbeinkelch des Lebuinus ab, bei dem der Schnitzer Rankenwerk und Kapitellformen der späten Gitter in den Ornamentdekor der Cuppa überträgt.

Die Aachener Türen

Von den ehemals fünf Bronzetüren der Pfalzkapelle haben sich vier erhalten. Die drei kleineren (Abb. 1) öffneten sich im Ober- und Untergeschoß zu den nördlichen und südlichen Anbauten, während die große als Hauptportal (Abb. 4) diente. Wie die Gitter gehören die Bronzetüren von Anfang an dem Gesamtplan an, ersichtlich aus den in der Architektur ausgesparten Öffnungen, die der Aufnahme der inneren Querbalkenverriegelung dienten. Früher hat man geglaubt, die monumentalen Türflügel seien antiken Ursprungs und wie die römischen und ravennatischen Säulen des Münsters über die Alpen gebracht worden, um den Glanz der Roma Secunda zu mehren; als jedoch bei Ausgrabungen (s. o.) Schlacken gefunden wurden, die erkennen ließen, daß hier Teile antiker Portale gleicherweise als Modell wie auch als Rohmaterial gedient hatten, waren schlagartig alle Zweifel an der Existenz der Aachener Hütte, die nach Fertigstellung des Rohbaues der Pfalzkapelle gegen

[3] Bock, F., Karls des Großen Pfalzkapelle und ihre Kunstschätze, Cöln u. Neuß 1865, S. 23.

Ende des 8. Jahrhunderts (zwischen 794 und 800), die Bronzeportale gegossen hatte, ausgeräumt. Römische Portale bestehen zudem aus starken Holzbohlen mit aufgelegtem gehämmertem und getriebenem Bronzeblech. Die Aachener Türen hingegen sind massive Güsse.[4] Die Flügelmaße der kleineren Türen betragen 238 cm in der Höhe und 73 cm in der Breite.

Profile nach antikem Vorbild, nicht unähnlich der Friesornamentik an der Lorscher Königshalle, rahmen die Türfelder. Jeder Flügel ist in zwei quadratische Felder oben und unten sowie ein hochrechteckiges Mittelfeld aufgeteilt und von fein gestuften Rahmungen eingefaßt. Hauptschmuck sind die Löwenköpfe, deren „Ausdrucksmacht", ihre „archaische Spannung und Wildheit, die weder antik noch naturalistisch ist" (Braunfels) fast wie ein Fremdkörper in dem eher zarten und verhaltenen formalen Aufbau des Ganzen wirken. In eigentümlichem Unterschied zum Löwenkopf des Hauptportals (Abb. 5) wölben sich die Augäpfel plastisch vor, werden sanfte „naturalistische" Übergänge zugunsten markanter, zu dämonischer Maskenhaftigkeit tendierender Stilisierung aufgegeben. Hier beginnt sich der Weg zu romanischen Löwenköpfen abzuzeichnen (Abb. 6).

Die so andersartigen Köpfe des großen Hauptportals zeichnen sich durch größere „Naturnähe", zartere Modellierung, die Einbettung der Augäpfel in ihre Höhlungen aus. Man hat in diesen antikisierenden Tierphysiognomien den Einfluß der antiken Bärin (vgl. S. 7) sehen wollen, die als Ersatz der römischen Lupa wenig vorher nach Aachen gekommen und in der Nähe des Hauptportals aufgestellt worden sein muß. Spätestens seit dem 14. Jahrhundert wurde das Portal „Porta lupi" genannt.

Im Gegensatz zu den kleineren Türen sind die Flügel der großen (Abb. 4) in je acht gleichgroße Hochrechtecke unterteilt, deren einziger Schmuck die äußerst differenzierten, in vielfacher Stufung ihren plastischen Grad ändernden Rahmenprofile bilden. Ein Kranz von vierundzwanzig Akanthusblättern bindet die beiden Löwenköpfe in den ornamentalen Gesamtrapport ein.

Unsere Vorstellungskraft muß die Türen in ihre einstige Vergoldung und an ihren ursprünglichen Ort zurückversetzen, muß sie zusammensehen mit den vergoldeten Gittern, den antiken Säulen und karolingischen Mosaiken, um sich die betörende Schönheit des ganzen Ensembles zu vergegenwärtigen, das in karolingischer Sicht

[4] Braunfels, W., Die Welt der Karolinger, a. a. O., S. 137.

ein Abglanz des Himmelsjerusalems darstellte und, tief im fränkischen Land gelegen, auf seine Zeitgenossen wahrhaft wie ein Wunder aus einer anderen Welt gewirkt haben muß.

Der Aachener Pinienzapfen

Als weiteres Monument, das Karls Gedanken von Aachen als der Roma nova Anschaulichkeit verleihen sollte, hat ein Pinienzapfen von 91 cm Höhe und 68 cm größter Breite zu gelten (Abb. 7). Er steht heute in der Vorhalle des Domes und hat ehemals den Atriumsbrunnen der Pfalzkapelle bekrönt. Über seine Entstehung gibt es drei Theorien: So hielt man die eigentliche Pigna für antik mit ottonischem Fuß, datierte sie in karolingische, den Fuß in ottonische Zeit und bezeichnete zum dritten das Ganze als ottonisch. Richtig ist sicher die Zusammenbringung der Pigna mit Karls des Großen Romsymbolik. 129 durchbohrte Schuppen, durch die Wasser fließen konnte, bilden die eigentliche Pigna. An den Ecken der Grundplatte sitzen auf Amphoren „reitend" kleine Männer, die durch eine Inschrift an der Sockelplatte als Personifikationen der Paradiesströme ausgewiesen sind:

Dant orbi laticus quaeq incrementa gerentes
Fertilis Eyfrates velox ut missile Tygris
Phison auriferis Gehon sed mitior undis (diese Zeile im 19. Jh. ergänzt)
Auctori grates canit Udalrich pius abbas

Ursprung allen Gewässers, reichen der Erde die Flut dar;
Euphrat, der fruchtbare Fluß und pfeilschnell eilend der Tigris
Goldhaltig der Phison und Gehon mit sanfteren Wellen;
Fromm singt Dank dem Schöpfer der Dinge Udalrich unser Abt.

Die Erwähnung eines Abtes Udalrich in der Widmungsinschrift hat zur zeitlichen Bestimmung nichts beitragen können, denn ein Abt dieses Namens hat bisher keine Konturen gewonnen, blieb unbekannt.[5]

[5] Aus einem unpublizierten Manuskript der vierziger Jahre des vorigen Jahrhunderts (Bock, P. C., Bericht über die baulichen Alterthümer des Aachener Domes, Aachen, Domarchiv) geht hervor, daß um diese Zeit noch mindestens drei Seiten der Inschriftleiste der Pigna erhalten waren. Bock sieht in dem Abt Udalrich, den die Inschrift als Stifter erwähnt, den Bruder von Karls dritter Frau, Hildegard.

Die Qualität der Pigna bleibt hinter den übrigen Güssen der karolingischen Hütte zwar zurück, doch ist eine Entstehung im Gesamtzusammenhang der Symbole für die Aachener Roma secunda sehr wahrscheinlich. Auf ursprünglich glatter Unterfläche mag er eine Brunnensäule bekrönt haben, die analog zum Pinienzapfen im Atrium von Alt-St.-Peter als Wasserspender in einem flachen, runden Becken angeordnet war.[6] In ottonischer Zeit wären dann der Aachener Pigna die Personifikationen der Paradiesflüsse und die darauf bezogene Inschrift hinzugefügt worden. (Dem steht eine andere Auffassung entgegen, nach der das Werk antik-römisch mit karolingischem Fuß sei, denn es sei unwahrscheinlich, „daß ein fremder Abt das Werk in Aachen nachträglich verändert haben soll. Die Inschrift kann nur auf das Ganze bezogen werden, und nur aus dem Zeitalter Karls sind Antikentransporte nach Aachen überliefert" [Braunfels].)

Die karolingische Reiterstatuette im Pariser Louvre

Vom Aussehen des Reiterstandbildes des Theoderich, das Karl der Große von Ravenna nach Aachen überführen ließ, haben wir durch das Zeugnis des Agnellus und Walhafried Strabos nur dürftige literarische Kunde: „Ein ehernes, vergoldetes Pferd, dessen Reiter König Theoderich auf der linken Seite einen Schild trug, in der hocherhobenen Rechten eine Lanze schwang."[7]

In der 29 cm hohen Reiterstatuette eines karolingischen Herrschers, die aus dem Schatz der Metzer Kathedrale auf mancherlei Umwegen an die Stadt Paris kam und in die Galérie d'Apollon des Louvre gelangte, hat sich hingegen ein originaler karolingischer Bronzeguß erhalten, dessen Entstehung im 9. Jahrhundert nach langen Debatten heute nicht mehr strittig ist[8] (Abb. 8). Das Pferd hat man mitunter wegen seiner Antikennähe als eine Ergänzung aus der Renaissancezeit betrachtet. Man übersah, daß gerade karolingi-

[6] Cüppers, H., Der Pinienzapfen im Münster zu Aachen. In: Aachener Kunstblätter 19/20, 1960/61, S. 90ff.

[7] Grimme, E. G., Aachener Goldschmiedekunst im Mittelalter, Köln 1957, Anm. 5, S. 133.

[8] Zuletzt: Mütherich, F., Die Reiterstatuette aus der Metzer Kathedrale. In: Studien zur Geschichte der europäischen Plastik. Festschrift für Theodor Müller, München 1965, S. 9ff.

sche Kunst antike Vorlagen täuschend kopiert hat. Vornehmlich Elfenbeinreliefs beweisen es. „Wieviel höher muß man die Möglichkeiten der unmittelbaren Nachahmung in der Bronzekunst veranschlagen, nicht nur von der Technik her, sondern auch vor allem darum, weil hier die karolingisch-fränkische Kunst an eine wohl nie ganz erloschene gallo-römische Tradition anknüpfen konnte" (Mütherich).

Naturnahe Beobachtung kennzeichnet die in unpaß geführter Bewegung erfaßten Beine des Tieres. Wuchtig gedrungen Kopf und Brust, die Mähnenhaare über der Stirn in dreiflammigem Busch hochgekämmt. Die Hinterhand prall sich rundend, der Schweif in üppiger Wellung gegeben. Der Reiter verkörpert imperiale Würde. An seiner karolingischen „Herkunft" lassen Tracht und Insignien keinen Zweifel. Das Haupt trägt die Lilienkrone. Die Rechte hält den Globus, die Linke wohl ehemals das Szepter. Unter dem auf der rechten Schulter gefibelten Reitermantel sieht man das fränkische Kurzschwert. Antikes Erbe und karolingische Herrschaftsvorstellung sind kaum je einen engeren Bund eingegangen als in dieser Bronzestatuette.

Der Reiter samt Satteldecke und das Pferd der ehemals vergoldeten Gruppe sind aus zwei Teilen einzeln gegossen. Arme und Beine des Reiters sind Vollgüsse. Auch der Kopf des Reiters ist gesondert gearbeitet und mit Hilfe eines im Inneren befestigten Dübels aufgesetzt. Auch Schweif und Füße des Pferdes sind angesetzt. Als spätere Ergänzung hat die rechte Hand des Reiters zu gelten. Die Restaurierungsphotos von 1934 geben wichtige Hinweise auf das gußtechnische Verfahren[9]: „Die Aufnahmen zeigen Pferd und Reiter einzeln . . . und ermöglichen vor allem das Studium der in der zusammengesetzten Figur unter dem Reiter und der Satteldecke nicht sichtbaren Teile des Pferdekörpers. Dort finden sich außer den für die beiden Nieten benötigten Löchern zwei größere runde Öffnungen, die einander genau gegenüber liegend dicht hinter der Mähne angebracht sind. Sie entsprechen der auf der Unterseite des Pferdebauches vorhandenen Öffnung und dienten wie diese und mit ihr zusammen wohl zur Befestigung und zur Beseitigung des Gußkerns. Höchst interessant ist auch, daß das Zaumzeug hinten und vorn nur bis zum Ansatz der Satteldecke ausgeführt ist, so daß an der Zusammengehörigkeit von Pferd und Reiter nicht gezweifelt werden kann. Faßt man diese Beobachtungen zusammen, so ergibt

[9] Zit. nach Mütherich, a. a. O., S. 10f.

sich, daß die Statuette in einem ebenso komplizierten wie umständlichen Gußverfahren entstand, bei dem die schwierigen Teile entweder in Vollguß ausgeführt oder aber durch nachträgliches Ansetzen hinzugefügt wurden . . ."

Der technische Befund entspricht der stilistischen Einordnung ins 9. Jahrhundert, genauer in den von Wilhelm Köhler erstmals 1928 nachgewiesenen Zusammenhang mit den Elfenbeinen der sog. jüngeren Metzer Gruppe [10]. Damit käme man in die Regierungszeit Karls des Kahlen um 870. So hätte man in dem Reiter nach Stil, Tracht und Attributen, vor allem jedoch nach dem Kopftyp einen karolingischen Herrscher zu sehen. Auch Kronenform, Barttracht, Reitermantel, die hosenartigen Beinkleider und -wickel sowie die Schuhe sprechen dafür. Doch die Festlegung auf einen bestimmten Herrscher ist bisher nicht gelungen. So nimmt P. E. Schramm „ein Erinnerungsbild" an. F. Mütherich spricht von einem „Bild des karolingischen Herrschers schlechthin", dem von Anfang an der „unbesiegte Name" verbunden gewesen sei. Wie immer man sich entscheiden mag, es gibt zu dem Kopf des Reiters keine näheren Entsprechungen als die Reliefs auf den Münzen Karls des Großen. [11] So mag das Vorbild zur Metzer Statuette denn vielleicht im gleichen Umkreis zu suchen sein, in dem auch die Gitter und Türen der Pfalzkapelle entstanden: in der Hofschule zu Aachen.

Die Frage, welchem Zweck die Bronzestatuette, die 1632 noch als vergoldet erwähnt wird, ursprünglich gedient hat, ist zwar oft gestellt, aber nirgends überzeugend beantwortet worden. Vielleicht enthält eine Nachricht aus dem Jahre 1682 noch einen bedenkenswerten Ansatz für die Klärung der einstigen Verwendung: Da heißt es: « Et le jour de son (Karl d. Gr.) obit on met une autre petite statue de bronze et de même figure sur le même lectrier, qui demeure la depuis les vigiles qui se chantend le jour précédent jusqu'à la fin de la messe. Et cette statue est accompagné de quatre cierges qui brûlent nuit et jour. » [12] Es könnte dies für die Annahme sprechen, daß das

[10] Köhler, W., Rezension von Schramm, P. E., Die Bildnisse der deutschen Könige und Kaiser. In: Deutsche Literaturzeitung 1930, Sp. 939 ff.

[11] Braunfels, W., in: Kat. Karl der Große, a. a. O., Nr. 29 a u. b, S. 43.

[12] Meurisse, Histoire des Evêques de l'Eglise de Metz. – In derselben Quelle und in den Metzer Schatzverzeichnissen wird noch eine weitere Statuette aus Silber erwähnt. Sie ist wohl identisch mit einer 1507 angefertigten Figur Karls des Großen, die seit der Französischen Revolution verschollen ist. Die Bronzestatuette wurde in den Revolutionsjahren verschleudert, kam aus Privatbesitz an die Stadt Paris, wurde 1870 beim Brand des Rathau-

Bronzewerk in der Zeit Karls des Kahlen gefertigt wurde, um als Erinnerungsbild und gleichzeitig allgemeines karolingisches Herrschersymbol bei feierlichen Anlässen auf dem Altar Aufstellung zu finden.

Der „Dagobert-Thron" im Pariser Cabinet de Médailles

Wie sehr Bronzegüsse aus karolingischer Zeit in die politische Wirklichkeit des folgenden Jahrtausends hineingewirkt haben, beweist einmal mehr der im Pariser Cabinet de Médailles aufbewahrte sog. „Dagobert-Thron", ein fränkischer Bronzestuhl von 1,5 m Höhe (Abb. 9). Als Napoleon I. 1804 im Lager von Boulogne die ersten Kreuze der Ehrenlegion an die auf die Landung in England wartende Armee austeilte, nahm er auf eben diesem Thron Platz.[13] Man sah in ihm den stummen Zeugen eines Jahrtausends fränkisch-französischer Geschichte. Er kommt aus dem ehrwürdigen Königskloster St. Denis und galt als Thron Dagoberts I. oder Chlotars II., beides Merowinger aus dem Beginn des 7. Jahrhunderts.[14] Abt Suger von St. Denis († 1151) berichtet, daß er die in seinem Kloster verwahrte Cathedra des Königs Dagobert, die altertümlich und zugleich beschädigt gewesen sei, wieder habe herstellen lassen. Dieses Zeugnis stimmt mit dem stilistischen Befund insoweit überein, als der Thron Teile aus zwei verschiedenen Epochen an sich vereint, der frühkarolingischen wie der hochromanischen.

Der Thron ist zusammenschiebbar und gibt sich somit als frühmittelalterliche Nachbildung eines spätrömischen „Faldistoriums" (zusammenklappbarer Stuhl) zu erkennen. Das Gelenk für die klappbaren, x-förmigen Zargen verbirgt sich in einer Rosette mit Perlenkranz, deren Ornamentik gleichwie der Schmuck der Stützen selbst frühmittelalterlichen Ursprungs ist. Die Hauptzier des Stuhles bilden die vier prachtvollen Löwenköpfe, die sich in kraftvoller Stilisierung aus den geschwungenen Stuhlbeinen herausentwickeln. In seinem um 845 gemalten Psalter (London, British

ses beschädigt und verlor ihre Vergoldung. Aus dem Musée Carnavalet gelangte sie in den Louvre.

[13] Jones, W., Crowns and Coronations. A History of Regalia, London 1885, S. 485f.

[14] Schramm, P. E., Herrschaftszeichen und Staatssymbolik, Stuttgart 1954, Bd. I., S. 326ff., mit der bisherigen Literatur.

Museum) ist Kaiser Lothar I. auf einer ähnlichen „Sella" thronend dargestellt. Das hat P. E. Schramm zu der Annahme veranlaßt, daß auf dieser Miniatur aus dem Aachen-Lütticher Raum ein Reflex des „Dagobert-Throns" faßbar wird und dieser somit einmal in Aachen gestanden habe.[15] Die Verbindung zu Karls des Großen Hofwerkstatt wäre damit wiederum gegeben. Von Aachen nach St. Denis ist der Weg namentlich im Zeitalter Karls des Kahlen stets ein sehr direkter gewesen, und so ist nicht auszuschließen, daß der legendäre „Dagobert-Thron" ursprünglich zur Ausstattung von Karls Pfalz gehört hat und vielleicht identisch ist mit dem Thron, der nach Annahme jüngster Forschung bei feierlichen Anlässen in der westlichen Außenapsis der Aachener Pfalzkapelle gestanden hat.[16] Nur durch Analyse der Gußtechnik, der Metallbehandlung und -legierung könnte man hier sicheren Boden gewinnen und die Frage beantworten, ob der „Dagobert-Thron" zur ursprünglichen Ausstattung der Aachener Pfalz gehört hat und erst später nach St. Denis gelangte.

Daß es sich um einen Königsstuhl gehandelt hat, steht angesichts der Pracht und Kostbarkeit außer Zweifel. Er bietet somit ein weiteres Zeugnis für die Verwendung des Bronzegusses in karolingischer Zeit als eines „imperialen" Materials, dem man mit Hilfe der Vergoldung ein noch kostbareres Aussehen gab und dem Wunsch Ausdruck verlieh, daß diese Werke über die Zeiten hinweg jenen Ewigkeitswert verkörpern sollten, in dem man die eigene politische Vorstellung als einer gottgewollten aufgehoben wissen wollte.

Karolingisches Nachleben in der Mainzer Bronzetür

Wie intensiv die Strahlungskraft karolingischer Bronzen für die kommenden Jahrhunderte gewesen ist, beweisen die Türflügel am Marktportal des Mainzer Domes (Abb. 10). Erzbischof Willigis (975–1011) ließ sie gießen und ihnen eine Inschrift hinzufügen, die ihn als Auftraggeber nennt:

> Postquem magnus imperator Karolus
> suum esse iuri dedit naturae

[15] Schramm, a. a. O., S. 329.

[16] Hugot, L., Das Grab Karls des Großen in: Aachener Kunstblätter 52, 1984, S. 7ff.

Willigisus archiepiscopus ex metalli specie
valvas effecerat primis.
Berengerus huius operis artifex lector
ut pro eo dominum roges postulat supplex.

Hier wird neben dem Stifter nicht nur als Künstler Berengar genannt, der wohl mit dem Gießer identisch ist, sondern auch erwähnt, daß Anregungen der mit Karls des Großen Namen verbundenen Aachener Türen aufgegriffen wurden. Die Mainzer Flügel befanden sich an der Liebfrauenkirche. Nach deren Zerstörung 1793 hat man sie 1804 an den Dom überführt, für den sie ursprünglich auch geschaffen waren; denn der Dom war die Hauptschöpfung des Erzbischofs Willigis. Bei der Domweihe 1009 dürften die Flügel schon vollendet gewesen sein. Hundertfünfzig Jahre später, 1159, hat Erzbischof Arnold von Gelnhofen sie bei der Beraubung der Domkirche entfernen lassen.

Berengar hat jeden Flügel in zwei gleich große Felder unterteilt, die durch feine Profilierungen, Kehlungen und Plättchenfriese gerahmt werden. Die Löwenköpfe mit dem Türring in den unteren Feldern geben sich durch ihren fortschrittlichen Stil und ihre größere Naturnähe als Zutaten des frühen 13. Jahrhunderts zu erkennen. Die erwähnte, in klarer, ausgewogener Antiquaschrift ausgeführte Inschrift ist in die horizontalen Rahmen gemeißelt, während eine im 12. Jahrhundert angebrachte, unzial untermischte Inschrift mit den Privilegien des Erzbischofs Adalbert an die Stadt vom Jahre 1118 in die beiden oberen Türfüllungen eingegraben wurde. Jeder Flügel ist in einem Stück gegossen und mißt 3,7 m in der Höhe und 1 m in der Breite. Adolf Goldschmidt[17] hat folgende Legierungstabelle für die Zusammensetzung des Materials mitgeteilt:

	Linker Flügel	Rechter Flügel	Löwenköpfe
Kupfer	75,18	80,11	84,49
Zinn	16,32	13,43	11,27
Zink	2,27	(1,59)	–
Blei	7,02	4,87	3,69

Beimischungen von Zink sind unerheblich. Im Gegensatz zu den Aachener Türen ist der Zinngehalt größer und die Kupfermenge entsprechend geringer.

[17] Goldschmidt, A., Die deutschen Bronzetüren des Mittelalters, Marburg a. L. 1926, S. 12.

BISCHOF BERNWARD VON HILDESHEIM UND DER BRONZEGUSS IN OTTONISCHER ZEIT

War es der Roma-nova-Gedanke Karls des Großen gewesen, der den Aachener Bronzegüssen am Ausgang des 8. und am Beginn des 9. Jahrhunderts ihr antikisierendes Gepräge gegeben hatte, so ist an der Jahrtausendwende der große Initiator, ja wohl auch der mitentwerfende Künstler Bischof Bernward von Hildesheim gewesen. In seiner Amtszeit von 993 bis 1022 entstanden in den Hildesheimer Werkstätten Bronze- und Silbergüsse von solch überragender Bedeutung, daß mit Recht von einer bernwardinischen Kunst gesprochen werden kann. Die Lebensbeschreibung, die Thangmar, Bernwards einstiger Lehrer an der Hildesheimer Domschule, von seinem großen Schüler verfaßte[1], gibt Auskunft über Abstammung, Umkreis und Aufgaben des aus sächsischem Adel stammenden Bernward. Universelle Bildung und künstlerische Fertigkeit verschafften dem in der Hildesheimer Domschule Erzogenen solch hohes Ansehen, daß man ihn im Jahre 987 an den kaiserlichen Hof berief und ihm die Erziehung des siebenjährigen Otto III. übertrug. Sechs Jahre später, am 15. Januar 993, weiht Erzbischof Willigis von Mainz Bernward zum Bischof von Hildesheim. Nunmehr bietet sich seinen künstlerischen Neigungen der große Wirkungskreis, in dem er seine Vorstellungen realisieren kann. Doch wiederum ist es der Romgedanke, diesmal in der Sicht der Renovatio Imperii Romanorum des schwärmerischen Jünglings Otto, der Bernwards Gesichtskreis weitet. So beginnt er am 2. November des Jahres 1000, der Weisung Ottos folgend, seinen Zug nach Rom. Zwei Monate später heißen ihn Papst und Kaiser in der Residenz auf dem römischen Aventin willkommen. Thangmar berichtet von den politischen Aufgaben, mit denen Bernward betraut wurde, aber auch von seinen Besuchen in römischen Kirchen, wo ihm Vorbilder und Anregungen für die Ausgestaltung seiner eigenen Bischofsresidenz in reicher Fülle vor Augen standen. So mag er die bis heute erhaltenen Holztüren von Sta. Sabina im Schmuck ihrer reichen

[1] Vita Bernwardi Episcopi Hildesheimensis Auctore Thangmaro, M. G. SS. IV, 754–782.

Reliefs gesehen haben und vieles, was uns nicht einmal mehr durch Schriftquellen überliefert ist.

Doch nicht nur Rom hat den Hildesheimer Bischof tief beeindruckt, auch die Wallfahrt nach St. Denis und Tours im Jahre 1007 hinterläßt deutliche Spuren in den Werken der Hildesheimer Werkstätten. Vom umfassenden Einfluß, den Bernward auf die hier entstehenden Werke genommen hat, kündet Thangmars Zeugnis: „In der Schreibkunst ragte er ganz besonders hervor, die Malkunst übte er bis ins feinste, in der Kenntnis des Erzgusses, in der Geschicklichkeit, edle Steine zu fassen, in jeder Art der Baukunst war er Meister.“[2] Die Werkstatt, der Bernward anvertrauen konnte, was er an Vorbildhaftem am ottonischen Hofe und auf seinen Reisen in sich aufgenommen hatte, arbeitete schon für Bernwards Vorgänger auf dem bischöflichen Stuhl von Hildesheim, spätestens seit Othwin (954–984). Bernward jedoch war es, der ihr vornehmlich zur Ausstattung seiner Lieblingskirche St. Michael alle jene Aufgaben stellte, die diesem Bau seine einzigartige Strahlungskraft gaben. Die materiellen Voraussetzungen zu den Bronzetüren und der Bronzesäule lagen in der Entwicklung des Rammelsberger Bergbaues bei Goslar, bei dem Kupfer-, Blei- und Silbererze seit dem 10. Jahrhundert verhüttet wurden.[3]

Die Hildesheimer Werkstatt

In der Hildesheimer Werkstatt entstanden unter Bernward die Hauptwerke ottonischen Silber- und Bronzegusses. Der Bischof selbst legte gegen Ende seines Lebens den Ornat des Kirchenfürsten ab, um als einfacher Benediktiner bei den Mönchen von St. Michael zu sterben. Er verschied am 20. November 1022 und wurde in der Krypta unter dem Westchor beigesetzt. Am Kopfende des schönen reliefierten Sarkophags liest man die Inschrift:

BERNWARDUS SERVUS SERVORUM DEI.

Wenn Thangmar in seinem Bericht von den Werkstätten spricht, „in denen die Metalle zum verschiedensten Gebrauch verarbeitet wurden“[4], so meint er vornehmlich Silber- und Bronzeguß. So

[2] Vita Bernwardi, a. a. O., S. 758 in der Übersetzung von Gerlach (1941).

[3] Wesenberg, R., Bernwardinische Plastik, Berlin 1955, S. 13.

[4] Vita Bernwardi, a. a. O. c 5–6. MG. SS. IV, 760.

hieße es der Darstellung Gewalt antun, wollte man hier nur wegen des verschiedenartigen Materials die Silbergüsse gänzlich ausklammern. In ihnen bereitet sich stilistisch und ikonographisch der Monumentalstil der Türen und der Säule vor. In der silbergegossenen, ehemals vergoldeten *Stabkrümme des Abtes Erkanbald* (Hildesheim, Domschatz) (Abb. 11) ist in das Geflecht eines knorrigen, in sich gedrehten Astes (H=11cm) die Darstellung des Sündenfalles Adams und Evas sowie die Verurteilung Adams durch Gottvater einbezogen. Aus dem Bandgeschlinge des Nodus entwickeln sich vier Büsten, die in den Händen Amphoren als Attribute der Paradiesflüsse halten. So klingt in diesem frühen Werk schon das zentrale Thema des linken Flügels der Bronzetüre an. Wie die Inschrift am unteren Rundstück besagt, war die Stabkrümme für einen ERKANBALDUS ABBAS bestimmt, der ein Verwandter Bernwards und von 996 bis 1011 Abt von Fulda, später Erzbischof von Mainz war. Die Entstehung der Stabkrümme dürfte mit der Ernennung zum Abt in Verbindung stehen. Der Figurenstil weckt Erinnerungen an Metzer karolingische Elfenbeine, doch deutet sich schon hier in der fast vollrunden Erfassung der Stammeltern und des Vatergottes die Neusicht plastischen Volumens innerhalb des Figurenstils, wie ihn die Bernwardwerkstatt leistet, an. Evas Rechte faßt mit kräftigem Zugriff nach dem Apfel. Die Linke führt einen Ast vor den Körper, um die Blöße zu decken. Adams Linke packt gleich einen fruchtbeladenen Zweig und führt ihn zum Munde. Der Genesisbericht vom Sündenfall ist hier freier ausgelegt als in den Reliefs der Bronzetüre, in denen akribisch textgetreu erzählt wird. Das Versuchungsmotiv tritt hinter dem Vollzug der Sünde zurück. Auch die Verurteilung Adams gewinnt durch das Buch, das der Vatergott ihm gleichsam als Hinweis auf die Erlösung entgegenhält, einen ungewöhnlichen Akzent.[5]

Das kleine Werk gewinnt seine formale Überzeugungskraft aus der unlösbaren Einheit von figürlicher Darstellung und pflanzlichem Dekor. Dies gilt auch von den beiden *Leuchtern* (H = 36,8 cm) *der Magdalenenkirche*, die in engem Zusammenhang zur Stabkrümme des Erkanbald gesehen werden müssen (Abb. 12).

BERNARDUS PRESUL CANDELABRUM HOC PVERVM SUUM PRIMO HVIVS ARTIS FLORE NON AVRO NON ARGENTO ET TAMEN VT CERNIS CONFLARE IVBERAT

[5] Wesenberg, a. a. O., S. 17 u. Anm. 28.

vermeldet die stolze, niellierte Inschrift, die keinen Zweifel belassen soll, daß hier Gold und Silber als Material benutzt wurden. Hier schon ereignet sich jene für die späte Romanik so eigenwillige Verflechtung von Mensch und Tier, Pflanze und Schimäre, wie sie Bernhard von Clairvaux in seiner berühmten Philippika 150 Jahre später so temperamentvoll verurteilen sollte.

Die ikonographische Deutung der ineinander verflochtenen Elemente – Löwenpranken und Drachen, auf denen Menschen reiten, Rankenwerk und Kletterfiguren, Löwen und Adler, Salamander als Träger der Traufschalen – widersetzen sich einer sinnvollen Deutung und haben ihre Heimat in der dunklen dämonischen Welt, über der das Licht der brennenden Kerze als Sinnbild göttlicher Erkenntnis um so heller leuchtet.

Ein flüchtiger Blick glaubt hier zwei völlig gleiche Leuchter zu erkennen, doch erlaubt das Wachsausschmelzverfahren, das hier verwandt wurde, nur die Herstellung eines Exemplars, da nach dem Guß der Formmantel zerstört werden muß. So ging den beiden Leuchtergüssen ein zweimaliges Modellieren der Form voraus.

Im *silbernen Bernwardkruzifix* (Abb. 13) aus dem Jahre 1007/8 hat sich ein Christuscorpus in der Funktion eines Reliquienbehälters erhalten. Mit Recht hat man vermutet, daß eine Reliquienschenkung, die der Bischof von seiner Wallfahrt nach St. Denis und Tours, bei der er die Gräber der hll. Dionysius und Martinus besuchte, mit zurückbrachte, zur Anfertigung des Reliquiars geführt hat. Es gehört zu den Cimelien, die der Hildesheimer Werkstatt an der Jahrtausendwende ihre große Strahlungskraft gegeben haben. Die Inschriften auf der Rückseite des Bernwardkruzifixes – sie stammen aus verschiedenen Zeiten – lassen an der Bestimmung des Kreuzes als Reliquienbehälter keinen Zweifel. Die Reliquien des Protomärtyrers Stephanus, der Märtyrer St. Dionysius und St. Laurentius sowie eine Kreuzpartikel sind nach Ausweis der ältesten Inschrift von Anfang an im Corpus enthalten gewesen. Er gilt als ein in formaler und technischer Hinsicht vollendetes Hauptwerk aller frühen Gußkruzifixe.

Fast horizontal sind die muskulös stark artikulierten Arme auf dem Querbalken des Kreuzes ausgebreitet. Der Kopf ist schwer herabgesunken. Das in der Mitte gescheitelte Haar ist hinter die Ohren zurückgenommen und fällt in leicht geschwungenen Strähnen auf die Schultern herab. Ein kräftiger Bart rahmt das Gesicht mit den geschlossenen Augen, der markanten Nase und dem entspannt wirkenden, leicht nach unten gezogenen Mund. Der Oberkörper ist kräftig modelliert, Rippen und vorgewölbter Leib treten plastisch hervor. Die unter der rechten Brust eingeritzte Stichwunde ist im Gegensatz zu späteren Darstellungen, für die die Seitenwunde ein zentrales ikonographisches Motiv werden wird, wenig betont. In breitem Wulst ist das obere Teil des Lendentuches um die Hüften gegürtet, rechts durch einen Stoffüberschlag, links durch einen mächtigen Knoten gehalten. Die Beine stehen – von ferne an antike Stand- und Spielbeinstellung erinnernd – auf dem Suppedaneum. Die ursprüngliche Vergoldung von Haar, Lendentuch und Fußstütze hat dem Ganzen noch den Reiz farbigen und lichthaften Wechselspiels gegeben.

Innerhalb der beiden Christusauffassungen, wie sie in ottonischer Zeit vorkommen, der einen in der dramatischen Leidenschaftlichkeit und der anderen, bei der Stilisierung und Entrückung vorherrschten, folgt das Hildesheimer Kreuz der ersteren, als deren Inkarnation der Gerokruzifixus des Kölner Doms gelten darf.[6] „An ein schlichtes Kreuz geheftet, eröffnet der silberne Bernwardkruzifixus als Typ die lange Reihe gegossener Altarkruzifixe der romanischen Epoche.“[7]

Die Spannweite des Ausdrucksvermögens, über die die bernwardinische Werkstatt verfügt, veranschaulicht der *Bronzekruzifix* (Abb. 14, H=18,2 cm) aus der ehemaligen Abteikirche *in Ringelheim*. Bernwards Schwester Judith regierte bis zu ihrem Tod im Jahre 1000 als Äbtissin die Ordensniederlassung. Der Kruzifix war ehemals versilbert und vergoldet und erbringt damit den Beweis, daß eine „Kunstgeschichte nach Materialien“ nicht sinnvoll ist. Hier wird deutlich, daß das Kreuz mit der Intention entstand, durch seinen strahlenden Glanz die Vorstellung des schon am Kreuz verherrlichten Christus zu erwecken. Diesem Anliegen dienten der klare, fast ornamental wirkende Umriß, die flügelgleich nach oben weisenden Arme, der aufgerichtete Kopf mit den feierlich stilisierten Gesichtszügen, die lineare Fältelung des Lendentuches und die parallele Anordnung der Beine. Auf Entsprechungen zur Kreuzigungsdarstellung des Hildesheimer Guntbald-Sakramentars, das um 1014 entstand, hat R. Wesenberg[8] überzeugend hingewiesen.

[6] Grimme, E. G., Goldschmiedekunst im Mittelalter, Köln 1972, S. 41.
[7] Wesenberg, a. a. O., S. 35.
[8] Wesenberg, a. a. O., S. 38.

Die Bronzetür für St. Michael

Hatten die bisher behandelten Werke der Hildesheimer Werkstatt vergleichsweise kleine Abmessungen, so steht uns in der fast 5 Meter hohen Bronzetür (Abb. 15) ein Monumentalwerk vor Augen, das in jeder Hinsicht von säkularer Bedeutung ist und eine zukunftsweisende Richtung des Denkens und Bildens vertritt. „Die . . . Erztüre vom . . . Dom in Hildesheim, aber ursprünglich für St. Michael bestimmt, hat in Europa nicht ihresgleichen in dieser Zeit. Sie steht als eine der kühnsten Taten der Bildnerei im Norden da. Geschichtlich schon deswegen an hervorragender Stelle, weil diese Bernwardsche Tür den ersten deutschen plastischen Bildzyklus bringt. Aber sie steht auch am Anfang des sächsischen Erzgusses, der in den folgenden Jahrhunderten so manches künstlerisch bedeutsame Werk hervorbrachte; sie steht am Anfang der deutschen figürlich geschmückten Bronzetüren und sie setzt einen neuen Anfang in der Eroberung der menschlichen Figur in der bildenden Kunst des Nordens.“ [9]

Der Guß der 472 cm hohen und 112,5 cm breiten Tür dürfte um 1015 erfolgt sein. Jeder Flügel einschließlich des Löwenkopfes ist in einem Stück gegossen. Daß es technische Schwierigkeiten gab, beweist der leicht verzogene linke Flügel. Am ursprünglichen Aufhängungsort in St. Michael dürfte jeder Flügel für sich an zwei Eingängen der Südwand angebracht worden sein, bevor Bischof Godehard sie in den dreißiger Jahren des 11. Jahrhunderts von St. Michael in den Dom überführte und dort vereinigte. Zum gleichen Zeitpunkt dürfte man auf dem mittleren Querrahmen die Inschrift angebracht haben:

AN(NO) DOM(INICE) INC(ARNATIONIS) M·XV B(ERNVVARDVS) EP(ISCOPVS) DIVE MEM(ORIE) HAS VALVAS FVSILES IN FA(CIEM) ANGELICI TE(M)PLI OB MONIM(EN)T(VM) SVI FEC(IT) SVSPENDI.
(Im Jahre des Herrn 1015 ließ Bischof Bernward – seligen Angedenkens – diese gegossenen Türflügel an der Fassade des Engelstempels zu seinem Gedächtnis aufhängen.)

Das Hochrechteck des äußeren Flügelrahmens ist jeweils in acht querrechteckige Bildfelder unterteilt, die durch eine breitere Mittelleiste nochmals in Vierergruppen gegliedert werden. Im zweiten

[9] Jantzen, H., Ottonische Kunst, München 1947, S. 126f.

und dritten Feld überschneiden die Löwenköpfe die Trennungsleisten. Als Bildprogramm ist auf dem linken Flügel oben beginnend die Geschichte des Sündenfalles gewählt, auf dem rechten, von unten aufsteigend, die Erlösungstat Christi. Es entsteht ein enges Bezugssystem im Sinne der „Concordia veteris et novi testamenti".

Die Szenenfolgen karolingischer Bibeln sind als wichtigste Bildquellen für die Reliefs erkannt worden. So gibt es unmittelbare Entsprechungen zu den Berichten vom Sündenfall Adams und Evas in der Grandvalbibel des Londoner Britischen Museums, der Viviansbibel für Karl den Kahlen in der Pariser Nationalbibliothek und der Bibel in St. Paolo fuori le mura in Rom. Wie Wilhelm Köhler nachgewiesen hat,[10] gehen alle diese Prachthandschriften auf eine nicht mehr erhaltene Bibel Papst Leos des Großen aus dem 5. Jahrhundert zurück. Somit lebt zwar die spätantike, durch Karolingisches vermittelte Bildwelt in den Reliefs fort, doch überwiegt die eigenwillige Neuinterpretation, die Umsetzung der Miniatur ins Medium des in verschiedenen Plastizitätsgraden aus dem Grund herauswachsenden Reliefs und die zupackend individuelle Unmittelbarkeit der Darstellung, die sich der Vorlagen gleichsam nur als „Rohstoff" bedient, um Altbekanntes in neuer, dramatisierter Zuspitzung vorzutragen. „Zudem wird der Sprung von der figürlichen Kleinkunst in Gold und Elfenbein hinauf in den Bereich einer monumentalen Aufgabe hier gewagt" (H. Jantzen). Kühn hat man sich von der ebenmäßigen Schönheit der antikisierenden Aachener und Mainzer Türen entfernt und mit einem Kanon gebrochen, der aus der Harmonie der Ponderationen, der Balance zwischen Einzelelement und Gesamtwerk lebte. Jetzt werden Bildstreifen gelesen! Eine spannende Lektüre, denn die Hildesheimer Werkstatt verfügte über hervorragende Erzähler mit wachem Gespür für dramatische Entwicklungen, Zuspitzungen der Handlung und Schürzung des Knotens, der nach Wiederauflösung verlangt.

Im ersten Relief mit der Erschaffung Adams[11] führen diagonal

[10] Köhler II, 109–212; Köhler, W., Die älteste Ausgabe der lateinischen Bibel, Forschungen und Fortschritte 10, 1934, 61.

[11] Neuerlich hat W. Tronzo (The Hildesheim Doors: An Iconographic Source and Its Implications, in: Ztschr. f. Kunstgeschichte 46, 1983, H. 4, S. 357ff.) das erste Relief als Erschaffung der Eva gedeutet. Er sieht die ikonographischen Elemente in Verbindung mit anglosächsischen Vorbildern (Aelfric oder Caedmon). Dies gewinnt an Wahrscheinlichkeit, wenn man fols. 16 v – 17 r des Evangeliars Bernwards von Hildesheim einbezieht (vgl. Guldan, E., Eva und Maria, Graz/Köln 1966, S. 13ff. figs. 1 u. 2). Hier

entwickelte Rankengewächse auf die Hauptgruppe Gottvaters, der dem Adam den göttlichen Odem einhaucht, zu. Schon hier, stärker noch in der nach rechts versetzten, Haupt- und Nebenszenen voneinander trennenden Blütenpflanze wird offenkundig, wie hier Ornamentales – selbst wenn es als Bildelement der Paradiesbäume erscheint – in die Darstellung einbezogen ist und ein großer Atem das Bildfeld durchweht. Unsichtbare Kraftlinien – so die Diagonale, die von dem links oben ins Bild hereinschwebenden Engel zur Hauptgruppe führt – bedeuten viel in diesem Relief, in dem auch die „Leere" der verbleibenden Flächen mit Spannung erfüllt wird. Eine zweite „Blickverbindung" setzt den adorierend rechts im Bild stehenden Adam mit der Hauptgruppe in Bezug. Hier ist der über Adam gebeugte Vatergott dabei, Adam zum Leben zu erwecken, nicht nur mit symbolischem Odem, sondern auch mit kräftigem Zupacken, anders als im karolingischen Vorbild der Bibel aus S. Paolo fuori le mura, bei dem von der sanften Berührung lebenspendende Kraft ausgeht.

In der „Zuführung Evas" (Abb. 16) im zweiten Bildfeld hat der untere Ast des links stehenden Baumes die Funktion eines Zeigefingers. Er weist auf die ins Bild schreitende Vatergottheit. Ausgezeichnet durch ihre menschliches Maß überragende Größe, führt sie, behutsam die Rechte auf Evas Schulter gelegt, dem Manne das Weib zu. Es ist, als nähmen die Stammeltern von der göttlichen Erscheinung gar keine Notiz. Sie sind aufeinander bezogen. Im nächsten Augenblick werden sich ihre Hände berühren und der Raum aufgezehrt sein, der sie noch voneinander trennt. Wie schon in der „Erschaffung Adams" sprengt die Tendenz zur Dreidimensionalität den flachen, von den Rahmenprofilen und der Bodenleiste vorgegebenen Bildraum. Während die Körper noch fest mit der Fläche verbunden sind, lösen sich die Schulterpartien und vornehmlich die Köpfe vom Grund, nehmen, wenn auch zögernd, von der neuerworbenen Möglichkeit, sich im Raum zu entfalten, Besitz.

Der „Sündenfall" im dritten Bildfeld muß von rechts nach links gelesen werden. Am rechten Bildrand steht der mit Äpfeln behangene Lebensbaum. Die Schlange hat sich um seinen Stamm herum-

thront Maria zwischen zwei Türflügeln mit den Aufschriften: „Die Tür des Paradieses, die von der ersten Eva geschlossen wurde, wurde wiedergeöffnet durch die neue Eva." Oberhalb der Türen erscheinen Medaillons mit den Häuptern Evas und Marias. Tronzo schließt daraus, daß die Eva-Maria-Typologie auch das bestimmende Thema der Türreliefs ist.

geschlungen und einen Apfel mit dem Maul gepackt. Nun stößt der böse Kopf auf Eva zu. Diese, mit Beinen und Unterkörper dem Reptil zugewandt, kehrt Kopf und Arme gegen Adam und reicht ihm gleich mit beiden Händen Früchte vom Baum der Erkenntnis. Adam folgt der Aufforderung Evas. Während seine Rechte schon einen Apfel hält, öffnet sich die Linke begehrlich nach der Frucht, die ihm gereicht wird. Hier wird etwas vom Illustrationsprinzip der Hildesheimer Werkstatt, darüber hinaus der frühmittelalterlichen Kunst überhaupt, deutlich: Der Vorgang in seiner Gesamtheit wird erfaßt. Der Apfel „vervielfacht" sich, wandert von der Schlange zu Eva, von ihr weiter zu Adam. Die Stadien der Versuchung durch die Schlange, des Apfelnehmens durch Eva, des Begehrens und Annehmens durch Adam werden synchron dargestellt; damit nicht genug: der Teufel in Gestalt eines drachenähnlichen Dämons erscheint im Geäst des linken Baumes. Dies ist seine Stunde.

Der Sünde folgt im nächsten Relief das „Verhör und die Verurteilung" durch den Vatergott (Abb. 17). Erstmals wird hier ein rankenförmig stilisiertes Blattornament eingeführt, um dem Richtenden formalen Rückhalt zu geben. Die Figur ist nach rechts geneigt. Es ist, als entlüden sich alle Energien in den frei vor leerem Raum auf die Sünder zufahrenden linken Zeigefinger. Die Vorstellung, die Figur verlöre den Halt, ist vom Ansatz her falsch, denn dies hieße, den strafenden Gott isoliert zu betrachten. Er kann nur im Zusammenhang mit der Gesamtszene gesehen werden. Aus ihm entlädt sich wie ein Blitz die geistige Bewegung, die vom Zeigefinger ausfahrend den Leerraum durchzuckt, in den gebeugt dastehenden Adam „einschlägt", der hinwiederum seine Rechte als „Blitzableiter" benutzt und auf Eva verweist. Doch diese, im Versuch, sich in sich selbst zu verbergen, noch tiefer gebeugt als Adam, möchte den Zornesstrahl weiterleiten. Ihr linker Arm verweist auf den Teufel, der hier nicht als Schlange, sondern als Schimäre mit Drachenkopf und Flügeln gebildet ist. Das Urteil ist gesprochen, das Abweisen und Verschieben der Schuld sinnlos. Adam und Eva wissen es. Sie haben sich in ihrer „Menschlichkeit" erkannt und verhüllen ihre Scham. Hier ist ein Höhepunkt gesetzt. Nicht nur im Heilsgedicht der Türreliefs, sondern in der Geschichte der Bilderzählung überhaupt. Das Sagen ist in die Gebärde übersetzt. Ein Grad von packender Anschaulichkeit ist erreicht, dem stilbildende Kraft innewohnt.

In der „Vertreibungsszene" bestimmt der Engel mit dem (heute teilweise abgebrochenen) Schwert die linke Bildhälfte, die durch

Rankengewächse als Paradiesgarten ausgewiesen ist. In Haltung und Gebärde hat er die Rolle Gottvaters übernommen, und doch, wie vermag dieser Künstler zu differenzieren: Die Gebärde Gottes hatte ihre zielende, vernichtende Kraft aus der formalen Vereinigung von Daumen und Zeigefinger genommen. Durch leichte Biegung dieses „Überfingers" werden gleichsam die Opfer des Verdikts „angepeilt" und festgebannt. Die Geste des Engels ist anders. Der Zeigefinger ist zwar ausgestreckt, aber die Richtung bleibt unbestimmter, der Daumen wird abgeknickt und über den dritten Finger gelegt. Mit knappsten, dabei überzeugenden Mitteln wird zwischen Schuldigsprechung und „Strafvollzug" unterschieden. Das „Hinaus" des Engels wagt die sich zurückwendende Eva mit der unausgesprochenen Frage, ob denn wirklich dieser Spruch endgültig sei, zu beantworten, während Adam, in sein Schicksal ergeben, aus dem Paradiese schleicht. Erstmals wird nun Architektur ins Relief eingeführt, aber sie bleibt flächenhaft, gleichsam nach dem Engel mit den Stammeltern und den Pflanzen eine dritte Rangstufe des Plastischen bildend.

Der Traum vom Paradies ist zu Ende. Das 6. Bildfeld, in das das Rund des stilisierten Löwenkopfes fast mit seiner ganzen Kreisform hereinragt, schildert das „Erdenleben" der ersten Menschen. Der Blick hebt bei der Figur des mit einem quer vor dem Körper verlaufenden Tuch bekleideten Adam links an, steigt über die gewölbte Rückenlinie zu dem leicht angehobenen Kopf aufwärts, folgt der schräg angehobenen Hacke, mit der Adam nach Anweisung des Engels das Feld bebaut. Im Engel setzt die gegenläufige Abwärtsbewegung ein. Und hier die dritte Abwandlung der Gebärdensprache! An die Stelle des Befehles tritt nun die beruhigte, hilfreiche Geste des Anweisens und Unterstützens. Zur „Evaseite" des 6. Feldes leitet der weitgespannte linke Flügel des Engels über. Unter einer laubenartigen Stoffdrapierung, die an zwei Bäumen verknotet ist, sitzt Eva. In strenger Frontalität wölben sich Kopf und Oberkörper, plastisch aus der Fläche entwickelt, nach vorne. Auf ihrem Schoß hält Eva das Kind und gibt ihm die Brust. Hier scheinen im Bildtyp alle kommenden plastischen Sitzmadonnen vorausgeahnt zu sein. Einen wuchtigeren, monumentaleren Ausklang hätte die Bernwardhütte für die Geschichte des ersten Menschenpaares nicht finden können.

Der Epik des sechsten Feldes folgt die Dramatik des siebten und achten mit dem „Opfer der Söhne" und dem „Brudermord Kains". Zwischen Abel, der auf verhüllten Händen das Lamm opfert und dem seine Korngabe heranbringenden Kain erscheint in bildbeherrschender Ellipse die Hand Gottes. Während der jüngere vertrauensvoll zu der göttlichen Erscheinung emporblickt, scheint Kain unbeteiligt. Wie ein weites Segel umfängt ihn der im Wind auffliegende Mantel. Ranken mit ornamentalisierendem Blattwerk füllen die verbleibenden Bildflächen. Im letzten Feld des Türflügels mit den alttestamentarischen Szenen fehlen sie hingegen völlig. Die Mordszene vertrug kein schmückendes Beiwerk mehr. Rechts noch in voller Bewegung gegeben der Mörder, der mit geschwungener Keule auf den zu Boden stürzenden Bruder einschlägt. Links der gleiche Kain, nunmehr mit gesenktem Mordwerkzeug, mit der Rechten sich in seinen Mantel verkriechend, als wollte er sich gegen die aus den Wolken des Himmels herabfahrende strafende Hand Gottes schützen.

Ein für alle Male ist damit das Bild des Mörders geprägt.[12] Damit endet das Epos von den ersten Menschen, ihrer Kinder und dem Mord des Bruders am Bruder. In diese Bilder wird die gesamte Welt menschlichen Daseins einbezogen. „Mann und Weib, Verführung und Schuld, Verbot und Strafe, Verbrechen und Sühne, Arbeit, irdische und himmlische Macht, die Geburt des Kindes und die ewige Hoffnung.“[13] Der Stil dieses Meisters war nicht mehr steigerungsfähig. Wie hier neuartig und packend, spannungsgeladen und menschenkundig erzählt wird, das wird erst ein Vierteljahrtausend später in den Lettnerreliefs des Naumburger Meisters zum Vergleich herausgefordert. Kein falscher Zungenschlag ist im Spiel, wenn von der geistigen Verwandtschaft zweier deutscher Künstler bzw. Werkstätten gesprochen wird. Der Hildesheimer und der Naumburger sind kongeniale Dramatiker, ohne falsches Pathos, voll praller Welterfahrung und Beobachtungsgabe, nichts Menschliches war ihnen fremd!

Der Türflügel mit den Szenen zum Neuen Testament muß in umgekehrter ansteigender Reihenfolge gelesen werden. Jetzt wird die Schilderung der Erlösungsgeschichte dem Bericht, wie die Sünde in die Welt kam, gegenübergestellt. Die Klammer von der „Concordia veteris et novi testamenti“ hält beide Zyklen zusammen. Obwohl es keine typologischen Entsprechungen zwischen einzelnen Bildfeldern gibt, ist der Entwurf der beiden Türflügel als Gesamtkonzep-

[12] Pinder, W., Die Kunst der deutschen Kaiserzeit, Leipzig 1937, S. 116.

[13] Jantzen, a. a. O., S. 128.

tion eindeutig, wenngleich die künstlerische Kraft, die in den „Erlösungsfeldern“ waltet, nachläßt, die innere Dynamik an Spannung verliert und der große Atem einem gemächlicheren Erzählstil weicht. Die Architektur, im linken Flügel nur im Vertreibungsbild als Randmotiv eine untergeordnete Rolle spielend, kommt nunmehr stärker ins Spiel. Im untersten Feld bildet sie, wenngleich in flacher Reliefebene, die Kulisse, vor der Maria die Botschaft des Engels empfängt. Gabriel tritt von rechts heran. Die Linke hält einen Kreuzstab, die Rechte mit ausgestrecktem Zeigefinger wird zum Mittler der Botschaft. Flach bleibt der antikisch in Tunika und Pallium gewandete Körper der Fläche verbunden. Auch die in großem ornamentalem Schwung sich entfaltenden Flügel haben Anteil an diesem eher zweidimensionalen Leben, wenngleich der rechte Flügel die Bewegung des rechten Armes des Engels aufgreift und der „verkündigenden“ Gebärde eine festliche Steigerung verleiht. Allein der Kopf steht frei vor dem Grund, unvermittelter als bei den Figuren der anderen Türhälfte und in der Blickbahn sein Gegenüber nicht so eindeutig erreichend. Eine geöffnete Tür gibt den Blick ins Gemach der Jungfrau frei. Maria ist von dem Faltstuhl, auf dem sie gesessen hatte, aufgestanden und dem Engel entgegengegangen, nahe genug, um mit ihm in formalen und geistigen Bezug zu treten, weit genug, um jene „beredte Leere“ nicht zu gefährden, „über die der Kraftfunken hinüberspringt“ [14]. Wie in leiser Abwehr hat Maria den linken Arm mit der ausgebreiteten Hand – passiv antwortende Gegenbewegung zur „zugespitzten“ Aktivgebärde des verkündigenden Engels – vor dem Körper hochgehoben. Die Rechte hält einen Palmzweig als Sinnzeichen der Jungfräulichkeit.

Für die „Geburt Christi“ schafft sich der Künstler ein reiches, stadtähnliches architektonisches Szenarium mit Mauerumwallung und Säulenarkaden, Bogenstellungen und hochgegiebelten Bauten. Maria ist in Aufsicht gegeben und ruht auf der Lagerstatt. Blick und Handgebärden sind auf eine am Bettrand stehende Frau bezogen, die angstvoll das Haupt mit der Rechten stützt, während sie die Linke offenbar hilfeflehend Maria entgegenstreckt. Es ist vermutlich die Hebamme Salome, von der die Legende berichtet, daß ihr wegen des Zweifels an Mariens Jungfräulichkeit die Hand verdorrt sei. Ihre Heilung galt als erstes von Christus gewirktes Wunder. Freilich scheint hier eine ältere Vorlage, in der das Berühren des Kindes zur Heilung führt, nicht mehr verstanden worden zu sein.

[14] Pinder, a. a. O., S. 116.

Die „Krippe“, Mittelding zwischen Architektur und Altar, türmt sich gleichsam in mehreren Geschossen in der rechten Bildhälfte bis zur Höhe der Dachfirste des Stadthintergrundes auf. Christus liegt kreuzförmig gewickelt auf diesem Altar – Hinweis auf die Opferung des Menschensohnes. Sein Haupt ist von einem Kreuznimbus hinterfangen, die rechte Hand ist weit geöffnet und auf Salome bezogen, die durch diese Gebärde geheilt wird. Offenbar sind die Bildelemente der Vorlage im Türrelief neu verteilt worden, so daß die in Marias Nähe zu denkende „Krippe“ nunmehr nach rechts gerückt wurde und der inhaltliche Bezug zwischen Christus und Salome verunklärt ist. Joseph sitzt mit nachdenklich aufgestütztem Kinn auf einer Thronbank, die groß gesehene Figur eines „Pensieroso“.

Für die „Anbetung der Könige“ wird durch säulengestützte Bogenläufe ein Raum angedeutet, in dem sich, von rechts heranschreitend, die Weisen aus dem Morgenlande der durch eine gesonderte Bogenform ausgezeichneten Mutter mit dem Kind nähern. Es sind feingliedrige Gestalten, die im Hinzutreten mit ausgestreckten Händen dem Kind ihre Gaben darreichen. Der Mittlere weist mit der Rechten auf einen Stern, der am Himmel über dem Christuskind leuchtet. Maria ist den Königen zugewandt. In kühner Biegung wachsen der Oberkörper und das Kind auf dem Schoß aus der Reliefläche heraus und gewinnen plastisches Eigengewicht. Analog zur übergreifenden Schwingung des gewölbten Raumes werden die Figuren durch Blickzuwendung und Gestik aufeinander bezogen. Wiederum spielt der Leerraum, der zwischen den ersten König und die herrscherlich Thronende gelegt ist, eine wichtige Rolle im Bildkalkül. In ihm bereitet sich die Annahme der Gaben durch das Kind vor. Er vermittelt zwischen den von rechts heraneilenden Königen und der sich ihnen zuwendenden Mutter-Kind-Gruppe. In den Schollen- und Rankengrund des Bodens greift die Mähnenscheibe des Löwenkopfes mit dem Türgriff ein und verdeckt die Beinpartie des ersten Königs.

Die „Darbringung Christi“ deutet den Tempel durch eine Giebelarchitektur an, um deren tragende Säulen sich Vorhänge schlingen. In der Mitte steht ein Altarblock, der den Ort der Handlung angibt, an dem sich Namengebung und Opferung vollziehen. Doch der eigentliche Vorgang ist in die Bildmitte gerückt. Hier begegnen sich Maria und Simeon. Sie halten das Kind zwischen sich. Die formal zum Kreis sich rundende Haltung der Arme und Hände sowie die Zuwendung ihrer Köpfe schaffen die eindrucksvolle „Fassung“ für den segnenden Knaben. Am rechten Bildrand verharrt Joseph. Er hält mit ausgestreckten Händen die Opfertauben.

Die Bilderzählung wechselt von der Verehrung des Kindes durch die Könige zur Verspottung Christi durch den gekrönten Herodes. Doch scheinen hier der Vierfürst von Judäa und der römische Landpfleger Pontius Pilatus in einer Figur dargestellt zu sein, somit hätte der entwerfende Meister zwei Szenen zusammengezogen, um den Lukastext (23,9–11) illustrieren zu können: „Und er fragte ihn mancherlei; er antwortete ihm aber nichts. Die Hohenpriester aber und Schriftgelehrten standen und verklagten ihn hart. Aber Herodes mit seinem Hofgesinde verachtete und verspottete ihn, legte ihm ein weißes Kleid an und sandte ihn wieder zu Pilatus." Von rechts wird Christus herangeführt. Ein Scherge greift mit seiner Rechten einen Arm Christi und gibt damit dem Auge den Ansatz, ins Bild einzusteigen. Der Blick wandert nun zum gesenkten Haupt des durch seine Größe bedeutungsmäßig hervorgehobenen Erlösers, fällt über den ergebungsvoll gesenkten linken Arm herab, wird vom Arm des zweiten Bewachers, der das Handgelenk Christi ergriffen hat, wieder angehoben und über die Wendung des Kopfes und den ausgestreckten Arm auf Pilatus-Herodes gelenkt. Diese „Doppelfigur" thront, nach links zu der herankommenden Gruppe gewandt, in einer Bogenstellung des Palastes. Der Teufel in Gestalt eines Dämons mit Schuppenpanzer und Klauenfüßen ist dem Rechtsprechenden zugeordnet und bildet mit ihm eine formale Einheit. Die erhobene linke Vorderkralle schafft die Verbindung zu einem bewaffneten Krieger, in dessen diagonaler Armhaltung die Bewegung abklingt und im Oval des mit der Linken gehaltenen Schildes zur Ruhe kommt.

Feine Differenzierungen innerhalb des Bewegungsablaufes hemmen ein gleichförmiges Abspulen der Handlung. So ist dem Schreiten der Figuren des linken Schergen und Christi das feste Stehen des zweiten Kriegsknechtes entgegengestellt. Auch die Palastarchitektur hat Anteil an der formalen Gliederung der Szene. So bildet der linke Turm des Palastes in der rechten Bildhälfte einen lebhaften Kontrast zur Leerfläche, vor der die Heranführung Christi erfolgt. Als Mitte der Komposition scheidet das Gebäude die von Christus bestimmte Hälfte von der dem Bösen zugewiesenen rechten.

In der „Kreuzigung" wird eine strenge Zentralkomposition angestrebt. Ihre Mitte bildet das Kreuz als Lebensbaum, vor dem Christus mit geneigtem, vom Kreuznimbus hinterfangenen Haupt steht, die Füße nebeneinander auf dem Suppedaneum. Den Diagonalen der ans Kreuz gehefteten Arme antworten die Lanze und die ein kelchförmiges Gefäß tragende Stange, die Longinus und Stephaton, von den beiden Seiten herzutretend, auf Christus gerichtet haben. Auch hier Simultaneität der Darstellung! Tränkung und die Durchbohrung mit der Lanze werden in einer Szene zusammengefaßt. Maria und Johannes begrenzen die durch ihre feierliche Symmetrie ausgezeichnete Darstellung. Sie bildet den Schlüssel zum Verständnis alles dessen, was sich auf den Türfeldern in so reicher Detailfülle entfaltet. Das geneigte Haupt Christi ist das geistige Zentrum des Zyklus. Das im Tode friedvoll entspannte Antlitz mit den kugeligen, geschlossenen Augen, der stilisierten Haar- und Barttracht, der Hoheit und Würde des Weltüberwinders wirkt wie ein Versprechen auf den Höhepunkt dieser Christusvorstellung, wie er im Essen-Werdener Kruzifixus erreicht wurde (vgl. S. 71 f.).

Dem Zug der Könige ähnlich nähern sich im vorletzten Feld die „Frauen mit den Salbgefäßen" nach der Auferstehung dem Grab. Sie verkörpern drei Verhaltensphasen. Die äußere am rechten Bildrand meint das Herankommen, die zweite steht für das Erkennen, die dritte für den Dialog mit dem Engel, der auf einem Pfostenthron sitzt und im Redegestus die Linke erhoben hat: „Er ist auferstanden, er ist nicht mehr hier." Das Grab ist als kirchenartiger Bau gegeben. Im Leerraum zwischen den giebeltragenden Säulen hängt ein geknotetes Velum. In feiner Stufung der geneigten Köpfe ist der Isokephalie vorgebeugt. Die Bodenwellen, die in Hebung und Senkung „Podeste" für die Figuren bilden, künden vom stilistischen Gegensatz zum gegenüberstehenden Feld des anderen Türflügels, in dem die Figuren Adams und Evas, die vom Vatergott einander zugeführt werden, unvermittelt auf die scharfe Bodenkante gestellt werden. Das wirkt zwar härter, unvermittelter, doch das wiegt nicht schwer gegenüber der frischen, unverbrauchten Kraft der Erzählung und der plastischen Gelöstheit vom Grund, die den entwerfenden Meister der linken Türhälfte als den bedeutenderen erweist, während sich im rechten Feld eine gewisse Ermattung der plastischen Form zu erkennen gibt.

Im letzten Bildrechteck wird das „Noli me tangere" dargestellt (Abb. 18). Maria von Magdala, die gewürdigt war, zwischen Nacht und anbrechendem Tag als erster Mensch Christus nach seiner Auferstehung zu begegnen, ist unter einem großen Baum in die Knie gesunken, die Arme verlangend nach Christus ausgestreckt, der die Mitte der Komposition beherrscht. Im Vollzug des „Wollest mich nicht berühren“ ist er zum Weggehen bereit, den linken Fuß schon in Schreitstellung gebracht. Doch sein Haupt und die rechte Hand sind noch zu Maria gewandt. So entsteht ein wundervoller formaler Aufstieg über Beine und Rückenlinie und Kopf der Maria zu der auf sie gerichteten Gebärde Christi bis zu seinem Haupt mit dem großen Tellernimbus. Von den Haarwellen und Gewandfalten des Mantels wird das Auge auf die Form des griechischen Kreuzes geführt, das Christus als Tropaion in seiner Linken hält – Höhe und Gipfelpunkt des gewaltigen Epos, das von Schuld und Sühne, Vergebung und Erlösung kündet.

Vermutlich ist die Gestalt Christi hier auch in Doppelfunktion zu sehen. Einmal ist es der sich zu Maria von Magdala Wendende, zum anderen der Erlöser, der sich anschickt, die Welt zu verlassen, um zu seinem Vater zurückzukehren. Drei Vögel, einer zur Erde gewandt im Baum über Maria, zwei andere in der rechten Bildhälfte, die sich mit geöffneten Flügeln aus den Zweigen von Rebstöcken emporschwingen, können als eigenwilliger Hinweis auf das Himmelfahrtsmotiv verstanden werden. Die Architektur neben Christus ist wohl als Grabturm zu deuten, dessen verschlossene Tür Christus in seiner Auferstehung überwunden hat.

Die Unterschiedlichkeit in der Behandlung des Figürlichen setzt die Beteiligung mehrerer Künstler voraus. So glaubt Beenken[15] drei, Panofsky[16] vier verschiedene Meister erkennen zu können. Goldschmidt[17] gar beobachtet sieben abweichende Individualstile. Zuletzt hat Wesenberg[18] versucht, die verschiedenen Meister zu charakterisieren und ihren Anteil am Gesamtwerk aufzuzeigen. Er ermittelt sechs nebeneinander im Hildesheimer Werkstattbetrieb arbeitende Künstler, erkennbar an individuellen Unterschieden, die sich in dem reichen Hildesheimer Stil am Beginn des 11. Jahrhunderts entfalten konnten, ohne die große einheitliche Gesamtwirkung zu gefährden. In sorgfältig vergleichenden Analysen weist er nach, daß, abgesehen von immer wirksam gebliebenen karolingischen Buchmalereien und Elfenbeinen, die Kölner Großplastik, namentlich die der St.-Pantaleons-Werkstatt, die Trierer Buchmale-

[15] Beenken, H., Romanische Skulptur in Deutschland, Leipzig 1924, S. 4.

[16] Panofsky, E., Die deutsche Plastik des 11. bis 13. Jahrhunderts, München 1924, S. 76–77.

[17] Goldschmidt, A., Bronzetüren, a. a. O., S. 21–22.

[18] Wesenberg, a. a. O., S. 87ff.

rei und Kleinplastik zusammen mit der Metzer Elfenbeinplastik an der Jahrtausendwende als Grundlage des Hildesheimer Figurenstils zu gelten haben.

Die Bronzesäule für St. Michael

Bischof Bernward ist in den Jahren 1000 und 1001 in Rom gewesen. Dort mag er die Trajanssäule von 137 n.Chr. und die fünfzig Jahre später entstandene Markussäule gesehen haben. Und wie dort die Taten des Herrschers in fortlaufend um den Schaft sich windenden Reliefbändern dargestellt werden, so übernimmt die Hildesheimer Säule dieses spätantike Bildprinzip und füllt es mit christlichem Inhalt (Abb. 19). Jetzt wird das Leben Christi, seine Wundertaten, sein Opfer auf dem umlaufenden 6 m langen und 45 cm breiten Spiralband der 379 cm hohen Säule dargestellt. Sie war vom Bild des Gekreuzigten bekrönt. Doch Kapitell und Kruzifix sind seit 1550 bzw. 1544 verloren, der heutige bronzegegossene Abschluß stammt aus dem Jahre 1871. Plinthe mit Basis, der Hohlguß des Schaftes sowie das (verlorene) Kapitell sind getrennt gegossen. Die Säule hatte ihren Platz wohl ursprünglich hinter dem Kreuzaltar im östlichen Mittelschiff von St. Michael. Nach der Überführung in den Dom war sie mehrfach in Gefahr, eingeschmolzen zu werden. 1723 wurde die inzwischen umgestürzte Säule wegen ihres Materialwertes zum Verkauf angeboten. Vierzehn Jahre später transportierte man sie zur Ratswaage, und nur ein kaiserliches Dekret konnte sie für dieses Mal vor dem Schmelzofen bewahren. 1760 schien das Schicksal des Denkmals besiegelt, als die Kirchen-Provisoren 30 Rthlr. pro Bronzezentner erzielten. Abt Ludewig und Fürstbischof Franz Egon erwiesen sich jetzt als Retter in höchster Not. Man machte den Kauf rückgängig und stellte die Säule im Jahre 1810 auf dem großen Domhof auf. 1895 erhielt sie ihren Platz im südlichen Querschiff des Domes. Dort auch hat sie nach dem Wiederaufbau der kriegszerstörten Kirche ihren Standort gefunden.

Auf den Ecken der Plinthe knien in unterschiedlichem Erhaltungszustand Personifikationen der Paradiesströme mit ihren Amphorenattributen. Hier liegt der Vergleich zur Anordnung der Figürchen des Aachener Pinienzapfens (vgl. S. 12f.) nahe. Über attischer Basis erhebt sich der Schaft mit seinem linksläufigen Spiralband. Die Szenen aus dem Leben Jesu sowie der Johannesgeschichte steigen, seinen Windungen folgend, von unten nach oben an.

Den unteren Zwickel füllt die liegende Flußgottheit des Jordan mit seinem antikischen Amphorensymbol. Johannes spendet dem in den Wasserfluten kindhaft gebildeten Christus die Taufe, während die Taube des Geistes sich auf ihn niedersenkt. Ein Engel, der die Kleider des Täuflings hält, schließt die Darstellung nach links ab. Es folgt die Versuchungsszene. Der Teufel, eine kleine, unförmige Gestalt mit beschwörend ausgestrecktem rechten Arm, fordert den Herrn auf, Steine in Brot zu verwandeln. Christus, durch seine Größe hervorgehoben, wendet sein Haupt dem Versucher zu, während seine eilende Bewegung Abscheu und Flucht verrät. Mit der ersten Jüngerberufung wird die Erzählung fortgesetzt. Im kleinen Schiff mit gesetztem Segel gehen Petrus und Andreas ihrer Arbeit nach. Doch die Gebärde des Herrn, der sich ihnen großgestaltig von links nähert, hat sie schon erreicht, und Petrus legt, ergriffen vom göttlichen Wort, die linke Hand vor die Brust. In der zweiten Jüngerberufung empfangen Johannes, Jakobus und deren Vater Zebedäus den Anruf Christi. In ihrem Boot haben sie sich Jesus zugewandt und strecken ihm ihre rechte Hand entgegen. Christus bildet das große Gegengewicht zu der Dreiergruppe im Boot. Empfangend öffnet sich seine Rechte, die Linke hält als Hinweis auf die übergeordnete eschatologische Bedeutung der Szene das Buch des Lebens. Weiter wandert der Blick zur „Hochzeit von Kanaa". An der Festtafel sitzen Maria und das Brautpaar. Christus ist aufgestanden und vollzieht mit der erhobenen Rechten das Wunder. Von keinem Detail der Weinkrüge oder des mit dem gefüllten Becher heraneilenden Speisemeisters beeinträchtigt, erscheint die Hand Christi frei vor dem Grund, schafft sich so den „Strahlungsraum", vor dem geistige Aktion das Körperliche zurückdrängt. – In der „Heilung des Aussätzigen" hat Christus seine Hand auf das geneigte Haupt des klein gebildeten Kranken gelegt. Formale und geistige Kraft wirken in der Sichtbarmachung des Vorgangs zusammen. Von Christi abwärts gerichtetem Blick nimmt die große Bewegung ihren Ausgang, die über Arm und Hand des Heilenden auf das Haupt des demütig sich neigenden Aussätzigen übergeht und in Rücken- und Beinlinie fortgeführt wird. Zwei Jünger werden zu staunenden Zeugen des unerhörten Vorganges. Ein Baum trennt ihn von der „Aussendung der zwölf Apostel". Nunmehr thront Christus. Er wendet sich zu den Zwölfen, und der großgebildete Zeigefinger seiner rechten Hand deutet an: Gehet hin in alle Welt . . .

In geschickter Bildregie ist der Vielfigurigkeit der Apostelgruppe das „Zweifigurenrelief Christi mit der Samariterin am Brunnen“ (Abb. 20) angefügt. Der Herr sitzt auf einem Erdhügel aus schnekkenhausartig gerollten Felsbrocken. Seine Worte, die er mit der Frau wechselt, die auf der linken Seite des Brunnentroges steht und den Wassereimer vor sich hält, sind wiederum durch Gebärden verdeutlicht. Mit dem einfachen Motiv des abgewinkelten Daumens der Hand Christi und dem unter die Finger gelegten Daumen der Samariterin wird Geben und Empfangen veranschaulicht. Wiederum wird der Herr von zwei Jüngern begleitet.

Hier wird der Fluß der Erzählung unterbrochen. Drei Szenen aus dem Leben des Johannes als des Vorläufers des Herrn sind eingefügt. Der Täufer steht mit mahnend erhobener Hand vor dem thronenden Herodes, der des Philippus Weib Herodias auf seinem linken Knie hält. Bestürzt und betroffen hat sich Herodes dem Bußprediger zugewandt, in der Wucht des plastischen Vortrags sicherlich eine der eindrucksvollsten Gestalten der Säule und kontrastvoller Gegenpol zur „tanzenden Salome“, deren leichtfüßige Bewegung im Schwung der vom Wind gewehten Gewänder zur Statuarik der Sitzgruppe ein so eindrucksvolles Gegengewicht bildet (Abb. 21). Doch zwischen beiden spielt sich die Gefangennahme und Enthauptung des Täufers ab. Schergen, rechts und links auf Kerkertürmen stehend, lassen ihn an einem fast kreisförmig geschlungenen Strick in die Tiefe des Verlieses herab. Zum Gastmahl des Herodes bringt ein Diener das Haupt des Johannes auf einer Schale herbei.

Der Zyklus der Wundertaten Christi wird mit der „Heilung der Blutflüssigen“ wiederaufgenommen. Der Herr ist im Gespräch mit einem Manne begriffen. Da spürt er die Berührung durch die demütig hinter ihm kniende Frau. In Stand- und Gebärdenmotiv noch auf sein Gegenüber bezogen, wendet sich sein Haupt schon der Kranken zu: So entsteht ein Doppeldialog, kennzeichnend für die Fähigkeit des Künstlers, den Gang der Handlung in Fluß zu halten.

In der „Blindenheilung“ weist die rechte Hand Christi auf die erloschenen Augen des ihm von zwei Männern zugeführten Kranken. Sein Leiden wird durch das mühsame Gehen am Taststock anschaulich gemacht. Vertrauensvoll schickt der Erblindete sich an, seine Rechte in die ausgestreckte Linke des Herrn zu legen. Formal unterstützt der Künstler diesen Vorgang durch den rhythmischen Schwung, der vom Haupt Christi über Schulter und linken Arm zur Hand des Blinden verläuft, in dessen Arm wieder aufsteigt und hinführt zur heilend erhobenen Hand des Herrn.

Die „Vorführung der Ehebrecherin" mag als Beispiel für den Wechsel der am Werk beteiligten Künstler stehen. Kantigere Kopfbildungen, gratigerer Faltenwurf, derbere Binnenzeichnung setzen den Individualstil dieses Meisters gegen die vergleichsweise Schönlinigkeit der der Elfenbeinschnitzerei noch verwandten Detailbearbeitung und die Nähe zu spätantiker Sarkophagplastik ab. Zwei Männer haben die Beklagte in ihre Mitte genommen. Der eine scheint sie voranzuschieben, während der vordere sie beim Handgelenk gepackt hat und vor Christus zerrt. Das Gespräch zwischen ihm und der Sünderin bildet die zweite Phase des Geschehens. Wiederum ist die Aussage auf die in heftigem Disput begriffenen Hände verlegt. Hier, in den reuevoll erhobenen Armen und der beschwörenden Rechten, vollzieht sich die eigentliche Aktion.

Die „Erweckung des Jünglings von Nain" gibt erneut die Möglichkeit, die suggestive Kraft der Gebärde zum eigentlichen Träger der Bildaussage zu machen. Welch eine Steigerung von der matten Bewegung des sich auf seiner Bahre Aufrichtenden zu der von Christus gefaßten Rechten, über die die lebenserneuernde Kraft des Heilenden in den vom Tod Erwachenden übergeht, bis hin zu der dem Tod und dem Leben befehlenden linken Hand Christi. Sie stößt frei und beschwörend in den leeren Raum hinein und erfüllt ihn mit Spannung. In der Menge, die den Zug begleitet, erblickt man die trauernde Mutter, die ihr Antlitz noch weinend in die Hand birgt, ohne schon begriffen zu haben, was sich inzwischen ereignet hat.

Die „Verklärung Christi" zeigt den Herrn in strenger Frontalität, auf einer Bodenschwelle stehend, das Haupt vom Strahlennimbus hinterfangen, die Hände segnend erhoben. Moses und Elias in leichter Wendung und akklamierender Haltung der Hände sind auf den Verklärten bezogen. Rechts folgen zwei Kniende in andächtiger Verehrung dem Geschehen. – Christus, der den Pharisäern das Gleichnis vom armen Lazarus und dem reichen Prasser erzählen wird, leitet zur bildlichen Wiedergabe des Gleichnisses über. In einer burgähnlichen Architektur sitzt der königlich gewandete Reiche, den Pokal zum Trinken umfaßt, das Messer zum Zerkleinern des Mahls in der Rechten. Von links her nähert sich ihm Lazarus. Bittend hebt er die eine Hand, während die andere eine kümmerliche Krücke umfaßt. So des Haltes beraubt, sackt er in die Knie. Das lange Maul eines Hundes leckt die Schulter. Schwären bedekken die unbekleideten Körperteile des Bemitleidenswerten. Doch die nächste Szene sorgt für die ausgleichende Gerechtigkeit. Nun sitzt Lazarus auf dem Schoße Abrahams im Paradies und schaut in die Hölle, wo in Flammen, die aus dem Maule eines Ungeheuers aufflackern, der Reiche mit zwei weiteren Schicksalsgenossen für seine Erdentaten schrecklich büßt. – In den Pilzbaum, der die Szene von der nächsten trennt, ist Zachäus hinaufgestiegen. Seine Hände umklammern haltsuchend die Äste. Christus, wiederum übergroß gebildet, befiehlt ihm mit sprechender Gebärde, herabzusteigen. Der Dialog wird über die Köpfe einer Menschengruppe hinweg geführt, die sich betend zu Füßen Christi versammelt hat. Nur eine Frau hat sich umgewandt und verfolgt neugierigen Blickes das Abenteuer des Zachäus. Enger wird nun der Raum, auf dem sich die Ereignisse drängen. Das Ende des Reliefbandes ist absehbar, aber der zu bewältigende Stoff ist noch groß. So steht der Christus, der den unfruchtbaren Feigenbaum verflucht, Rücken an Rücken mit dem Herrn der Zachäusszene. Nicht zu übersehen ist jetzt die Schwierigkeit, Fluch- und Segensgebärde voneinander zu unterscheiden. Die Werkstatt stößt hier an die Grenzen ihrer Möglichkeiten. – In der Heilung zweier Blinder faßt der Künstler die beiden zu einer Sitzgruppe im Schatten eines Pilzbaumes zusammen. Ihre Hände zeigen auf ihre erblindeten Augen. Christus in seiner das ganze Bildfeld füllenden Größe steht in starkem Kontrast zu den klein gebildeten Blinden. Wiederum legt der Künstler die Wirkung ganz auf die Christusgebärde an, die groß und beherrschend die Freifläche mit kraftvoller Energie erfüllt.

Die Erzählung kehrt zum See Genezareth zurück. Petrus und ein Begleiter sind hinausgerudert. Da erscheint ihnen Christus. Petrus kann es nicht erwarten, bei seinem Meister zu sein. Über die Wellen des bewegten Wassers kommt er ihm entgegen. Hier setzt die Schilderung des Säulenreliefs ein. Petrus, in seinem Glauben wankend geworden, droht zu versinken. Schon ist sein rechter Fuß vom Wasser bedeckt. Da greift der von rechts herankommende Christus das Handgelenk des Zweiflers und zieht ihn zu sich heran. Wieder sind dem Auge Blickbahnen vorgezeichnet, auf denen es von der linken Hand Christi, die das Kreuzsymbol hält, über den Arm zum Haupt des Erlösers heraufgeführt wird. Über den rechten Arm führt der Bewegungsablauf diagonal zur rechten Hand Petri, steigt wieder auf zum Haupt des Zweiflers, um dann im spitzen Winkel des wehenden Mantels abzufallen. In großer Parallelbewegung greift das Segeltau des Schiffes diese Diagonalbewegung auf und verbindet damit die Petrus-Christus-Gruppe mit dem Boot.

„Die Brot- und Fischvermehrung" ist in zwei Gruppen unterteilt. Die eine mit dem auf dem Bergesgipfel sitzenden Christus und den Jüngern, die Fische und Brote herbeibringen, und die andere, in der die Hungernden versammelt sind. Hier gelingen dem Künstler besonders eindrucksvolle Charakterstudien der vor Hunger sich Windenden, die sich schmerzverzerrt den Bauch halten.

Auch die „Auferweckung des Lazarus" ist in zwei Gruppen unterteilt. In der einen tröstet Christus die verzweifelten Schwestern vor den Toren von Bethanien, in der anderen befiehlt seine Rechte: „Lazarus, ich sage dir, stehe auf." Der Sarkophagdeckel ist fortgeschoben, und Lazarus richtet sich mit ausgestreckten Armen auf. Zwei der Begleiter folgen staunend dem Vorgang, ein anderer flieht angstvoll.

Beim Gastmahl in Bethanien sind die Zwölfe hinter einem reich gedeckten Tisch zum Mahle versammelt. Christus hat sich von ihnen abgewandt und läßt sich von einer vor ihm knienden Frau die Füße waschen. Seine Hände scheinen Hinnahme auszudrücken und Segen zu spenden. In den Gesichtern der Tischgenossen spiegelt sich Interesse, Ablehnung und Teilnahmslosigkeit, während der mit der Frau zu einer Gruppenfigur zusammenwachsende Christus in stiller Trauer dem Vorgang beizuwohnen scheint.

Mit dem „Einzug in Jerusalem" enden die vierundzwanzig Szenen aus dem Leben des Herrn. Auf einem Esel reitet er, gefolgt von seinen Jüngern, in die Heilige Stadt. Die Raumnot ist nunmehr so groß geworden, daß die Menge, die Christus mit ausgebreiteten Tüchern und Palmwedeln empfängt, nur noch halbfigurig dargestellt werden kann.

Die Datierung des mächtigen Bildgedichtes ist heftig diskutiert worden, doch spricht nichts gegen seine Entstehung vor Bernwards Tod 1022. Nichts sprengt den Rahmen dessen, was wir als Bernwardinische Kunst in anderen Zeugnissen aus der Regierungszeit des großen Bischofs kennengelernt haben. Enge Verbindungen lassen sich zur Hildesheimer Buchmalerei herstellen. Namentlich zum sog. „Kostbaren Evangeliar" Bernwards ergeben sich nahe Entsprechungen. Freilich gibt es auch entscheidende Abweichungen. So zum Reliefstil der großen Türen. Hatten sich hier die Figuren gleichsam aus flachem Reliefgrund zu „Freiplastizität" entwickelt, so gibt es bei den Säulenreliefs diese räumlichen Grade nicht. In einheitlicher Tiefenschicht, aus der es das „Ausbrechen" in den Freiraum nicht gibt, entfaltet sich das plastische Leben. Auch der Figurenstil ist bei Türen und Säule ein anderer. Körperliche Existenz hier, lineare Verflächigung durch einen wie geschnitzt wirkenden gratigen Faltenduktus dort. Weiche Modellierung bei den Türfiguren, harte, fast kantige Verhärtung, ja Vergröberung bei den Säulenreliefs. Freilich, dies sind nicht nur Unterschiede des individuellen Stils, sondern auch Fragen des künstlerischen Ranges. Und da fällt der Vergleich eindeutig zugunsten der Türen aus. Sie sind das primäre, qualitätvollere Werk, die Säule das jüngere, das als Ergänzung zu den Türen zu sehen ist. In ihm werden häufig Figuren der Türen „zitiert", abgewandelt und vergröbert. Es scheinen wiederum nach Rudolf Wesenbergs Beobachtungen sechs Künstlerpersönlichkeiten gewesen zu sein, auf die sich die Säulenreliefs verteilen lassen. Die Dichte der figuralen Kompositionen läßt sich vielleicht mit der Kenntnis frühchristlicher Sarkophagplastik erklären. Stilvermittelnd mögen Elfenbeine nach Art der jüngeren Gruppe der Metzer Platten aus karolingischer Zeit gewirkt haben. Gießer, die in der Lage waren, solch monumentalen Aufgaben gerecht zu werden, dürfte Bernward aus Mainz geholt haben, wo die ersten großen nachkarolingischen Türen gegossen worden waren (s. S. 17f.).

So wichtig die Frage nach den Quellen auch ist, entscheidender ist die Einverwandlung der vielfältigsten Einflüsse in höchst eigenständige Neuschöpfungen, die eine neue Phase des großplastischen Bronzegusses im Herzen Europas einleiten.

Die Augsburger Tür

Erst bei längerem Zusehen wird das betrachtende Auge eine annähernde Zeitgleichheit der Bernwardstüren und ihres süddeutschen Gegenstücks, der Erztür des Augsburger Domes (Abb. 22), erkennen. Zu verschieden ist der zupackend dramatische, ins Plastische drängende Stil der Hildesheimer Werkstatt von dem gleichförmig flächigen, „weitmaschigen Streumuster" (H. Jantzen) der Augsburger Türflügel. Keine Entstehungsdaten geben uns einen genauen Datierungsanhalt. Voller Rätsel scheinen die silhouettenartigen Einzelfiguren in ihrer schwebenden Leichtigkeit zu sein. Vier Meter hoch und ursprünglich 1,01 Meter breit sind die Flügel, ehe der linke nachträglich um einen mittleren, sehr schlanken Reliefstreifen verbreitert wurde. Im Gegensatz zu den mächtigen, aus einem Guß gewonnenen Türen in Aachen, Mainz und Hildesheim sind hier die Einzelfelder jeweils einzeln gefertigt und auf Eichenbohlen aufgebracht. Profilierte Bronzeleisten verhindern störende Fugenbildung und werden als schmuckhaftes Bildgerüst durch Maskenköpfe gesteigert, die die Kreuzungspunkte markieren. Die

Verbindung zu den Außenleisten stellen lilienförmige Beschläge her. Alte Literatur weiß noch von Vergoldungsspuren zu berichten. Insgesamt decken 35 Bildfelder das Türgeviert. Davon sind 20 Doubletten, so daß 10 Reliefs, wenn auch in Details leicht voneinander abweichend, auf beiden Flügeln gleich sind. Sechs Reliefs sind Unikate, wie auch die sieben Schmalfelder des in die linke Hälfte eingefügten Streifens. Dämonenhafte Löwenköpfe, durch deren Mäuler die Türringe geführt sind, komplettieren den plastischen Schmuck.

Die Ikonographie bleibt trotz zahlreicher oft sophistischer Lösungsvorschläge in ihrer Gesamtheit dunkel. Gewiß, Simson, der den Rachen eines Löwen auseinanderreißt (Abb. 23) und der mit dem Kinnbackenknochen eines Esels die Philister niederschlägt, ist seit jeher als alttestamentarischer Hinweis auf Christi Sieg über Sünde und Tod verstanden worden. Doch schon der Löwe, der ein junges Rind schlägt, findet Parallelen wohl nur in der Symbolik französischer, italienischer und süddeutscher Portale, in denen die Gruppe häufig als Säulenträger vorkommt und ihre Deutung in der Bedrohung der menschlichen Seele durch das Böse findet.[18] Ins Gebiet der Tiersymbolik verweist auch die Darstellung des Bären mit den Vögeln am Baum. Gemäß den Sprüchen Salomos (Prov. 28.15) „Leo esuriens, et Ursus esuriens, princeps impius super populum pauperum" sieht man den Bären parallel zum Löwen als lebendige Bedrohung des Guten. Im Augsburger Relief hat sich der Bär hoch aufgerichtet und hält sich mit der linken Vorderpranke am Ast des Baumes, um an den wilden Honig, der hinwiederum die christliche Lehre symbolisiert, im Geäst zu gelangen.

In diesen Zusammenhang gehört wohl auch das Feld mit dem Schlangenbaum, der die Schlange gleich zweimal (beim Apfeldiebstahl ?) zeigt. Den unnimbierten Kopf im Baumgeäst als Haupt des Vatergottes zu deuten,[19] ist nur schwer nachzuvollziehen. Auch die Felder mit dem bogenschießenden Kentauren und dem Löwen harren einer überzeugenden Deutung. In dem mit Lanze und Schild gewappneten König hat man David sehen wollen, um daran anschließend den mit großer Gebärde redenden Propheten als Bußprediger Nathan zu identifizieren. Auf etwas festerem Boden stehen wir bei der Deutung des neben dem Türring stehenden Mannes, der vor einer Schlange flieht (Abb. 24). Die Szene verweist auf das 4. Kapitel des Buches Exodus, wo es heißt: „Der Herr sprach zu

[19] Goldschmidt, a. a. O., S. 29.

ihm: Was ist's, was du in deiner Hand hast. Er sprach: Ein Stab. Er sprach: Wirf ihn auf die Erde. Und er warf ihn auf die Erde, da ward er zur Schlange. Und Moses floh vor ihr."

Für die vier unteren Bilder hat sich trotz mannigfacher Interpretationen die Meinung durchgesetzt, daß es sich hier um Personifikationen der vier Jahreszeiten handelt, vertreten durch Dezember, März, Juni und September. Eine Frau, die Hahn und Henne mit Körnern füttert, meint den Winter. Ähnlich kennt man sie in dem Schmuck der Kanontafeln einer Bibel Karls des Kahlen. Der März erscheint unter dem Bild eines mit Lanze bewaffneten Kriegers, analog zu vielen byzantinischen, von Darstellungen der antiken Marsgottheit abgeleiteten Monatsbildern.[20]

Mit der zum Trinken erhobenen Flasche stillt der „Sommer", ein nur mit Schurz und Kopftuch bekleideter Mann, seinen Durst. Das „Kalenderbild" des Monats September schildert einen fast tänzerisch bewegten, beinahe nackten Jüngling, der ein Tuch in schönem Faltenschwung über Schulter und Blöße wirft, während seine Linke eine Traube zum Munde führt. Ein Früchte tragender Rebstock rundet die knapp formulierte Szene.

Rückt man die im linken Flügel in späterer Zeit unrichtig angebrachten Felder wieder in ihren sinnvollen, dem rechten Flügel entsprechenden Zusammenhang, so ergibt sich ein nicht immer leicht verständliches mittelalterliches Weltgedicht mit dem Rhythmus der Jahreszeiten und dem ewigen Kampf von Gut und Böse, in den der Mensch, vom Teufel stets aufs neue versucht, tragisch verwickelt ist. Als Vorläufer Christi werden Moses, Simson und David in das Epos eingeführt. Die Rekonstruktion des alten Programms führt zu einer wohlausgewogenen, gleichmäßig geschmückten Komposition. Es bleibt im dunkeln, wann man diesen Zustand verändert hat und den linken Flügel um eine schlanke, hochrechteckige Bilderfolge mit der Erzählung aus Exodus 4,2 zwischen den schon vorhandenen Feldstreifen bereicherte. Der Faden der Erzählung von Moses mit der Schlange wird wiederaufgenommen. Der Flucht vor ihr folgt das Wiederaufgreifen, so wie es der Text berichtet: „Aber der Herr sprach zu ihm: Strecke deine Hand aus und erhasche sie bei dem Schwanze. Da streckte er seine Hand aus und hielt sie; und sie ward zum Stab in seiner Hand. Damit sie glauben, daß dir erschienen sei der Herr, der Gott ihrer Väter . . . Und der Herr sprach weiter zu ihm: Stecke deine Hand in deinen Busen, und da er sie her-

[20] Goldschmidt, a. a. O., S. 30.

auszog, siehe, da war sie aussätzig ... Und er sprach: Tue deine Hand wieder in deinen Busen, und da er sie herauszog, da war sie wie sein anderes Fleisch.“

Der Künstler schildert das erste Wunder, indem er Moses mit der Schlange in der Hand zeigt. Im folgenden Relief weist Moses auf seine Hand. Es ist eine selten gewählte Thematik, doch weist Goldschmidt[21] auf das Relief eines unteritalienischen Antependiums des 11. Jahrhunderts in Salerno hin, das die gleichen Szenen nebeneinander vorträgt. In den Augsburger Reliefs folgt wohl auch die nächste Platte noch dem gleichen Text, in dem berichtet wird: „Und der Herr sprach zu Moses und Aaron: Wenn Pharao zu euch sagen wird: Beweist eure Wunder, so soll Aaron sagen: Nimm deinen Stab und wirf ihn vor Pharao, daß er zur Schlange werde ... und Aaron warf seinen Stab vor Pharao ... und er ward zur Schlange. Da forderte Pharao die Weisen und Zauberer. Und die ägyptischen Zauberer taten auch also mit ihren Beschwörungen. Ein jeglicher warf seinen Stab hin, da wurden Schlangen daraus, aber Aarons Stab verschlang ihre Stäbe.“ Man erkennt Aaron und dessen Stab, der die Schlange der Widersacher überwältigt.

Der Erweiterung der in den ursprünglichen Türfeldern nur in einem Relief angeklungenen Moseslegende um drei weitere Handlungsphasen sind in der Zone der Jahreszeitenpersonifikationen zwei korrespondierende weibliche Figuren hinzugefügt, die eine Blüte bzw. eine Frucht in der Linken halten. Man sieht in ihnen die Darstellungen von Frühling und Herbst. Blieben der Werkstatt noch zwei schmale Rechteckfelder zu füllen. Man entschied sich für die Erschaffung des ersten Menschenpaares, eine besonders schwierige Aufgabe, da die Werkstatt nunmehr vom bisher durchgehaltenen Kompositionsprinzip abweichen und auf schmalem Hochrechteck zwei bzw. drei Figuren unterbringen mußte. So kommt es zu Überschneidungen des Rahmens. Und wie sich der Kopf Adams in der Erschaffung der Eva vor dem Rahmenrelief befindet, die Füße jedoch hinter der rechten Begrenzungsleiste verschwinden, wird deutlich, welche Mühe der Künstler mit der Einfügung seiner aus einer byzantinischen Vorlage gewonnenen Gruppe in das Prokrustesbett des ihm vorgegebenen schmalen Hochrechtecks gehabt hat.

Der komplexe Inhalt des ikonographischen Programms ist formal auf völlig andere Weise behandelt als alles bisher Gesehene. Die gleichförmige Reliefierung, der der Antike noch so nahe stehende

[21] Goldschmidt, a. a. O., S. 31–34.

Figurenstil mit der Darstellung des unbekleideten Körpers hat nichts von dem jugendlich Unbekümmerten, Erzählfrohen, dramatische Zuspitzung Suchenden der Hildesheimer Werkgruppe. Keinen Anfang, sondern ein Ende bedeuten die Augsburger Türen.

Zuviel an Fremdem, Rezipiertem ist in diesen Figurenstil eingeflossen, um eine genaue Datierung zu versuchen. Offenbar sind drei Künstler bei der Ausführung tätig gewesen. Sie haben das matte Kopieren ihrer Vorlagen verhindert und ihren Figuren ein „ottonisches" Gepräge gegeben. Dabei kann die Fertigstellung an keinem frühen Datum verankert werden. Irgendwann zwischen dem Baubeginn von 1006 und der Vollendung um 1065! Daher lassen die sicherlich zuletzt entstandenen Reliefs der Erschaffung Adams und Evas deutlich erkennen, daß ihr Meister ungleich näher an das 12. Jahrhundert heranrückt als sein überlegener Hildesheimer Vorgänger.

Die Gießhütte könnte in Augsburg selbst gewesen sein. Wir wissen von einer Gußstätte, die seit dem 10. Jahrhundert in Tegernsee arbeitete. Mainz, Corvey und Hildesheim sind seit Beginn des 11. Jahrhunderts nachweisbar. In Augsburg mag man um die gleiche Zeit eine Hütte begründet haben, in der Modelle aus Wachsformen geschaffen und dann im Ausschmelzverfahren verarbeitet wurden.

Wie nachhaltig spätere Veränderungen, Nachgüsse von Maskenköpfen auf den Leisten, der Verlust der Vergoldung, das Wiederanbringen abgenommener Reliefplatten am falschen Platz den Eindruck auch bestimmen mögen, die große einheitliche Wirkung, die vornehmlich aus den um die silhouettenhaften Reliefs gelegten Freiräumen resultiert, ist ungebrochen. Neben dem inhaltlichen Anliegen ist der Versuch, eine übergreifende ornamentale Ganzheit zu schaffen, offenkundig. Die Symbolik selbst ist in mancher Beziehung abhängig von dem Trieb zum Ornamentalen und verschließt sich daher oft einer logischen Deutung. So wird man sich auch nicht wundern, wenn die Auswahl eine etwas bunte ist, bei der innerer Gehalt und äußere Erscheinung einen Kompromiß schließen.[22]

[22] Ebd.

BRONZETÜREN DES 12. JAHRHUNDERTS

Durch die Schriften Abt Sugers von St. Denis (1081–1151) ist uns ein wichtiges Zeugnis zu Sinn und Bedeutung der vergoldeten Bronzetüren des 12. Jahrhunderts erhalten geblieben. Zwar haben wir vom Aussehen der Portale für die dem hl. Dionysius geweihte Kirche keine Vorstellung mehr – eine Tür des karolingischen Vorgängerbaues wurde in Sugers Neubau übernommen –, doch bewahrt Sugers Gedicht zu den Flügeln des mittleren Westportals, die mit strahlend vergoldeten Bronzereliefs der Leidensgeschichte sowie der Auferstehung (oder Himmelfahrt?) Christi geschmückt waren, die Vorstellung, aus der heraus solche Portale Gestalt gewannen:

Portarum quisquis attollere quaeris honorem,
Aurum nec sumptus, operis mirare laborum.
Nobile claret opus, sed eant per lumina vera
Clarificet mentes, ut eant per lumina vera
Ad verum lumen, ubi Christus janua vera.
Quale sit intus in his determinat aurea porta:
Mens hebes ad verum per materialia surgit,
Et demersa prius hac visa luce resurgit.

(Wer immer du seist, wenn du die Herrlichkeit dieser Tore zu rühmen suchst,
Bestaune nicht das Gold und die Kosten, sondern die Kunstfertigkeit des Werkes.
Leuchtend ist das edle Werk, doch edel leuchtend sollte das Werk
Die Geister erleuchten, so daß sie durch die wahren Lichter einziehen mögen
Zum wahren Licht, wo Christus das wahre Tor ist.
Auf welche Weise es dieser Welt innewohnt, gibt das goldene Tor zu erkennen:
Der dumpfe Geist erhebt sich zur Wahrheit durch das, was materiell ist,
und erhebt sich, indem er dieses Licht sieht, aus seinem früheren Untergetauchtsein.)

„Christus, das wahre Tor“ spiegelt sich gleichsam im Goldglanz der strahlenden Türreliefs. Sie helfen der Seele durch die wahrnehmbaren Lichter (lumina vera) zum „wahren Licht“ (verum lumen) Christus zu gelangen. Die goldenen Portale sind also in jenem

Zwischenbereich angesiedelt, „der weder völlig im Schlamm der Erde noch völlig in der Reinheit des Himmels existiert". Mit ihrer Hilfe kann „ich durch die Gnade Gottes auf anagogische Weise von dieser niedrigeren in jene höhere Welt versetzt werden".

Es wird offenkundig, daß nach mittelalterlichem Verständnis die Türreliefs als Medien der Kontemplation dienten. Auch sie gehören zu jenen „materiellen Lichtern ... die auf Erden durch menschliches Geschick erzeugt wurden ... Bilder der intelligiblen Lichter und vor allem des Wahren Lichts selber" (Suger).

Vor diesem Hintergrund werden die Bronzeportale mittelalterlicher Kirchen über ihren funktionalen Charakter hinaus in neuplatonischem Sinn zu Bedeutungsträgern. In ihnen wird an Christus als das wahre Tor erinnert, wie es bei Johannes im 10. Kapitel, 9. Vers heißt: „Ich bin das Tor, so jemand durch mich eingehet, der wird selig werden, und wird ein- und ausgehen und Weide finden."

Die sogenannten „Korssunschen" Türen in Nowgorod

Südlich von Leningrad liegt die alte Hansestadt Nowgorod mit ihrer der heiligen Sophia geweihten Kathedrale. Von der Bronzetür ihres Hauptportals (Abb. 25) glaubte man, daß sie im Gebiet der Chersones („Korssun"), der heutigen Krim, entstanden sei. Heute weiß man, daß sie Import einer sächsischen, in Magdeburg zu lokalisierenden Werkstatt der Mitte des 12. Jahrhunderts (1152–1156) ist. 1823 gelang der Nachweis[1], daß als Auftraggeber Alexander, von 1129 bis 1156 Bischof der polnischen Stadt Plock, auf der Tür abgebildet ist, mithin die Tür an der Kathedrale von Nowgorod in Zweitverwendung erscheint. Da in anderen Figuren der Magdeburger Bischof Wichmann (1152–1192) sowie ein Meister Riquinus identifiziert werden konnten, waren auch die Zweifel am Herstellungsort des Werkes ausgeräumt. Die Entstehungszeit ließ sich auf die Jahre 1152–54 eingrenzen, denn 1154 verlieh der Papst dem Magdeburger Bischof das Pallium. Wichmann bezeichnete sich von diesem Jahr an als Erzbischof. Auf der Tür trägt er das Würdezeichen des Palliums noch nicht. Als einziger Hinweis auf die Überführung der Türen von Plock nach Nowgorod dienen die

[1] Adelung, F., Die Korssunschen Thüren in der Kathedralkirche zur hl. Sophia in Nowgorod, Berlin 1823. – Goldschmied, A., Die Bronzetüren von Nowgorod und Gnesen, Marburg a. d. L. 1932.

in die Jahre 1435–1460 zu datierenden, nachträglich eingravierten russischen Inschriften.

Analog zur Augsburger Tür ist das Portal der Sophienkathedrale aus Einzelteilen zusammengesetzt, die auf Holzbohlen von 3,60 m Höhe und 2,20 m Breite aufgenagelt sind. Jeder Flügel ist in 12 quadratische Felder von 40 cm Seitenlänge aufgeteilt. Ein 80 cm messendes Breitformat bildet den oberen Abschluß. Den Quadraten gesellen sich schmale Hochrechtecke mit überlängten Einzelfiguren zu. Reiches, ornamentiertes Rahmenwerk bildet das kompositionelle Gerüst für Darstellungen aus dem Leben Jesu von der Verkündigung bis zur Verherrlichung. Während die lateinischen Inschriften ursprünglich sind, dürften die kyrillischen Hinzufügungen aus der Zeit der Überführung von Plock nach Nowgorod stammen. Absteigend von links oben beginnt die Betrachtung im oberen Querrechteck mit dem segnenden Christus zwischen Petrus und Paulus, der Szene der sog. traditio legis zwischen den Gruppen der Apostel. Maria führt die rechte an und läßt erkennen, daß hier ursprünglich die Darstellung der Himmelfahrt Christi geplant war.

Es folgt darunter, in engem Hochformat zusammengefaßt, die Taufe Christi. In einem Akt kühner Stilisierung sind Johannes und der Täufling mit der Taube zu einer Gruppenfigur zusammengefaßt, verbunden durch die kühn geschwungenen Wellenbänder des Jordan. – Daneben bringt der Engel der an ihrem Spinnrocken sitzenden Maria die Botschaft. Eine etwas ungestalte Taube senkt sich auf das Haupt der Magd des Herrn. – Die Christgeburt zeigt am Kopfende der Lagerstatt Mariens den aus dem Bildfeld herausschauenden Joseph. Die „Krippe“ mit dem gewickelten Kind, das vom Odem der Tiere gewärmt wird, ist oben rechts angeordnet und durch ein flatterndes Velum mit der Hauptgruppe verbunden. Bethlehem und der Stall sind formelhaft auf eine burgartige Architektur reduziert, deren Türme und Zinnenbekrönung die Szene rahmen. – Vor der Gruppe der zur Anbetung des Kindes schreitenden Könige steht frontal ein Mann im Festgewand, der dem Betrachter ein geöffnetes Buch entgegenhält. Die kyrillische Beischrift zur Königsplatte erklärt: „Die persischen Magier schreiten zu Christus mit Gaben.“ Von Maria als königlicher Frau, die frontal thronend als Sedes Sapientiae den segnenden Christus auf ihrem linken Knie hält, werden sie in einem von Türmen und zinnenbewehrten Mauern eingegrenzten Raum empfangen. Ein Engel assistiert als Throntrabant der Audienz. – Eine als Rachel bezeichnete Frau, die in den weiten Ärmeln ihres Gewandes ein Kind an sich drückt, füllt das anschließende Hochrechteck und verdeutlicht, daß an der Tür manches nicht mehr am rechten Platz ist. Denn nach Matthäus II, 18 müßte sie der Darstellung des bethlehemitischen Kindermordes zugeordnet sein. – Für die Darbringung im Tempel hat der Künstler sich ein eindrucksvolles Gehäuse ausgedacht. Von zwei Doppelturmanlagen begrenzt, übergreift eine mächtige kleeblattförmige Kuppel die Szene, die jedoch nur unvollkommen auf die Architektur bezogen ist. Von links werden die Opfertauben herbeigetragen. Die Mitte über dem Altar bezeichnet ein schwebender Engel. Rechts drängt sich die Gruppe mit Maria, die Simon das Kind reicht.

Das Mittelfeld des Türflügels wird vom Löwenkopf mit dem Türring bestimmt. Im geöffneten Maul der Bestie erscheinen die Köpfe von fünf Männern, die verschlungen werden. „Die Hölle verschlingt die Sünder“ kommentiert die kyrillische Beischrift. Ein Diakon mit Schriftrolle und Rauchfaß wohnt dem Geschehen scheinbar teilnahmslos bei. – In der Heimsuchungsszene umarmen sich Maria und Elisabeth und erweisen des Künstlers Begabung, durch Armbewegungen, beide Figuren übergreifende Faltenformationen und markanten Umriß monumentalisierende Wirkungen zu erzielen. – Die Flucht nach Ägypten zeigt Joseph, der das Reittier am Zügel führt. Die Linke schwingt die Peitsche. Auf dem Kopf den spitzen Judenhut, wendet sich der Nährvater dem Betrachter zu. Für die hoheitsvolle Gruppe Mariens und des segnenden Kindes wird der Esel zum Thronsitz.

Vermittelt durch eine schmale Tafel mit buchhaltendem Diakon folgt die Stifterplatte mit der monumental angelegten Figur des Stifters: der segnende Bischof Alexander von Plock. In der Herausmodellierung des ovalen Hauptes, das sich mit der Mitra zur formalen Einheit zusammenfügt, spürt man die Nähe zum Magdeburger Wichmannsgrab (vgl. S. 77f.) besonders nachhaltig. Diakone, respektvoll gegenüber der Hauptfigur verkleinert, assistieren dem Kirchenfürsten. Die Bilderzählung wird mit der Himmelfahrt des Elias fortgeführt. Einem kometenhaften Feuerschweif, ornamental höchst wirkungsvoll ins Bild gesetzt, folgt die Hand Gottes. Sie senkt sich aus den Wolken des Himmels herab und scheint den Pferden den Befehl zu geben, den Wagen, in dem der Prophet sitzt, aufwärts zu ziehen, dorthin, wo „die Gerechten leuchten in ihres Vaters Reich“. Der am Boden liegende Elisa wendet sich dem Gespann zu, um den Mantel zu ergreifen, der über den rechten Arm des Propheten herabhängt. – Den Sieg der Tugenden über die Laster symbolisieren zwei mit Schild, Schwert und Lanze bewaffnete Krieger. Triumphierend stehen sie auf den zu Boden geworfenen Feinden.

In der nächsten Gestalt im darunterliegenden Hochrechteck stellt sich Riquinus, der Gießer der Türe, selbst vor. Er trägt einen kurzen gegürteten Rock und hält eine Waage in der Rechten, die zum Bestimmen der richtigen Metallmenge notwendig ist. Die Linke umfaßt eine Zange. RIQIN ME FEC (it) lautet die stolze Inschrift.

„Adam und Eva aßen von der Frucht des Baumes" verkündet die kyrillische Schriftzeile des nächsten Reliefs. Die Stammeltern – Adam schreitend in Profilansicht, Eva frontal dargestellt – bedecken ihre Scham. Beide halten einen Apfel fest in der Rechten. Um den Baum in der Mitte windet sich, eine Frucht im Maule, die Schlange.

Hatte sich mit Riquinus der Hauptmeister vorgestellt, so präsentiert sich im nächsten Hochrechteck der Gießer Abram, ausgewiesen durch Hammer, Zange und Schöpfkelle. Am Hals trägt er über dem feingemusterten knielangen Gewand ein Kreuz, das ihn als Russen kennzeichnet. Im Gegensatz zu den übrigen ca. 3 mm starken Platten ist das Abramsfeld nur 1 mm dick. Plastischer als die übrigen Figuren steht Abram vor dem Reliefgrund. Trotz der stilistischen Angleichung scheint es sich um eine spätere Arbeit zu handeln, die wahrscheinlich mit der Überführung der Tür von Plock nach Nowgorod in Verbindung steht. Abram mag für die jetzt notwendig gewordenen Renovierungen und den Neuguß der unteren Rahmenleisten verantwortlich gewesen sein. Dafür spricht auch die kyrillische Schrift, während eine lateinische Bezeichnung fehlt. – Das letzte Bildfeld des linken Türflügels schildert die „Erschaffung Evas". Gottvater, in starker Schreitstellung gegeben, löst Eva aus der Seite Adams, während sich zwei Engel in fast senkrechtem Schwung vom Himmel herabstürzen und dem Ereignis beiwohnen.

Wiederum folgt ein „Künstlerporträt". Ein junger langhaariger Mann, als Wasmuth bezeichnet, hält mit beiden Händen eine mächtige Zange.

Das querrechteckige Oberfeld des rechten Türflügels ist der Majestas Domini vorbehalten. In der Mandorla thront, breit in die Fläche entwickelt, auf dem Regenbogen Christus. Vier Engel halten, als sei es ein schwergewichtiger Gegenstand, den Glorienschein. In den vier Ecken erscheinen die Evangelistensymbole. Sonne und Mond betonen den kosmologischen Charakter der

Komposition. Darunter begegnet uns in strenger Frontalität ein Mann, der seinen Mantel ausgezogen hat, um ihn vor dem in Jerusalem einziehenden Jesus (im nächsten Bildfeld) auszubreiten. Offenkundig hat hier noch nach der Beschreibung Adelungs 1823 ein Austausch stattgefunden, der den Krieger in Helm und Panzerhemd, wie er jetzt vor dem Einzug in Jerusalem erscheint, mit der Figur des Mantelhaltenden vertauscht hat. Dafür spricht auch die Inschrift SIGERE = Sieger, die sich auf den Löwenkämpfer als Besieger des Bösen bezieht. Im „Einzug in Jerusalem" (Abb. 26) entfaltet die Werkstatt ihre Kraft zu monumentaler Aussage. Mit segnender Rechten und erhobenem Palmzweig in der Linken reitet Christus auf der Eselin, während eine Apostelgruppe einen wirkungsvollen Kontrast zu der reiterbildartigen, einprägsamen Christusgestalt auf der Eselin bildet. – Eingeleitet von der Frontalfigur eines Mannes mit Schriftband folgt die Darstellung der Stadt IHERVSALEM, die ihr Tor weit geöffnet hat, um die Kinder Israels dem König entgegenziehen zu lassen. Sie haben Zweige von einer phantasievollen Palme abgebrochen. Zweie sind auf die zinnenbewehrte Mauer gestiegen, um dem Heranreitenden ihr Hosianna entgegenzurufen.

Das Relief eines jungen Mannes, der seine Hand in das Maul eines Hundes (?) legt, den er mit dem linken Arm an sich preßt, setzt der Deutung Schwierigkeiten entgegen. Adolf Goldschmidt hat auf die Stelle bei Isaias XI, 8 verwiesen, wo vom paradiesischen Zustand die Rede ist, der nach Besiegung des Bösen eintritt und einem Kinde erlaubt, seine Hand in den Rachen des Tieres zu legen. – In der Gefangennahme Jesu reduziert der entwerfende Künstler die Szene auf fünf Figuren, die er durch ein rundbogiges, von Türmen flankiertes Tor zusammenfaßt. Wie Judas seitlich an Christus herantritt, um ihn zu küssen, und von rechts ein Mann mit spitzem Judenhut die Hände des Herrn mit dicken Tauen fesselt, wird wiederum das synchrone mittelalterliche Illustrationsprinzip demonstriert, in dem zwei zeitlich aufeinanderfolgende Szenen in einer Gruppe dargestellt werden. – Auf der folgenden Rahmenleiste kämpft wieder das Gute gegen das Böse. Als Siegformel hat sich der Entwerfer zwei mit den Füßen gegeneinander gerichtete Figuren ausgedacht, wobei die auf dem Kopf stehende als das überwundene Böse zu gelten hat. – Der nun folgende bartlose Mann, um dessen Hüfte sich eine Schlange windet, hat sich bisher noch nicht überzeugend deuten lassen. Doch mag hier das gleiche Thema vom Kampf der Tugend gegen das Laster zugrunde liegen.

Rätselhaft bleibt auch die nächste Bilderzählung. Man erkennt einen bärtigen Mann mit gefesselten Händen und in den Schraubstock gezwängten Füßen. Ein Engel tritt zu ihm heran, wohl um ihn zu befreien. Mauern, Türme und hinter Zinnen postierte Krieger bezeichnen den Ort des Geschehens als Gefängnis. Wenn hier, wie oft behauptet, Christus im Kerker dargestellt sein soll, so kann der Künstler nur auf ein Vorbild zurückgegriffen haben, das er in seiner Inhaltsaussage nicht mehr verstanden hat. Denn alle Bildelemente sprechen hier für den eingekerkerten Petrus, den der Engel aus seinem Verlies befreit.

Das Mittelfeld des rechten Flügels wird wiederum durch den dämonischen Löwenkopf bestimmt, in dessen Zähnen man das Haupt eines Jünglings erkennt. Der schön geschwungene Türring mündet ebenfalls in die Köpfe zweier Schimären ein. – Ein nicht näher charakterisierter König mit gezogenem Schwert und ein Jüngling als Bezwinger des Bösen in Gestalt eines die Mähnenborsten sträubenden Ungeheuers auf der Trennleiste leiten zum thronenden Herodes über, der wohl mit zur folgenden Geißelungsszene gehört. Der nur mit einem Schurz bekleidete Christus ist mit den Armen an eine gedrehte Säule gefesselt, die von einem römischen Adler bekrönt ist. Ein Engel mit Buch zieht den Blick Christi aufwärts, während die zu beiden Seiten angeordneten Folterknechte teilnahmslos ihre grausame Tätigkeit mit (heute verlorenen) Geißeln ausüben.

Zu den eindrucksvollsten Reliefplatten gehört die „Kreuzigung“ (Abb. 27). Christus steht als Sieger über den Tod vor dem Lebensbaum des Kreuzes. In kühnem Körperschwung füllen Engel die oberen Bildecken. Johannes unter dem Kreuz hat trauernd sein Haupt in die rechte erhobene Hand geschmiegt. Maria zur Linken hat die vom Kreuz gelöste rechte Hand Christi in die ihre genommen und leitet damit zur Kreuzabnahme über. – Der vornehm gewandete Nikodemus mit dem Salbgefäß und eine überschlanke, erst später in Rußland gefertigte Figur, die ganz an der Nikodemusgestalt orientiert ist, füllen die Hochrechtecke zwischen der Kreuzigung und den Frauen am Grabe. Sie stehen mit Spezereigefäßen und Weihrauchfaß hinter dem geöffneten Sarkophag. Er weist die charakteristischen drei Oculi auf, die so typisch für die Heilig-Grab-Darstellungen des Mittelalters sind. Ein Engel sitzt auf einem blockartigen Stein und weist mit der Rechten auf das leere Grab. – Christus schwebt in den Limbus herab. Die leichte Diagonale seiner Haltung gibt dem gegen den geöffneten Höllenrachen gerichteten

Lanzenstoß zusätzliche Kraft. Im Maul des Höllenungeheuers gewahrt man drei qualvoll sich windende Menschen.

WICMANNVS MEGIDEBURGENSIS EPC

lautet die Inschrift, die sich um das Haupt der Bischofsfigur im folgenden Relief herumzieht. Wiederum stellt sich die Erinnerung an das Magdeburger Grabrelief des Bischofs ein (vgl. S. 77f.). Daß es der Zeit nicht um individuelles Wiedererkennen einer bestimmten Persönlichkeit ging, erweist die unmittelbare Verwandtschaft zu der Platte mit der Darstellung des Auftraggebers der Tür, Bischof Alexanders von Plock (vgl. S. 47). Kaum ein Denkmal mittelalterlicher Kunst gibt hingegen soviel Information über Auftraggeber, Herkunft der Werkstatt und ausführende Gießer wie die Nowgoroder Tür.

In der „Himmelfahrt Christi" ist der Erlöser durch die feine Durchschwingung des Körpers als Schwebender gekennzeichnet. Er füllt die ganze Höhenausdehnung der Platte, so daß der Kreuznimbus noch von der Rahmenleiste überschnitten wird. Segensgestus und Triumphkreuz sind eng aufeinander bezogen. Zwei Engel mit Rauchfaß und Buch sind dem zum Himmel aufsteigenden Christus zugeordnet. Ein Jüngling mit gezücktem Schwert neben der „Himmelfahrt" sowie die drei Krieger in Panzerhemd mit Helm und Schild, die darunter angeordnet sind, konnten bisher nicht sicher gedeutet werden. Vielleicht ist in der nimbierten mittleren Figur der hl. Mauritius als der Patron des Magdeburger Domes zu sehen. Schließlich gehörte Plock zur Magdeburger Erzdiözese, in deren dem Dom zugeordneten Gießhütte die Tür angefertigt wurde. – Mit der grausamen, ins Hochrechteck komponierten Darstellung des bethlehemitischen Kindermordes schließen die ursprünglichen Platten ab. Doch auch der Krieger, der, auf einer Hekatombe Getöteter stehend, einem unbekleideten Kind den Kopf abschlägt, muß ehemals in Zusammenhang mit der Kindheitsgeschichte Christi an ganz anderer Stelle angebracht gewesen sein. – Die letzte Platte mit dem bogenschießenden Kentauren hat mit den übrigen nichts mehr gemein. Sie muß aufgrund ihres abweichenden Stiles als Ersatz eines Reliefs gelten, von dessen Aussehen wir keine Vorstellung mehr haben.

Die Nowgoroder Tür vereinigt drei verschiedene Themenkreise miteinander. Biblische Begebenheiten wechseln mit allegorischen Figuren und Darstellungen von Auftraggebern und Ausführenden. Im Stil läßt sich Ähnliches in der Tür von S. Zeno in Verona nachweisen. Im einzelnen jedoch ist die Verwandtschaft zu den Bischofsgrabmälern im Magdeburger Dom so eng, daß an der Herkunft aus dieser Werkstatt nicht zu zweifeln ist. Dabei ist die Vergröberung in den Türreliefs so auffällig, daß man annehmen darf, nur die Entwurfszeichnungen stammten vom Meister des Magdeburger Friedrichgrabmals, während die Durchführung der Werkstatt überlassen wurde.

Die Gnesener Bronzetüren

Hatten die Türen in Hildesheim, Augsburg und Nowgorod ein allgemeines eschatologisches Programm, in dem der Sieg des Guten über das Böse mit Szenen des Alten und Neuen Testamentes verknüpft war, so zeigt die „Porta aurea" an der Südseite des Gnesener Domes die Vita des hier besonders verehrten heiligen Adalbert (Abb. 28). Das hat zu Spekulationen geführt, Otto III. habe aus Verehrung für seinen Märtyrerfreund Adalbert die Türen in Magdeburg gießen lassen. Der Stil der Reliefs weist jedoch eindeutig ins 12. Jahrhundert. Nächste Analogien finden sich in der maasländischen Kunst der 2. Hälfte des 12. Jahrhunderts. Man denkt an die Miniaturen einer Handschrift mit den Dialogen Gregors des Großen in Brüssel, Treibarbeiten des Hadelinusschreins in Visé und Emails vom untergegangenen Remaklusretabel in Stavelot.[2] Alle Versuche, die Modelleure der Gnesener Portale andernorts nachzuweisen, sind bisher gescheitert. Für den in der 2. Hälfte des 12. Jahrhunderts vollendeten romanischen Dom bestimmt, wurden die Türen später in den 1342 begonnenen gotischen Neubau überführt. Die Gießtechnik knüpft an Hildesheim an. Beide Flügel sind aus einem Stück gegossen. Der linke ist mit seinen 328 cm etwas höher als der rechte, der nur 323 cm mißt. Die Breite ist fast gleich (84 bzw. 83 cm). Im rechten Flügel rührt die gelblichere Färbung von einem größeren Zinkgehalt her. Höherer Kupferanteil verleiht dem linken Flügel seinen stärker rötlich-dunklen Ton.

Die Darstellungen gehen auf zeitgenössische Quellen zurück. Vornehmlich die Biographie des Johannes Canaparius[3] hat dem

[2] Mende, U., Die Bronzetüren des Mittelalters 800–1200, München 1983, S. 89.

[3] Ed. Bielowski, Scriptores Rerum Polonicarum, Bd. III. – Acta Sanctorum der Bollandisten, Vol. XII (23. April), P. 176. – Mon. Germ. Ss. IV, S. 574.

Entwerfer der Reliefs den Stoff für seine Bildgeschichte geliefert. Sie beginnt mit der Geburt des Heiligen. Unter zwei Arkaden sieht man links die Wöchnerin aufrecht im Bett sitzen. Eine Magd bringt eilfertig das Essen herbei. Rechts wird das auf den Namen Woytech getaufte Kind von zwei Frauen gebadet. Im zweiten Bildfeld führen die Eltern das erkrankte Kind in die Kirche. Der Vater hält es über den Altar, ein Priester spricht den Segen und weiht es der Gottesmutter. Woytech ist herangewachsen. Die Eltern bringen ihn nach Magdeburg in die Obhut Erzbischof Adalberts, der dem Jungen seinen Namen gibt. Die Architekturkulisse des Domes hat beim Guß stark gelitten. Die Aufteilung des Feldes durch eine Doppelarkade weist auf den gleichen Meister, der auch das erste Relief entworfen hat.

Vor den in einer Kapelle geborgenen Gebeinen der Märtyrer ist der junge Adalbert verehrend niedergekniet. Die Szene mußte auf fast quadratischem Feld untergebracht werden, da man noch Platz für den Löwenkopf mit dem Türring brauchte. – Das Auge wandert weiter aufwärts zur Investitur und Überreichung des Bischofsstabes durch Otto II. im Jahre 983 in Verona. Der Kaiser sitzt auf einem mit Löwenköpfen gezierten Faltstuhl, assistiert von dem hinter ihm stehenden Schwertträger. Auf Adalbert, der mit demütig geneigtem Haupt den Stab empfängt, ist eine Gruppe von vier Ordensgeistlichen bezogen. Ihre erhobenen und weisenden Hände bilden die „Anlaufbahn" für das Auge, das über den gebeugten Rücken und die den Stab umfassenden Hände Adalberts zu Ottos ausgestreckter Linken weitergeführt wird und zu seinem gekrönten Haupt aufsteigt.

Von minderer Qualität ist die „Heilung des Besessenen" im nächsten Bildfeld. Adalbert und seine zwei Begleiter bilden eine Figurengruppe, aus der die segnend erhobene Hand des Heiligen „ausbricht". Frei vor leerem Raum stehend, gebietet sie dem Dämon, sein Opfer zu verlassen. Aus dem Mund des Gefesselten entweicht das geflügelte Teufelchen. Die trauernden Eltern rechts im Bildfeld haben die Wendung zum Guten noch nicht wahrgenommen. In der Technik des Reliefs wird deutlich, wie der nacharbeitende Ziseleur die Intentionen des entwerfenden Künstlers nicht mehr begreift. So kommt es zu Unklarheiten im Faltenverlauf und Fehlinterpretationen von Gewandteilen.

Besonders gut ist die „Traumvision des hl. Adalbert" aus der Form gekommen (Abb. 29). In präzisem Relief mit konsequent geführtem Lineament ist der Heilige schlafend auf seiner Bettstatt dargestellt. Christus erscheint ihm. Gebärdenstark erfüllt die Rechte des Herrn frei und aussagekräftig den umgebenden Leerraum mit Spannung. Wie vom Sturmwind der herannahenden Gottheit getroffen, schwingt der Vorhang im linken Bildviertel in mächtiger Kurvatur zur Seite und leitet formal zum Haupt des Schlafenden über. Die Faltenstrudel der Bettdecke setzen den Bewegungsrhythmus der Vorhangkaskaden fort, so daß ein lebhafter Kontrast zwischen der dynamisch bewegten linken Reliefseite und der statisch fest gegründeten Architektur im rechten Bilddrittel entsteht. Die Halbfigur Christi löst sich aus einem die Himmelssphäre symbolisierenden Halbkreis und steigert in ihrer überzeugend dargestellten Bewegung die Bilddynamik auf das nachhaltigste. Die Botschaft, die dem Schlafenden zuteil wird, gewinnt im folgenden Relief Anschaulichkeit: Christen seien von Juden als Sklaven gekauft worden (Abb. 29). An Hals und Händen gefesselt, sieht man, wie sie von Juden mit spitzen Hüten herangeführt werden. Adalbert als zentrale Mittelfigur verklagt sie vor Herzog Boleslav, der auf dem Faltstuhl thront. Der Dialog zwischen Bischof und Landesherrn ist wiederum in das Gebärdenspiel der Hände verlegt, die die formale und geistige Mitte der Komposition bilden. Der Schwertträger des Herzogs schließt sie nach rechts zu ab.

Der Schauplatz wechselt. Adalbert weilt als dienender Mönch im römischen Kloster des hl. Alexius. Der Künstler zeigt ihn, wie er beim Auftragen des Weines stolpert und die Gefäße zu Boden fallen und zu zerbrechen scheinen. Doch nun geschieht das Wunder: der Weinkrug bleibt unversehrt, und Adalbert bringt ihn zu den an der Tafel Versammelten. Voller Staunen wenden sie sich Adalbert mit erhobenen Händen zu. Auch hier hat der Entwurf die Figurenblöcke klug verteilt und führt in schöner Sinnfälligkeit das Auge zur „Mitte", die durch das emporgehaltene, unzerbrochene Gefäß markiert wird.

Die Reliefs des rechten Türflügels schildern die Slawenmission Adalberts – beginnend oben mit der Ankunft des Schiffes am Gestade, wo ihn ein Heerhaufen martialisch ausschauender schnurrbärtiger Pruzzen (Preußen) erwartet. Ihrer Bewaffnung mit Lanzen, Schwertern und Schilden setzt der mit drei Begleitern im Schiffe stehende Bischof seinen Segen entgegen. Ein Ruderknecht sitzt am Bug und lenkt das Schiff ans Ufer. – Die Missionstätigkeit hat begonnen. Adalbert stiftet das Taufsakrament. Das Relief zeigt ihn in der Mitte der Platte stehend, Haupt und Segenshand einem Täufling in der Fünte zuwendend. Die Pruzzen, die gekommen sind, um ebenfalls getauft zu werden, haben ihre Waffen abgelegt und neigen sich demutsvoll vor der segnend erhobenen Rechten des Bischofs. Seine drei Begleiter bilden das Gegengewicht zur Gruppe der um das Taufbecken Versammelten. Im nächsten Bildfeld ist die Figur des Predigenden fast identisch mit der des taufenden Adalbert. Doch seine Worte scheinen auf seine Zuhörer einen recht zwiespältigen Eindruck zu machen. Heftig redend und gestikulierend, mit düsteren Mienen, reagieren sie auf die Ermahnungen des Missionars, dessen drei Begleiter sich schon abwenden, als ahnten sie das kommende Unheil. Es scheint sich schon bei der Meßfeier anzudeuten, die im vierten Relief des rechten Flügels geschildert wird. Die Pruzzen sind waffenstarrend gekommen. Unmißverständlich deutet der Anführer mit sprechendem Gestus auf Adalbert, der vor dem Altarblock stehend das Meßopfer feiert. Seine Begleiter halten seinen Bischofsstab und das Evangelienbuch. Die Katastrophe entlädt sich im nächsten Rechteck in voller Dramatik (Abb. 30). Auf den mit betend gefalteten Händen knienden Bischof springt einer der Mörder, ergreift mit der Linken seine Haare und holt mit der Rechten zum tödlichen Schlag mit der Streitaxt aus. Ein anderer Pruzze führt einen Lanzenstoß in den Rücken des Opfers. Adalberts Begleiter haben sich zur Flucht gewendet. Es ist, als habe der Entwerfer die Passionsszene geschildert: „Da verließen ihn alle Jünger und flohen."

Im folgenden Feld muß neben der Fortführung der Erzählung wiederum der getrennt gegossene Löwenkopf mit Türgriff untergebracht werden. So beschränkt sich die Schilderung des Bildberichts auf die Zurschaustellung des Leichnams und das auf einen Pfahl gespießte Haupt des Heiligen. Ein Adler hat sich auf der Krone eines Baumes niedergelassen, um den zum Fraß für die Vögel ausgesetzten Kopf und Leichnam zu bewachen. – Daß sich mit dem Verkauf des Toten noch ein Geschäft machen ließ, wird das nächste Relief zeigen. Herzog Boleslav von Polen ist mit seinen Vasallen herbeigeeilt, um den Leichnam von den Heiden zu erwerben. Diese sind mit großem Aufgebot erschienen. Ihr Anführer hält eine Waage in der Hand, in der das Gewicht des Toten in Gold aufgewogen wird. Nunmehr wird Adalbert in feierlichem Totengeleit nach Gnesen übergeführt. Ein rauchfaßschwingender Bischof und ein Diakon führen den Zug an. Zeichen und Wunder geschehen. So werden zwei am Wege hockende Krüppel geheilt. Hinter der von zwei Männern getragenen Bahre schreitet der Polenherzog mit seiner Gemahlin. Mit der Beisetzung in Gnesen endet das Epos von Leben und Sterben des hl. Adalbert. Sein Leichnam wird feierlich in den Sarkophag gelegt. Akolyten mit Kreuz, Rauchfaß und Sprengwedel vollziehen die Zeremonien, während der Bischof den Totensegen erteilt. Trauernd wohnt Boleslav dem Begräbnis bei.

Stilistisch weichen die beiden Türflügel so weitgehend voneinander ab, daß zumindest zwei Meister angenommen werden müssen. Additiver Reihung im linken Flügel entspricht kompositionelle Verklammerung im rechten. Stärker plastisch empfundener Reliefbildung im linken steht flachere Formgebung im rechten gegenüber. Während die Detaildurchbildung des fertigen linken Flügels durch kräftige Nachziselierung erfolgte, macht die vollständig detaillierte Durcharbeitung der Wachsform im rechten Flügel die Nachziselierung weitgehend überflüssig. Dies erlaubt den Schluß, daß verschiedene Ausführende nach einer gemeinsamen zeichnerischen Vorlage gearbeitet haben.

Die Relieffelder sind von breiten Ornamentbändern gerahmt. Auch in ihnen läßt sich die Mitarbeit verschiedener Meister nachweisen. Großwellige Rankenmotive mit wenigen Blüten- und Figuralmotiven kennzeichnen den Stil des einen, viel üppigeres Rankengeflecht mit phantasievoll eingestreuten Motiven einer Hasenjagd, Traubenpflückern und kelternden Winzern bestimmen den Beitrag eines anderen „Rahmenmeisters". Adolph Goldschmidts scharfsinnige Untersuchung[4] hat mindestens drei Meister nachgewiesen, deren Phantasiereichtum die Rankenfriese zudem mit Löwen, einem Pfau, traubenpflückenden Affen, Drachen, traubenfressenden Ziegen, Hunden, Hähnen und Hirschen beleben. Auch Fabeltiere, Kentauren und Sirenen, das absurde Gefecht eines Kriegers mit zwei Reihern und Löwenkämpfe kommen vor.

Weniges an romanischer Reliefplastik ist erhalten, was dem Vergleich mit den Gnesener Türen standhielte. Möglicherweise hat der entwerfende Künstler auf die Vorlage einer älteren Handschrift zurückgegriffen. Doch ist nichts sklavisch übernommen, sondern jede Szene, jedes Ornament ist „umgedacht" und für das künstlerische Medium des Metallgusses umgesetzt. „Alle anderen Bronzetüren im Norden weit überragend aber ist der ornamentale Rahmen, der den feinsten Goldschmiedearbeiten nicht nachsteht und trotz seines Reichtums die figürlichen Szenen keineswegs in den Hintergrund drängt, sondern der ernsten Erzählung durch eine unabhängige rein schmückende Fassung einen erhöhten Wert zu verleihen sucht"

[4] Goldschmidt, a. a. O., S. 33.

(A. Goldschmidt). Letzte Sicherheit über den Standort der Gießhütte und die Herkunft der Gießer ist bis heute nicht erzielt. Neben Magdeburg, für das die regen Beziehungen des hl. Adalbert zu der Bischofsstadt und die Entstehung der Nowgoroder Türen ins Feld geführt werden, hat man an Böhmen, aber auch an das Maasland gedacht. Dabei hat eine Stadt wie Lüttich ein Höchstmaß an Wahrscheinlichkeit für sich. Hier dürften die Modeln entstanden sein, die dann in Gnesen in Bronzegüsse umgesetzt wurden.

Die Tür für San Zeno in Verona

Zu den schönsten romanischen Bauten Oberitaliens gehört die dem hl. Zeno geweihte Basilika am Rande der Stadt Verona. Ins Innere der dreischiffigen Kirche gelangt man durch eine mächtige zweiflügelige Bronzetür. Sie ist in 48 quadratische Felder unterteilt und mißt 4,80 Meter in der Höhe, 3,60 Meter in der Breite (Abb. 31). Die Materialanalyse ergab 90,17% Kupfer, 6,99% Zinn, 2,77% Blei und 0,06% Eisen. Eine Fülle oblonger kleinerer Felder mit Königsfiguren und Allegorien ergänzt den figuralen Schmuck. Die in Einzelguß gefertigten Platten sind von durchbrochen ornamentierten Halbrundstäben gerahmt und mit Nägeln auf dem Holzgrund festgehalten. Maskenköpfe markieren die Eckpunkte der Relieffelder. Im Lauf der Jahrhunderte sind die Reliefs von ihrem ursprünglichen Ort entfernt und an anderer Stelle wieder angebracht worden, dennoch gibt sich der linke Flügel deutlich als der ältere, der rechte als von einer jüngeren Werkstatt geschaffen zu erkennen. Ein Umbau des Portals dürfte zur Vergrößerung der Bronzetür geführt haben. So verwundert es auch nicht, daß die Thematik uneinheitlich ist. Auf dem linken Flügel sind vorwiegend Szenen aus dem Leben Jesu geschildert, während die zwei unteren Reihen alttestamentarische Darstellungen zeigen. Der rechte Flügel führt sie fort und vermengt sie mit Begebenheiten aus dem Leben des hl. Zeno. Weder Inschriften noch Dokumente geben über Meister und Entstehungsjahr Auskunft. Nur die Stilanalyse, der Vergleich mit Miniaturmalerei und Steinplastik erlauben eine Datierung in die Zeit vor und um 1138, als die neue Westfassade im Bau bzw. teilweise schon fertiggestellt war. Das Erdbeben von 1117 gibt den terminus post für den Baubeginn.

Wir müssen es uns versagen, den riesigen Bilderkreis im einzelnen vorzustellen, und können nur versuchen, Stil und Eigenart dieses Großwerks der Bronzegußkunst näher zu charakterisieren. Wir stützen uns dabei auf die große Einzeldarstellung, die Albert Boeckler 1931 der Tür von San Zeno gewidmet hat.[5] Danach ist keine Tür dieses Typs so wenig „aus einem Guß", keine besteht aus so heterogenen Elementen und ist in ihrem ursprünglichen Zustand so lückenhaft erhalten (sieht man einmal von der im letzten Krieg schwer zerstörten Tür in Benevent ab). Keine aber auch, die durch ihre hohe künstlerische Qualität, ihre stilistische und entwicklungsgeschichtliche Bedeutung so zur Betrachtung reizt wie die Veroneser Tür. Stilistisch gibt sich der linke Flügel in seiner monumentalisierenden Einfachheit der Formgebung ohne Detaildurchbildung als das frühere Werk zu erkennen. Undifferenziert sind die Körper, ohne einprägsamen Kontur. Der Gewandstil bleibt glatt und summarisch, kaum gibt es plastisch durchgebildetes Faltenwerk. Dem steht ein ausgeprägtes Gespür für den ornamentalen Reichtum der Gesamtentwicklung und eine stark ausgebildete Kraft psychologischer Beobachtung gegenüber, die den biblischen Bericht um höchst originelle eigenständige Züge bereichert. Ausdrucksvoller Gebärdenstil ist der Knappheit der Bewegung gewichen. Der Meister des Stiles I vermag viel durch die feine Neigung eines Kopfes, die kaum merkliche Verschiebung der Körperhälften gegeneinander auszudrücken. Man spürt, wie er sich von der Detailfreudigkeit seiner Vorlagen entfernt und, getragen von den Stiltendenzen des zu Ende gehenden 11. Jahrhunderts, eine eigene neue Bildtektonik entwickelt, in der die Formen in ein übergeordnetes, statisch genau überlegtes Gefüge einbezogen sind. Statt der „schwebenden" ottonischen Figuren, die jeder Körperlichkeit spotten, stellt sich eine neue „Schwere" ein, die wiederum ein Verhältnis zum Körper ahnen läßt und den Bezug von Bild und Rahmen im Sinne einer zunehmenden Ornamentalisierung des Bildganzen neu definiert.

Analog zu ottonischer Buchmalerei hatte sich in den Türen von Hildesheim und Augsburg alles im Grund vollzogen, die Figuren waren mit ihm wesenseins, wuchsen aus ihm heraus, blieben mit ihm verhaftet: Form gewordene „Verdichtung einer Bewegung". Jetzt beginnt sich das Relief vom Grund zu lösen, die Körper „scheinen ihm aufgeheftet". Das geht so weit, daß nun Einzelfiguren völlig frei modelliert wurden, um, vor dem Guß auf dem

[5] Boeckler, A., Die Bronzetür von San Zeno, Marburg a. d. L. 1931. – Der neueste Forschungsstand bei Mende, Bronzetüren, S. 146ff.

Wachsmodell angebracht oder für sich gegossen, nachträglich der Platte aufgeheftet zu werden.

Könnte man so den „neuen Wein" charakterisieren, so wäre nur nach den „alten Schläuchen" zu fragen, in denen er herangereift war. Meister I wurzelt in spanischen Traditionen. Viele Einzelheiten machen die Kenntnis iberischer Buchmalerei und Elfenbeinkunst zur unabdingbaren Voraussetzung für die Stilbildung des Veroneser Anonymus. Doch zeigen auch die Reliefs der Kanzel der Isola San Giulio in Lago d'Orta sowie das aus der gleichen Werkstatt stammende Portal von San Fedele in Como, daß auch zeitgenössische oberitalienische Plastik zur Stilbildung des Meisters I in Verona beigetragen hat. Neuerdings hat U. Mende auch Einflüsse der Magdeburger Gießhütte in seinem Werk nachgewiesen.

Die zweite Werkstatt entwickelt einen fortgeschritteneren Stil mit gedrungenen Figuren, deren stoffreiche Gewänder in reich organisierten Faltendraperien den Körper umhüllen. Jetzt zeigt der Akt eine neue plastische Durchformung. Beweglichkeit durch feines Funktionieren der Gelenke führt zur Steigerung des Erzählerischen, aber auch der inneren Dramatik der Szenen.

Im Rahmen dieser Stellung innerhalb der Gesamtentwicklung treten Künstlerpersönlichkeiten hervor wie etwa der Meister, der die Platten mit der Schande und dem Fluch Noahs (Abb. 32), der Vertreibung der Hagar und den Empfang der drei Engel entworfen hat. Wie er das tiefe Schlafen des Vaters in den Weinreben schildert, den frechen Griff Hams nach dem die Blöße des Vaters deckenden Mantel, Scheu und Abwehr der Brüder, gehört dieser Künstler zu den großen Erzählern seiner Epoche, dem auch psychische Vertiefung als Kunstmittel zu Gebote steht. Auch so in der Vertreibung der Hagar (Abb. 33). Unter Verzicht auf die Darstellung Ismaels, auf Krug und Brot sucht er die Wirkung ganz im Gespräch zwischem dem alten, bärtigen Abraham, der seine Rechte befehlend erhebt, und der mit dem Ausdruck des Entsetzens in der Tür erscheinenden Hagar. Klein gebildet und mit lauerndem Gesicht verfolgt hinter einer Säule verborgen Sarah das Geschehen.

Angesichts der schier unerschöpflichen Fülle bildnerischer Gedanken, die mit den Mitteln unterschiedlichen künstlerischen Gestaltungswillens an der Veroneser Tür ausgebreitet sind, wird sich der Blick schärfen für die Vielfalt der Möglichkeiten, die ein scheinbar eng abgegrenzter „Stilzwang" dem Individualstil eines Künstlers an der Wende zum 12. Jahrhundert beließ. Es wird ebenso deutlich, welche Problemfülle sich auftut – sei es die Rekonstruktion des ursprünglichen Zustandes, sei es die freie Interpretation nicht mehr bekannter Vorlagen oder die saubere Scheidung der Anteile verschiedener Meister, die unser kurzer Abriß allenfalls ahnen läßt, keinesfalls aber lösen kann.

Die Bronzetüren des Bonanus in Pisa und Monreale

Er hatte nicht nur als Bildhauer einen großen Namen, auch als Architekt nennt ihn Vasari; zusammen mit einem Guiglielmo Tedesco habe er den 1173 grundgelegten schiefen Turm von Pisa erbaut: Bonanus von Pisa. Nun tritt ein großer Bildhauer aus der Anonymität mittelalterlichen Künstlertums heraus. Fast gleichlautende Inschriften berichten in Pisa:

> Janua perficitur vario constructa decore
> Ex quo virgineum Christus descendit in alvum
> Anno MCLXXX (1179 st. com) ego Bonanus Pis. mea arte
> Hanc portam uno anno perfeci tempore Benedicti operarii.

Und in Monreale:

> Anno domini MCLXXXVI (1185 st. com.)
> indictione III Bonanus civis Pisanus me fecit.

Zwar wurde die große romanische Bronzetür des Hauptportals am *Dom zu Pisa*, auf die sich die erste Inschrift bezog, beim Brand von 1595 zerstört, erhalten jedoch blieb die des Ostportals des südlichen Querhauses, der *Porta di San Ranieri* (Abb. 34). Sie ist stilistisch der Anlage von Monreale so verwandt, daß Bonanus als ihr Meister anzusprechen ist.

Typologisch folgen die Bonanustüren dem herkömmlichen Schema; Reliefplatten werden auf einen Holzkern gebracht, der durch einen ornamental reich gezierten Rahmen gegliedert ist.

Die Pisaner Tür[6] (H = 4,70 m; B = 3,02 m) schildert in zwanzig Szenen Begebenheiten des Neuen Testaments, beginnend mit der Verkündigung bis zum Tod Mariens. Der Erlösungsgeschichte sind 12 Propheten vorangestellt. Sie mündet ein in die Verherrlichung Christi und seiner Mutter. Für die Prophetenfiguren stehen Bonanus 12 Bildtypen zur Verfügung, die er geschickt in Disputatio-

[6] Boeckler, A., Die Bronzetüren des Bonanus von Pisa und des Barisanus von Trani, Berlin 1953, S. 10f. – Mende, Bronzetüren, S. 171ff.

Gruppen anordnet. Palmen trennen sie voneinander, doch die innere Erregung, die mächtige formale und geistige Bewegung überspringt mühelos jedes Hindernis.

In den neutestamentarischen Darstellungen knüpft die strenge, hieratische Aufteilung der Felder, die isokephale Anordnung bei den Marienszenen an byzantinisch geprägte Vorlagen an. Eine ornamentalisierende Tendenz ist allen Platten des San-Ranieri-Portals gemeinsam; sei es nun die Zentrierung der Maria-Elisabeth-Gruppe der Heimsuchung in einem gewölbten Raum oder, in der genialen Verbindung von feierlicher Inschrift, der diagonal ins Bild geschobenen Hauptgruppe dreier Reiter und den Sekundärszenen der Sündenfallreliefs in der Platte mit dem „Zug der hll. drei Könige“ (Abb. 35). In feinem Gespür für eine Durchrhythmisierung der Fläche läßt Bonanus den Palmbaum des Reliefs der Flucht nach Ägypten sich sacht nach links neigen; damit inhaltliches und formales Anliegen geschickt verbindend, setzt er bei der „Fußwaschung“ (Abb. 36) die Gruppe der Jünger zur Einzelfigur Christi in Kontrast, formuliert er ein für die Folgezeit so fruchtbares Motiv wie den in die Höhe ragenden „Lanzenwald“ bei der Gefangennahme Christi.

In *Monreale* war Bonanus offenbar das gleiche Bildprogramm vorgegeben wie in Pisa, doch gab es hier eine 7,80 m hohe und 3,70 m breite Fläche zu füllen; mithin war die Anzahl der Felder entsprechend zu erweitern (Abb. 37). Der Künstler tut es, indem er Szenen des Alten Testamentes einbezieht und die Zahl der dargestellten Propheten vergrößert. So entsteht ein großer Bilderzyklus, beginnend mit der Geschichte Adams und Evas, endend mit Christus, dem neuen Adam, und Maria, der neuen Eva, die das Erlösungswerk vollenden. Die unteren Querplatten sind zwei Löwen und zwei Greifen vorbehalten, die in heraldischer Einprägsamkeit die Felder bis in alle Ecken mit spannungsgeladener Bewegung füllen.

Bei allem Hang zu strenger Rhythmik fehlt es nicht an Detailfreude und ungewöhnlicher Thematik. So droht der Engel Adam nicht nur mit dem Schwert, er bringt ihm auch die Hacke zum Bestellen des Feldes. Eva, die dem schwer arbeitenden Adam das Essen aufs Feld bringt, ist sicherlich eine der ersten nachantiken Pastoraldarstellungen in plastischer Form. Natürlich hat Bonanus seine originellen Szenen nicht neu erfunden. Byzanz und die Antike sind auch für ihn unerschöpfliche Reservoire, deren er sich nachweislich bedient; hier das Vorgefundene frei umprägend, dort weitgehend

„wörtlich" übernehmend, was ihm vor Augen stand. So in den drei Sitzfiguren des „Verklärungsreliefs" (Abb. 38). In der prachtvollen Kurve der Rückenlinien, dem Motiv des in die Hand geschmiegten Kopfes, geben sie sich unverkennbar als Nachfahren antiker Figuren nach Art des Bacchussarkophages des Pisaner Camposanto zu erkennen. Gerade in diesem Relief vermengen sich die Quellströme byzantinischer Stilisierung in den Figuren Christi, des Moses und des Elias und spätantiker Schönlinigkeit in den betrachtend niedergesessenen Jüngern.

Doch nicht nur die Einverwandlung von Überkommenem ist ein erregendes Beispiel der Genialität des Bonanus, seine Eigenentwicklung ist es nicht minder. In Pisa und Monreale fassen wir zwei Phasen eines künstlerischen Werkes, die stellvertretend stehen für Reifestadien des romanischen Stils im 2. Drittel des 12. Jahrhunderts. „Die Pisaner Tür repräsentiert den monumentalen großzügigen Stil der Jahrhundertmitte, der um 1140 einsetzt." Monreale bringt die „Erhöhung der statischen Durchbildung im Einzelnen. Das statische Empfinden im Ganzen erst setzt den Künstler instand, die Figuren und Darstellungen . . . vielteiliger und reicher zu gestalten, ohne daß die romanische Fertigkeit gefährdet wird, die als oberstes Prinzip über allem steht. Nur auf dieser Basis kann er auf die Einfachheit der Komposition, auf die großen Linien verzichten, die sie in Pisa zusammenhalten" (Goldschmidt).

Doch Bonanus kennt auch die Schablone. Er kennt das „Setzkastenverfahren", bei dem eine vorgefertigte Figur in die verschiedensten ikonographischen Zusammenhänge übernommen werden kann. So gibt sich, was auf den ersten Blick hin so einheitlich und „aus einem Guß" zu sein scheint, als Summe von Tradiertem, Erfundenem, Kombiniertem zu erkennen, zusammengehalten und zu Neuem verbunden durch die schöpferische Kraft des Bonanus von Pisa. Doch er blieb ohne Erben.

Barisanus von Trani und die Türen von Ravello, Trani und Monreale[7]

BARISANUS TRANENSI (ME FECIT)
signiert der Künstler stolz seine Türen in Trani und Ravello und fügt zudem noch sein stilisiertes Bild den Reliefs der Patronatsheili-

[7] Boeckler, a. a. O., S. 47ff. – Mende, Bronzetüren, S. 164ff.

gen Nicolaus Peregrinus (auch Nicolaus von Trani genannt) und Nicolaus Bischof von Bari bei. Kleinfigurig kniet er zu Füßen jener Heiligen, die im Ort seiner Herkunft, Bari, und seiner Wohnung, Trani, besonders verehrt wurden. Man hat Trani „das Pisa der Adria" genannt, das aufgrund seiner günstigen Handels- und Hafenlage eine Bronzegießhütte unterhalten konnte, von der für Eigenbedarf und Export schwierigste Aufträge ausgeführt werden konnten.

Neben diese beiden Türen reiht sich als dritte die des Portals von *Ravello* an (Abb. 39). Es ist stilistisch wie technisch so unmittelbar den von Barisanus signierten in Bari und Trani verwandt, daß an der Herkunft aus seiner Werkstatt nicht gezweifelt werden kann. Im Gegensatz zu den bisher betrachteten italienischen Türen sind hier die Reliefs nicht jeweils neu von der Hand des Künstlers geformt, vielmehr hat man Matrizen verwandt, die eine mehrfache Wiederverwendung gestatteten. So begegnet man auf allen Türen gleichen Reliefs.

Auf der Tür von Ravello ist neben dem Stifternamen „Sergius Musetula" auch das Entstehungsjahr 1179 angegeben. Symmetrisch entsprechen sich auf den 3,78 m : 2,66 m messenden Türen die meisten der vorkommenden Reliefs: Majestas, Kreuzabnahme, Limbus, Nicolaus, Madonna, Manilia und Kämpfer in der Mittelreihe, Engel, Apostel, Heilige und Bogenschützen in den seitlichen (nach der Rekonstruktion von A. Goldschmidt). Zwölf Platten mit Lebensbaummotiven bilden den unteren Abschluß. Es sind fast surrealistisch wirkende Kompositionen eines Blütenkelches, der aus dem Rachen eines Ungeheuers entspringt. Einander zugewandte Chimären mit Flügeln und Schuppenpanzern füllen die oberen Ecken. In den unteren sitzen kraftvoll gestaltete Löwen.

Die Tür von *Trani* (um 1180–90) ist zwar gestreckter (4,78 m : 2,72 m) als ihr Gegenstück in Ravello, doch ist die Anzahl der Platten von 80 auf 54 reduziert. Das bedeutet einen Gewinn an Ausgewogenheit und harmonischer Gliederung. Nicht zuletzt trägt der flache, aus fünf verschiedenen Modeln entwickelte Rahmen zu der homogenen Gesamtwirkung bei.

In *Monreale* hat Barisanus (um 1185 bis 1189) die Tür für ein Nordportal des Domes geschaffen. Mit 28 Figurenplatten füllt er gleichmäßig die 4,23 m : 2,15 m messenden Flügel. Die verwandten Modeln für die Reliefs der sitzenden Apostel, der Kreuzabnahme, des Limbus, der Madonna und des Nicolaus von Bari sind aus Trani bekannt. Von den verschiedenen Datierungsvorschlägen hat Goldschmidts exakte Vergleichsanalyse die größte Wahrscheinlichkeit für sich. Danach schließen sich Trani und Monreale gegen Ravello zusammen. Das die Tafeln umfangende Rahmennetz ist nun weitmaschiger, die Figuren haben „Raum zum Atmen". Die fünf neuen Modeln für das Rahmenornament führen in Trani und Monreale eine Fülle neuer Elemente in den schon bekannten Formenschatz.

Barisanus steht ganz in der byzantinischen Tradition. Doch zeigt er sie etwa in der „Kreuzabnahme" (*Ravello*) (Abb. 40) nicht im Stadium erstarrter Spätantike, sondern in der souveränen Verwendung einer mittelbyzantinischen Vorlage. In edler Ausgeglichenheit der Formgewichte gibt er unter dem linken Kreuzbalken die beiden Frauen und Johannes zur „Gruppenfigur" zusammengefaßt. Auf der schräg gegen das Kreuz gelehnten Leiter steht Joseph von Arimathia, behutsam den gebogenen Körper des toten Christus mit seinen Händen haltend. Es ist sicherlich das eindrucksvollste figurale Detail, das Barisanus verwendet, wie der Leichnam in die Arme Mariens gleitet und sich die Köpfe von Sohn und Mutter in einem letzten Abschiednehmen berühren. In wirkungsvollem Kontrast zu der hoheitsvollen Ruhe, die von den beiden Gruppen ausgeht, steht die Geschäftigkeit, mit der die klein gebildete Gestalt des Nikodemus am Kreuzfuß den Nagel aus dem rechten Fuß Christi zieht. Die Apostel folgen bei Barisanus dem seit dem 11. Jahrhundert ausgeprägten byzantinischen Figurenkanon, wie ihn auch die Vorschriften des Malerordens vom Berge Athos verlangen.

In den Türklopfern hat Barisanus sich zu einer ihm sonst fremden Monumentalität gesteigert. „Die Löwenmaske ausdrucksvoll, drohend, kreisrund im Umriß, springt mit fast horizontaler Stirnnasenlinie vor, damit der ungewöhnlich große, ungemein reich durchgebildete Ring Platz finden kann." Eidechsen schlingen sich durch das an- und abschwellende Flechtwerk des Ringes.

Sieht man Barisanus im Context seiner Zeit, so ist sein künstlerisches Werk als Teil der großen Rezeption byzantinischer Kunst in Unteritalien zu sehen. Was er an Vorbildern aus dem 10. oder 11. Jahrhundert benutzt, wird konsequent in den Stil seiner Zeit übersetzt. So ist er gleichsam ein Bruder der großen Mosaizisten von Monreale und Cefalù.

Steht Bonanus, der Bildhauer, für die Kunst des nördlichen Italien mit ihrem Vorrang für plastische Durchgestaltung der Relieffelder, so liegt die Stärke des Barisanus in einem goldschmiedehaft feinen, ornamentseligen Stil, der auch Figürliches der schmuckhaften Gesamtwirkung einbezieht. Die Spannbreite der Bronzebildnerei am Ausgang des 12. Jahrhunderts wird in der Gegenüberstellung der beiden Meister deutlich. Hier der dynamische, stets sich wandelnde, figurenbesessene Pisaner, dort der liebenswürdige, mit Modeln arbeitende Meister aus Bari, dessen gleichbleibende, stärker dekorative künstlerische Sprache keiner Fortentwicklung mehr fähig ist.

Die Tragödie von Benevent

„Il maggior poema sacro dell' età romanica" nennt Venturi die am Anfang des 13. Jahrhunderts entstandene Tür am Westportal des Doms von Benevent (Abb. 41). Tatsächlich galt sie als das wichtigste Werk romanischer Kunst in der Campagna. Eingefaßt von zwei reichornamentierten Säulen und einem marmornen Quersims, zeigte sie auf 72 Feldern die Heilsgeschichte Christi sowie gleichartige Figuren von 24 Bischöfen. Löwen- und Greifenköpfe in der dritten Reihe dienten als Ringhalter.

Gegen Ende des Zweiten Weltkrieges wurden der Dom und sein Hauptportal schwer zerstört[8]. Was man aus den Trümmern an Bronzeplatten und Einzelfiguren noch retten konnte, wurde in die Biblioteca Capitolare verbracht und legt selbst in seinem ruinösen, von der Hitze des Feuers angeschmolzenen Zustand Zeugnis von der Schönheit dieser Tür ab, deren Meister wiederum byzantinische Vorlagen verwendet und durch ein individuelles künstlerisches Temperament verwandelt. Plastisch setzt er seine Figuren gegen den Grund ab, dem auch die Bildarchitekturen verhaftet bleiben. In der Verkündigung erinnert der durchaus körperlich empfundene Engel in seinem antikisch geschürzten Gewand eher an eine siegverkündigende Nike als an den von Gott gesandten Gabriel. Maria thront frontal und vernimmt mit nachdenklich geneigtem Haupt die Botschaft. Mit der Linken rafft sie den Vorhang, der die Szene hinterfängt, mit raschem Schwung zur Seite. Neugierig verfolgt eine Magd, den Vorhang um ihre linke Hand schlingend, das Geschehen. In ihrer derben Leiblichkeit, dem stumpfen Gesichtsausdruck des Nicht-begreifen-Könnens, den kräftig durch das Gewand sich abzeichnenden Brüsten ist sie ein Geschöpf, das den Blick des Betrachters in die Zukunft lenkt, in der eine Generation später am

[8] Abbildungen der Türreliefs vor der Zerstörung bei Mende, Bronzetüren, S. 115–117.

Naumburger Lettner eine andere Magd den Petrus, von deftiger Körperlichkeit bedrängt, seinen Herrn verleugnen läßt.

Dramatiker von hohen Graden ist dieser Meister der Beneventer Tür. Im „bethlehemitischen Kindermord“ (Abb. 42) beweist er es. Vom links oben thronenden Herodes geht der Befehl aus. Der gebietende Arm gibt ihn an den Schergen weiter, der spreizbeinig einen der bethlehemitischen Erstgeborenen am Bein ergriffen hat und mit der Linken das Schwert führt. Am bewegendsten ist das Gegenüber des auf einem Getöteten stehenden Mordknechtes mit der trauernden Mutter.

Die „Hochzeit zu Kana“ ist vor die Apsis einer türmereichen Architektur verlegt. Doch das Hintereinander von perspektivisch angedeutetem Raum und Tafelrunde, das Untereinander der oberen Szene und der Diener, die die großen Krüge füllen, muß noch im Sinne des späten 12. Jahrhunderts als kontinuierliche Raumfolge gesehen werden, in der sich eine Bilderzählung abspielt. Vor der Apsis sitzt unbewegt die Braut. Während rechts zwei Gäste, der eine mit erhobenem leerem Becher, demonstrieren, daß der Wein ausgegangen ist, wendet sich links Maria ihrem Sohne zu: „Herr, sie haben keinen Wein mehr.“ Schon vollziehen in der unteren Szene die Knechte auf Geheiß des Speisemeisters den Befehl Christi, bringen Wasser herbei und gießen es in die schön geformten Amphoren. Die Erinnerung an karolingische Elfenbeine und ihre spätantiken Vorbilder stellt sich ein. Dagegen glaubt man in der „Auferweckung des Lazarus“ (Abb. 43) mit dem Motiv der zu Füßen Christi niedergesunkenen Schwestern Maria und Martha ein Bindeglied zu erkennen zwischen spätantikem, von der mittelbyzantinischen Kunst bewahrtem Geist und der zukunftsgerichteten Neuformulierung in Giottos Paduaner Arenafresko.[9]

[9] Wir müssen es uns versagen, in diesem Zusammenhang auf die süditalienischen Türen in Canosa, Tròia und Palermo einzugehen. Sie alle verbindet die übermächtige byzantinische Tradition, zu der sich vornehmlich in Canosa noch eine starke islamische Komponente gesellt. Die zweiflügelige, symmetrisch gegliederte Tür in Canosa ist massiv gegossen und befindet sich am Grabbau des Fürsten Boemund I. an der Südseite des Domes San Sabino. Der linke Flügel entstand im 11. Jahrhundert (?) in Apulien, der rechte Flügel trägt das Meisterzeichen des um 1111–1118 nachweisbaren Roger von Melfi (vgl. Mende, Bronzetüren, 139f.). Das Westportal (1119) des Domes von Tròia ist zweiflügelig und zeigt die für byzantinische Vorbilder so charakteristischen gravierten und tauschierten Einzelfiguren. Die Tür ist in der gleichen Werkstatt entstanden wie die von Meister Oderi-

Die Bronzetür Andrea Pisanos am Florentiner Baptisterium

Mit dem Namen dieses großen Florentiners ist gleichzeitig die zeitliche Grenze aufgezeigt, die sich unsere Darstellung italienischer Bronze setzen muß. Mit Giotto hatte das Mittelalter in Italien Erfüllung und Überwindung gefunden. Auch für die Erzbildnerei war seine Malerei fruchtbar geworden, und die Bronzetür Andrea Pisanos am Florentiner Baptisterium (Abb. 44) kündet noch eine Generation später in ihrer Beschränkung auf wenige ausdrucksstarke Figuren vom ordnenden, auch in der kleinen Form monumentalen Geist dieses größten italienischen Trecentisten. Doch in des Pisaners Tor wird noch mehr deutlich. Der in Vierpaßfelder aufgeteilte Bilderzyklus steht im Spannungsfeld zwischen Antike und Gotik. Während im Figurenstil der Einfluß französischer Hochgotik spürbar wird, führt das Rahmenwerk im Schmuck seiner Ziernägel und Löwenköpfe antike Traditionen fort.

Im Jahre 1329 beschlossen die Zunftvorsteher der Arte Calimala, die der Florentiner Opera di S. Giovanni vorstanden, die Baptisteriumstüren aus Erz gießen zu lassen. Man schickt den Florentiner Goldschmied Piero di Jacopo nach Pisa, um die dortigen Domtüren des Bonanus (vgl. S. 62ff.) zu studieren, ja, wie Vasari schreibt „abzukonterfeien" („deritragga"). Von Pisa sollte er weiterziehen nach Venedig, um hier einen geeigneten Gießer zu suchen. 1330 vermeldet eine Urkunde, daß der Auftrag an Andrea di Ser Ugolino aus Pisa vergeben wird. Als „maestro delle porte" beginnt er seine Arbeit. Zunächst obliegt ihm und seinen Gesellen die Goldschmiedearbeit, die von den eigentlichen Gießvorgängen unterschieden wird. Ausdrücklich sprechen die Dokumente von ihm als „orifice". Die Inschrift

ANDREAS UGOLINI DE PISIS ME FECIT. A.D. MCCCXXX

bezieht sich auf den Beginn der Arbeiten. Nach achtjähriger Arbeit ist alles vollendet, und die Türflügel können aufgestellt werden.

In 20 Vierpaßfeldern wird die Geschichte Johannes des Täufers

sius von Benevent signierte Südtür des Domes von 1127 (vgl. Mende, Bronzetüren, 141ff.) Auch die zwei Portale der Westvorhalle der Capella Palatina (Palazzo Reale) in Palermo sind in ihrer Ornamentik von byzantinischen bzw. spätantiken Vorbildern abhängig. Für die um 1140 in Palermo entstandenen Türen hat man Modeln zur Vervielfältigung der Motive benutzt (vgl. Mende, Bronzetüren 145f.).

von der Verkündigung an Zacharias bis zur Grabtragung von links oben nach rechts unten dargestellt. Deutlich lassen sich ein individueller Stilwandel und der Prozeß künstlerischer Reife im Fortschreiten der Reliefs erkennen. In der Übereinanderschichtung der Figurengruppe im Geburtsrelief ist des Pisaners Stil noch vergleichsweise altertümlich. Doch mehr und mehr entfaltet sich in den folgenden Reliefs die Klarheit des kompositionellen Aufbaus und die wohlüberlegte Einordnung der Szene in den vorgegebenen Bildrahmen. Die Verwendung von Figuren wird sparsamer und der Handlungsablauf übersichtlich und einprägsam. Knappe und wohllautende Umrißlinien betonen den reliefhaften Charakter und reduzieren die Raumhaltigkeit der Szenen. Sicherlich hat Giottos Einfluß zur Abklärung und Harmonisierung von Andrea Pisanos Stil beigetragen. Der Vergleich der Salome-Szene mit Giottos thematisch gleichem Fresko in der Peruzzikapelle von S. Croce verdeutlicht dies augenfällig. Doch reicht die künstlerische Kraft Andreas aus, seine Reliefs nicht zu Umsetzungen großer Malerei in ein anderes künstlerisches Medium werden zu lassen. Vielmehr wandelt er Giottos Zug ins Monumentale und Dramatische ins lyrisch Gemilderte, im besten Sinne des Wortes Novellistische. Mit Recht betonte man in Giottos Fresken Analogien zum Geist Dantes und sah die Türen Andrea Pisanos eher in der Lyrik Petrarcas gespiegelt.

In den acht unteren Feldern der Tür sind thronende Tugendpersonifikationen dargestellt, die in ihrer symbolischen Verbindung mit der Lebensgeschichte eines Heiligen eine ikonographische Neuformulierung zu sein scheinen.

EINZELWERKE ZWISCHEN 1050 UND 1200

Der Werdener Kruzifix

Die Essen-Werdener Propsteikirche St. Liudger bewahrt einen Kruzifixus, der sich fester Lokalisierung und Datierung bis heute verschlossen hat (Abb. 45). Die Legende sieht in ihm das „labarum Karls des Großen", das er beim Sachsenzug mit sich geführt habe.[1] Erst im Jahre 1547 verbrachte man das Kreuz von dem durch die Reformation bedrohten Kloster Helmstedt, als dessen Mitbegründer Karl der Große galt, nach Werden. Man könnte in diesem Kruzifix eine Karlsreliquie gesehen haben.

Der sehr flach gebildete Corpus ist 108,5 cm groß. Die Armspanne beträgt 96 cm. Arme und Beine sind gesondert gegossen. Vergoldungsspuren lassen auch hier die Absicht erkennen, in dem Bronzebildwerk den Psalm zu verbildlichen: „Alsdann werden die Gerechten leuchten wie die Sonne in meines Vaters Reich."

Diesen entkörperlichten Christus, dessen Leid und Tod ihn verherrlicht, hat man dargestellt. Jeden „Erdenrest" hat die Geometrisierung und Abstrahierung des Körperlichen getilgt. Weit spannen sich schwingengleich die Arme. An ihnen „hängt" keine Last. Sie verstärken vielmehr den Eindruck der Schwerelosigkeit, in der Christus vor dem Kreuz zu schweben scheint. Nur das Haupt neigt sich in Tod und Verklärung aus der schmalen Reliefschicht nach vorne (Abb. 46) und weckt die Erinnerung an den Gekreuzigten der Hildesheimer Bronzetür. Auch hier gibt es kaum mehr Körperliches. Auf geometrische Grundmuster sind Brauenbögen und Nasenrücken zurückgeführt. Über die plastisch vorgewölbten Augen haben sich die Lider gesenkt, großbogig im Gegenrhythmus zu den Brauenarkaden. Die Haare umschließen in leichter Wellung und feiner symmetrischer Nachgravur den Schädel, fallen, die henkelförmigen Ohren freilassend, in rahmenden Wülsten auf die Schultern, stilisieren sich im Bart zu zungenförmigen Locken und rahmen mit dem dreieckförmigen Schnurrbart die zu engem Schlitz

[1] Elbern, V. H., in: Das erste Jahrtausend, Tafelband, Düsseldorf 1962, Kat. Nr. 390/91.

reduzierten Lippen. Die Brustmuskeln gliedern in groß gesehenen geometrischen Kurvaturen zusammen mit den parallelen Rippenbögen den Thorax. Jedes „erzählerische" Motiv bis hin zur Seitenwunde versagt sich der entwerfende Künstler.

Flach geschichtet sind die Falten des Lendentuches. An die Stelle der sich durch den Stoff abzeichnenden Oberschenkel sind lange Faltenbahnen mit Omegaabschluß getreten. Überlängt wie die übrigen Proportionen sind auch die Unterschenkel. Die Knie werden durch Halbkreisgravuren angegeben. Die zu linearen Graten reduzierten Schienbeine münden in die wie schwebend dem Suppedaneum (erneuert) aufgehefteten Füße ein.

Stilistische Untersuchungen haben den Werdener Kruzifixus in die Nähe der Reliefs des Essener Buchdeckels der Äbtissin Theophanu, der zwischen 1039 und 1056 entstand, gebracht und einen Zusammenhang mit den Werdener Steinskulpturen aus der Zeit um 1058 und 1066 hergestellt, so daß die Datierung um 1060 vieles für sich hat.[2] Dann könnte auch eine Entstehung in der Werdener Benediktinerabtei angenommen werden.[3] Das vorherrschende lineare Element mit stark symmetrischer Dominanz weist auf byzantinischen Einfluß.

Doch angesichts dieses weltentrückten Werkes werden die Fragen nach dem Wann und Wo leiser, die Grenzen des Interpretierbaren spürbarer und die Gewißheit mächtiger, vor einem der großen Kunstwerke zu stehen, vor dem die Mystiker empfanden: „Wenn du stille wirst, wird dir geholfen werden."

Der Kruzifix des Mindener Domes

Mit Bischof Hezilo (1054–1079) tritt Hildesheim wieder in den Kreis der großen Kunstzentren des späten 11. Jahrhunderts ein. Der mächtige Radleuchter, der nunmehr für die Vierung des Domes entsteht, ist neben den Großkomburger (um 1130) und Aachener (um 1165) Lichterkronen bildhaftes Zeugnis für die Vorstellung vom Himmlischen Jerusalem, das von Gott auf die Erde herabschwebt. In der offenbar von Hezilo wiederaufgenommenen Werk-

[2] Wesenberg, R., Frühe mittelalterliche Bildwerke, Düsseldorf 1972, S. 59.

[3] Rademacher, F., Der Werdener Bronzekruzifix, in: Ztschr. des Deutschen Vereins für Kunstwissenschaft 8, 1941, S. 141–158.

statt-Tradition ist wohl auch der Kruzifix für die Mindener Dompfarrkirche St. Petrus und Gorgonius in den Jahren zwischen 1070 und 1080 entstanden[4] (Abb. 47). Der Bronzeguß mißt 101 cm in der Höhe. Auch das Kreuz aus eisernen Platten (H= 117 cm, B= 105 cm) ist ursprünglich, doch fehlen heute die diagonalen Verstrebungen, die ehemals die Querarme mit dem Stamm verbanden. Ihre dienende Funktion war in die Vorstellung der Äste des Kreuzes als Baum des Lebens gekleidet. Die Inschrift

IHC NAZARENYS JVDEORUM

ist am oberen Kreuzesende eingraviert. Auf dem Querarm deutet eine Inschrift die Identität von Christuskreuz und Lebensbaum:

HOC REPARAT XPS DEUS IN LIGNO CRUCIFIXUS QUOD DESTRUXIT ADAM DECEPTUS IN ARBORE QUADAM.

Ein Reliquienverzeichnis auf der Rückseite des Kreuzes läßt erkennen, daß im Mindener Kruzifixus auch Reliquien geborgen waren. Durch die Anwesenheit solcher realer Erinnerungszeichen gewann das Kreuz eine gesteigerte Bedeutung. Im Glanz seiner einstigen Vergoldung verband es das Bild des am Kreuz verherrlichten Christus mit dem kostbarsten Besitz der Kirche, den Reliquien, dem sichtbaren Unterpfand der Erlösung.

Der Corpus ist aus sieben Teilen zusammengefügt. Augen und Lendentuch sind in Niellotechnik ausgeführt. Ein bezwungener Dämon in Drachengestalt, der die Fußstütze trägt, begegnet am Hezilo-Leuchter wieder, so daß an der Identität der Werkstatt kaum Zweifel bestehen können.

Im Gegensatz zu der „ätherisch“ schlanken, fast körperlosen Gestalt des Werdener Kruzifixus wirkt der Mindener gedrungener, „körperhafter“, plastischer sich rundend. Man fühlt sich weiter entfernt vom ottonischen Geist als in Werden. Das Haar bedeckt „kappenartig“ das Haupt, bezieht die Ohren in den Gesamtumriß ein und fällt in drei symmetrisch gebildeten Wülsten auf die kräftig gebildeten Schultern. Die Gesichtszüge sind verschliffener, nicht von der Schärfe des Werdener Kruzifixus, wie überhaupt das lineare Element in Minden stärker zurücktritt. Auch hier sind Brustmuskel und Rippenbögen zwar ornamental aufgefaßt, doch wirkt dies alles schon fast wie einem plastischen Figurenkern aufgetragen. Es fehlt

[4] Zuletzt Wesenberg, a. a. O., S. 76f.

jene Vergeistigung und Entkörperlichung, wie sie das Bild Christi in Werden prägte. Es ist, als sei in dem entwerfenden Künstler die Erinnerung an das Kreuzigungsrelief der Hildesheimer Bernwardstüren lebendig gewesen. Auch Kölner Reminiszenzen stellen sich ein. So läßt vor allem die Profilansicht von fern an den Kölner Kruzifix aus St. Georg denken (Köln, Schnütgen-Museum), der aus dem Weihejahr der Kirche 1067 stammen dürfte. Die verwandte Haarbehandlung, eine ähnliche Neigung des Hauptes, das zurückflüchtende Kinn, die Einbettung der Augen in Brauen- und Jochbögen lassen erkennen, daß Kölnisches in die Hildesheimer Tradition eingegangen ist.

Kaiserthron und Crodo-Altar in Goslar

Wie sehr Elemente der Tradition im niedersächsischen Bronzeguß gegenwärtig sind, beweist der *Kaiserthron* (Abb. 48) im Goslarer Kaiserhaus. Es ist kein Zufall, daß er in seiner Formgebung eng an den Aachener Thron Kaiser Karls des Großen anknüpft. Vermutlich als Kaisersitz im Dom der salischen Pfalz errichtet, hat man ihn mit Heinrich IV. in Verbindung gebracht und an das Ende des 11. Jahrhunderts datiert.[5] Die engen Beziehungen des unglücklichen salischen Herrschers zu Goslar sind bekannt, und so wird eine Entstehung in einer für den Kaiser arbeitenden Goslarer Gießhütte recht einleuchtend. Bis zum Jahre 1811 hat der Thron neben dem Kreuzaltar des Domes gestanden. Als Heinrich Heine auf seiner Harzreise in Goslar „den uralten Dom und den berühmten Kaiserstuhl" sehen wollte, war die Kirche schon niedergelegt, und so liest man in Heines Tagebuch: „Wir leben in einer bedeutungsschweren Zeit: tausendjährige Dome werden abgebrochen und Kaiserstühle in die Rumpelkammer geworfen." Beim Abbruch der Kirche verkauft, gelangte er 1883 aus dem Nachlaß des Prinzen Karl von Preußen wiederum nach Goslar und wurde im Kaiserhaus aufgestellt.

In unserem Zusammenhang interessieren vornehmlich die dreiteiligen Bronzelehnen auf dem späteren steinernen Unterbau. Ihre

[5] Meyer, E., Der Kaiserstuhl in Goslar, in: Ztschr. des Deutschen Vereins für Kunstwissenschaft 10, 1943, S. 183ff. – Schramm, P. E., Mütherich, F., Denkmale der deutschen Könige und Kaiser, München 1962, S. 176, Nr. 161.

Grundform (H = 89,3 cm, B = 65,8 cm, T = 61 cm) entspricht den Marmorplatten des Karlsthrones in Aachen. Ihn nannte man den „Erzthron“ (archisolium), und wenn man in Goslar die Lehnen des marmornen „Erzthrones“ in realem Erz nachbildet, so zeigt dies, wie man der Vorstellung vom „Erzthron“ nun noch näherzukommen sucht, indem man Bedeutungsanspruch und echtes Material in Übereinstimmung bringt. In der ornamentalen Auflösung der Flächen gelingt eine der vollkommensten Lösungen, die der Bronzeguß im 11. Jahrhundert gefunden hat. Einem Lebensbaum ähnlich, entwickelt sich in der Rücklehne eine doppelläufige Staude, in deren Zweigkurvaturen sich stilisiertes Blattwerk entfaltet, eine Schimärenmaske ihr Maul öffnet, um die lange Zunge hervorschnellen zu lassen, und eine typisch frühromanische Freude an zweckfreier Phantasie eine inhaltliche Aufschlüsselung unmöglich macht. Byzantinische, ja letztlich sassanidische Vorlagen mögen den entwerfenden Meister beflügelt haben.

Neben dem Kaiserstuhl kommt dem *Crodo-Altar* (Abb. 49) des Goslarer Museums sowohl bedeutungsmäßig wie formal eine unikale Stellung zu. Am Ende des 11. Jahrhunderts entstanden, ist er das älteste deutsche Beispiel eines Altars, dessen Inneres der Aufnahme von Reliquien diente. Zwar sind schon in karolingischer Zeit solche Reliquienaltäre überliefert, doch erst das Goslarer Beispiel vermittelt erstmals eine konkrete Vorstellung eines solchen liturgischen Gerätes in der Doppelfunktion von Reliquiar und Altar. Er hat ursprünglich im Dom gestanden, könnte sogar als Hauptaltar gedient und Reliquien geborgen haben, die sich besonderer Verehrung erfreuten.

Vier Kniefiguren, streng stilisierte bärtige Männer, in denen das schwere Lasten des Altars durch die gegen das Sockelprofil gestützten Arme, die gedrungenen Körper, den nach vorne gestreckten Kopf und die kniende Haltung höchst augenfällig gemacht wird, tragen den Kastenaltar. Eine Zweitverwendung der Figuren, die vielleicht ursprünglich ein Taufbecken trugen, ist hier nicht auszuschließen. Die Wände des Altars sind durchlöchert und strahlten wohl einstens im Glanz von farbigen Glasflüssen und Edelsteinen. Die Ortsüberlieferung, die den Namen des Altares mit einem Götzen Crodo in Verbindung bringt, leistet wenig zur Aufhellung der vielen Fragen, die das Stück auch heute noch aufgibt.

Bronzegrabmäler des frühen und hohen Mittelalters

Hatte der Goslarer Kaiserthron die Gestalt Kaiser Heinrichs IV. beschworen, so erinnert die *Bronzegrabplatte Rudolfs von Schwaben (†1080) im Merseburger Dom* (Abb. 50) an seinen großen Gegenspieler. 1077 als Gegenkönig gewählt und gekrönt, wurde Rudolf in der siegreichen Schlacht von Hohenmölsen an der Weißen Elster 1080 tödlich verwundet. Die dem Schlachtfeld nächstgelegene Kathedrale wurde zu seiner Begräbnisstätte bestimmt, und die Inschrift seines Grabes verhieß ihm ewige Glückseligkeit:

> Qua vicere sui, ruit hic sacra victima belli;
> Mors sibi vita fuit; Ecclesia cecidit.
> (Heiliges Opfer des Krieges, fiel er, wo die Seinigen siegten;
> Leben ward ihm der Tod; für die Kirche ja sank er dahin.)

Dies mochte der Grund sein, daß man dem im Kampf gegen den Erzfeind Papst Gregors VII. Gefallenen wohl als dem ersten Laien die Ehre erwies, ihm eine skulptierte Grabplatte in einer mittelalterlichen Kirche zu widmen.[6] Bischof Werner von Merseburg ließ unter der Vierung seiner Domkirche das Grab des „Pfaffenkönigs" errichten. In einen Sandsteinsockel ist die aus einem Stück gegossene Bronzeplatte (196 cm : 68 cm) mit der Figur des Königs in flachem Relief eingelassen. Die vertieften Teile waren ursprünglich vergoldet, die Augen in Email eingelegt und der Kronreif mit Emails und Edelsteinen geziert.[7]

Mit Recht hat man das flache, sehr zarte Relief in seinem Wechselspiel von weich modellierenden Lichtern und Schatten mit einer in eine lebensgroße Bronzeplatte übertragenen spätottonischen Malerei oder Buchminiatur verglichen.[8] Noch ahnt man in den Umrissen, den feinen Hebungen und Senkungen der Gesichtspartien, dem graphischen Spiel des sich fast verselbständigenden Faltenwurfs, den dünngliedrigen, die Insignien haltenden Händen, den in die Fläche projizierten Füßen noch nichts von dem Wandel vom Malerischen zum Statuarischen, wie es sich erst im Übergang vom Früh- zum Hochromanischen vollziehen wird.[9] Gußtechnisch

[6] Panofsky, E., Grabplastik, Köln 1964, S. 57.
[7] Schramm u. Mütherich, a. a. O., S. 176, Nr. 162.
[8] Panofsky, a. a. O., S. 57.
[9] Panofsky, a. a. O., S. 57.

ein Werk höchsten Grades, verbleibt es in seinem Erscheinungsbild in einem Zustand schwebender Schwerelosigkeit, weit entfernt von dem Wunsch, eine „porträthaft-ähnliche" Wirkung zu erzielen.

Zwei bzw. drei Generationen später feiert man im *Dom zu Magdeburg* die Erinnerung an die *Bischöfe Friedrich von Wettin († 1152)* und *Wichmann († 1192)* durch Bronzegrabplatten (Abb. 51, 52), in denen sich das Relief der Verstorbenen plastisch aus der Grundfläche wölbt. Der Weg vom Grab Rudolfs von Schwaben in seiner Übergangssituation vom Bild zum Relief, seiner „schimmernd schwimmenden Allgemeinheit" führt zur plastisch aus der Grundfläche entwickelten Gestalt. Das graphische Element hat einer klar umrissenen Körperlichkeit Platz gemacht. Eine entwicklungsgeschichtlich wichtige Phase auf dem Weg der Grabfigur „zur Würde einer Statue . . ., die fähig war, auf eigenen Füßen zu stehen", ist hier erreicht. Aufsteigend aus den auf dem Suppedaneum zwar immer noch „schwebenden" Füßen, entwickelt sich der als große formale Einheit gesehene Gewandkörper (Abb. 51). Der strenge, noch lineare Faltenverlauf von Casula und Alba bestimmen Umriß und formales Binnenleben. Die segnend vor der Brust erhobene Rechte hat gegenüber der szepterhaltenden Hand Rudolfs von Schwaben formale Kraft und bildet das vollkommene Gegengewicht zur Linken, die, zur Faust geschlossen, den Bischofsstab mit seiner im Gesamtumriß aufgehenden Krümme umfaßt. Doch über dieser zweiten räumlichen „Zone" steigert sich die plastische Qualität in dem fast vor die Fläche hervortretenden Haupt des Wettiners. Groß und rundlich angelegt, mit der Mitra zur formalen Einheit verwachsend, wird hier vor allem der Abstand zum Rudolf-Grabmal offenkundig. Das Plastische hat das Malerische zurückgedrängt. Noch sind die Augen kugelig, Brauenbögen und Nasenbein die formale Ordnungsformel in dem Auf- und Abschwellen von Stirn, Backen und Kinn, und doch drängt spürbar bei aller Ferne zum Individualporträt der Wille zur Charakterisierung, zur Absage an das nur Allgemeine nach vorne. „Mit gewaltiger Entschiedenheit stößt der Kopf vor und scheint einen starken, einmaligen Menschen herauszuheben" (W. Pinder).

Ein Nebenmotiv, plastisch fast ohne Gewicht, ist die kleine Darstellung des antiken Dornausziehers unter der Fußstütze des Bischofs. Der Jüngling in seiner nackten Unbekümmertheit galt dem Mittelalter als Personifikation heidnischer Diesseitsbejahung. Sie trifft der bischöfliche Stab, dessen Spitze sich in das Haupt des Idols bohrt, denn „Dornen und auch Schlingen liegen auf des Falschen Weg; wer sein Leben will behüten, bleibt von ihnen fern“ (Sprüche, 22, 5).

Der Meister des *Wichmann-Grabes* (Abb. 52) hatte die Wettinergestalt vor Augen. Er dankt ihr viel, aber er ist weiter gegangen. Sicherlich war der ältere Meister der bedeutendere, der jüngere hingegen hat sich wachen Auges die Formerrungenschaften der zwischen beiden liegenden 40 Jahre zunutze gemacht. So ist die strenge Frontalität und Axialität aufgegeben. „Zwangloser“ scheint diese Haltung zu sein, aber auch unverbindlicher. Eine so lässige Handhaltung wie die der linken des Wichmann wäre dem Meister des Wettiner-Grabes wie ein Sakrileg erschienen. Man muß das gleiche Motiv – die Haltung des Krummstabes – bei beiden vergleichen, um den Unterschied zu begreifen. Beim Wettiner das feste Umfassen und Zusammenwachsen von Hand und Stab, der energiegeladene Verlauf des Stabes als einer geistigen Kraftlinie, die im Nacken des Dornausziehers mündet – dagegen bei Wichmann das lockere Umgreifen des Schaftes, der unverbindlich vor den weichen, plastischer gewordenen Faltenschwüngen der Kasel „irgendwo“ verläuft und „irgendwo“ auf dem rechten Fuß aufruht. Jünglingshaft idealisiert ist das Antlitz Wichmanns, weich sind die Züge. Ein Gleichmaß wird erreicht, das das Haupt nicht mehr gegen den Körper isoliert, sondern es gleichwertig dem Ebenmaß der übrigen Körperteile zuordnet. Der Weg ist frei für die Grabplatte des Bischofs Errard de Fouilloy († 1222) in der Kathedrale von Amiens (vgl. S. 121 ff.), mithin zu einem anderen Verständnis des Plastischen, das seine Voraussetzung in den Skulpturen der Propheten und Heiligen der Kathedralportale hat. Die Bronzegrabplatte verliert ihre Eigengesetzlichkeit und wird zum Echo der übergeordneten Steinplastik.

Der Braunschweiger Löwe, der Erfurter Wolframleuchter und der Cappenberger Barbarossakopf

Hatte sich in den Magdeburger Bronzegrabmälern die Lösung des Reliefs aus seiner fast malerisch verschwommenen Bindung an den Grund zu stärker plastischem Leben vollzogen, so steht mit dem *Löwendenkmal* (Abb. 53), das Herzog Heinrich der Löwe 1166 *vor seiner Burg Dankwarderode in Braunschweig* auf hohem Sockel aufrichten ließ (heute als Replik), die erste monumentale Freiplastik des Mittelalters vor unserem Auge. Markt- und Machtzeichen zugleich[10], kündet es vom herrscherlich-kühnen Denken seines Auftraggebers. Ein echtes Verhältnis zur Wirklichkeit ist dem Geist der Zeit entsprechend nicht erstrebt. Der Künstler mochte niemals einen Löwen gesehen haben, „aber er wußte, was ein Löwe ist". Gewiß, vorbereitet war diese Freiplastik durch die Bronzegießlöwen, wie sie die Werkstätten des 12. Jahrhunderts in zahlreichen Exemplaren hergestellt hatten[11], doch den Schritt zu wagen von der kleinen, handschmeichelnden Form zur monumentalen urbildhaften Abstraktion, zu sehnig-schnittiger Größe erhoben, blieb einem Künstler vorbehalten, der sich aller Bindungen an einen vorgegebenen Reliefgrund, aller malerischen Vorlagen entledigte und Dreidimensionalität mit Monumentalität zu vereinigen wußte. So entstand der römischen „Lupa Capitolina" ihr erstes mittelalterliches Gegenstück. Stilistische Übereinstimmungen mit dem Grabmal Friedrichs von Wettin sowie den Nowgoroder Bronzetüren lassen für alle drei Werke die Herkunft aus einer gemeinsamen, wohl Magdeburger Gießhütte vermuten.

Man hat gesagt, daß in dieser Phase des Bronzegusses die menschliche Freifigur „als Möglichkeit" kaum denkbar sei. Doch der *Wolframleuchter des Erfurter Mariendomes* (Abb. 54) beweist, daß dies nur die halbe Wahrheit ist. Es verwundert stets von neuem, daß dem einzigartigen Werk angesichts der Seltenheit monumentaler romanischer Bronzegüsse noch keine Einzelbetrachtung gewidmet wurde. So wirft dieses kirchliche Gerät in Menschengestalt eine Fülle von unbeantworteten Fragen auf. Mit ihrem Ständer mißt die frei stehende Plastik 180 cm. Die Kerzendorne auf den Händen sind nicht ursprünglich. Eine lateinische Inschrift auf den Gürtelenden lautet übersetzt: Wolfram: Bitte für uns heilige Gottesgebärerin, Hiltiburg: daß wir würdig werden der Gnade Christi.

In streng symmetrischem Aufbau von festem, spannungsreichem Kontur ist die Figur mit den winklig ausgestreckten Armen in einprägsamer, fast reliefhafter Flächenentwicklung konzipiert. Hierzu tragen die schwingenförmigen Arme und die noch wenig plastisch erfaßten, ornamentalisierend dem Körper aufbeschriebenen Falten entscheidend bei. Figur und Gerät sind, wie so oft in romanischen Bronzen, untrennbar miteinander verbunden. Kreuz- und Leuch-

[10] Feulner, A., und Th. Müller, Geschichte der deutschen Plastik, München 1953, S. 70ff.

[11] Falke, O. v., und E. A. Meyer, Romanische Leuchter und Gefäße, Gießgefäße der Gotik; Bronzegeräte des Mittelalters I, Berlin 1935.

terfüße haben sicherlich auch für den Sockel des Wolframleuchters das Vorbild gebildet. Bis heute tappt man im dunkeln, wen der Leuchter hier verkörpern sollte und wozu er ursprünglich gedient hat. Könnten die am Gürtel mitgeführten Schreibutensilien – Futteral und Griffel – einen Hinweis geben? Wir wissen es bis heute nicht. Anton Legner hat an einen Pultträger gedacht und dabei an das Freudenstädter Pult erinnert. „Vielleicht ist es ein großer Prophet des Alten Testamentes, vielleicht Jesse, der hinleuchtet auf die messianische Verkündigung, während er angekettet ist in der Zinnenstadt, in der unheimlichen Welt der dunklen Mächte, auf Drachen und Ungeheuern, auf Affen und Zwergen und Katzengetier." Da beißt ein Affe in einen Apfel, ein Zwerg mit geschultertem Knochen verdeckt seine Blöße. Erinnerungen an den winzigen Dornauszieher am Wettin-Grabmal (vgl. S. 77) werden lebendig. Doch vielleicht ist es auch Johannes der Evangelist selbst, der hier das Pult gestützt hat, das bestimmt war, das Evangelium zu tragen und durch die Figur des Evangelisten über die Zinnen der Himmelsstadt, wie er sie geschaut hatte, herausgehoben wird.

Wird man beim Wolframleuchter und dem Braunschweiger Löwen an eine Magdeburger Gießhütte denken müssen, so ist der Zuweisung des *Marienaltars* und des *siebenarmigen Leuchters im Braunschweiger Dom* (Abb. 59) an eine Braunschweiger Hütte bisher nicht ernsthaft widersprochen worden (vgl. S. 88).

Fünf Bronzesäulen tragen die Kalksteinplatte des Altares. Kräftig und gedrungen sind die Schäfte, Vögel und Blattwerk zieren die Kapitelle. Auf dem Bronzedeckel des mittleren Kapitells liest man bei abgehobener Altarplatte die Weiheinschrift von 1188 und den hohen Rang des Stifterpaares. Sie umzieht in konzentrischen Kreisen die Gravur eines im Zentrum thronenden Herrschers, der durch zwei emporgehaltene Kirchenmodelle als Kirchengründer ausgewiesen ist. Es kann sich nur um Heinrich den Welfen handeln. Ebenso muß eine Gravur auf der Unterseite des Bronzedeckels auf ihn bezogen werden. Es ist das Antlitz eines alten Mannes, durch ein Ornamentband von der Darstellung eines Löwen getrennt. Wenn es, wie Martin Gosebruch[12] glaubt, eine porträthafte Darstellung des fast sechzigjährigen Herzogs ist, so handelte es sich hier um ein ähnliches Phänomen wie bei der berühmten Cappenberger Büste des großen Gegenspielers Heinrichs, Friedrich Barbarossa,

[12] Gosebruch, M., Der Braunschweiger Dom und seine Bildwerke, Königstein i. T. 1980, S. 15f.

von der die Inschrift besagt, daß sie nach dem Bilde des Kaisers angefertigt worden sei.

In der *Stiftskirche zu Cappenberg* bei Dortmund bewahrt man seit mehr als 800 Jahren diese bronzegegossene, vergoldete *Porträtbüste Kaiser Friedrichs I.*, die durch ihre Inschriften als Reliquiar ausgewiesen wird (Abb. 55). Der heilige Johannes, dessen Haarreliquien die Büste u. a. einschließt, wird angerufen, die an ihn gerichteten Gebete zu erhören. Weiterhin bittet Otto den Evangelisten und Apokalyptiker, dieses Geschenk gnädig anzunehmen und Fürbitte für ihn einzulegen.[13] Zu den drei Engeln, die wie Karyatiden die Büste tragen, gesellt sich die als Otto bezeichnete Stifterfigur. Eine Urkunde im Cappenberger Archiv erlaubt, sie mit Otto von Cappenberg, Mitbegründer und seit 1156 Propst des dortigen Prämonstratenserstiftes, zu identifizieren. Es heißt hier, daß dieser den Apostel Johannes besonders verehrte und dem Stift neben anderem „caput argenteum ad imperatoris formatum effigiem . . ." – ein silbernes Haupt nach dem Bilde des Kaisers – „cum sua pelvi" – mit der zu ihm gehörigen Schüssel – vermachte. Hier ist jene berühmte Taufschale gemeint, die sich heute im Berliner Kunstgewerbemuseum befindet und deren Inschrift weitere wichtige Aufschlüsse über die Cappenberger Stiftung Ottos gibt. Danach hat Friedrich, Kaiser und Mehrer des Reiches, diese Geschenke seinem Paten Otto von Cappenberg überreicht. Dieser weihte sie Gott. Die Inschrift rahmt ein Medaillon mit eingravierter Taufszene. Assistiert von einem Paten und drei weiteren Zeugen vollzieht ein Bischof den Ritus. Auf schollenartigem Grunde steht die Tauffünte mit dem Täufling. Es ist ein großer Brunnen, in dem der Taufakt durch dreimaliges Untertauchen vollzogen wurde. Pate und Bischof halten den Täufling an den Oberarmen, während die rechte Hand des Kirchenfürsten auf seinem Kopf ruht. Die Figuren sind mit ihrem Namen bezeichnet:

FRIDERICVS IMPERATOR und OTTO.

Die Bezeichnung „Kaiser" ergibt für die Entstehung der Schale als terminus post das Jahr 1155. Man hat angenommen, daß Friedrich seinem Taufpaten die glatte, unverzierte Schale dediziert habe, in die Otto von Cappenberg durch die kaiserliche Werkstatt (in Aachen ?) die Taufszene eingravieren ließ.

[13] Grundmann, H., Der Cappenberger Barbarossakopf, Köln und Graz 1959, S. 6ff.

Zur Büste und Schale gehört endlich noch ein drittes Werk. Die Cappenberger Stiftungsurkunde nennt es „crucem auream, quam sancti Johannis appellare solebam, cum gemmis et catenulis aureis . . .“ – ein goldenes (Pectoral)kreuz mit Edelsteinen und Goldkettchen. Es hat sich nicht erhalten, doch wird von ihm berichtet, daß es ein byzantinisches Reliquienkreuz war. Schon Barbarossas Vater, Herzog Friedrich II. von Schwaben, hatte es 1122/24 den Cappenberger Grafen im Tausch gegen süddeutsche Burgen überlassen. Otto von Cappenberg bewahrte es in der Barbarossabüste auf und machte sie so zu einem Johannesreliquiar.

Der sorgfältig durchmodellierte Porträtkopf ruht auf einem Untersatz. Er besteht aus vier Drachen, einem Zinnenkranz mit Türmchen und den Engeln mit der Figur des Stifters (?), die einen weiteren Zinnenkranz tragen. Symmetrisch angeordnete Buckellocken bedecken das Haupt. Mächtige Brauenarkaden schwingen über die ganze Stirnbreite. Die Lider sind vierfach gestuft. Die großen, in Silber eingelegten Augen sind erneuert. Mund- und Kinnpartie werden von einer charakteristischen Barttracht bestimmt. Die ursprünglich vorhandene Stirnbandinsignie fehlt heute. Um Kragen und Halsbinde ziehen sich Verse, die besagen, daß der Kopf als Johannesreliquiar gedient hat.

Am 15. 4. 1156 feierte Barbarossa in Münster das erste Osterfest nach seiner Kaiserkrönung. Etwa zur gleichen Zeit war Otto Propst des Cappenberger Stiftes geworden. Vielleicht begegneten sich damals der Kaiser und sein Taufpate. Wenn dies der Anlaß zur Widmung von Kopfbild und Schüssel war, dann wäre der Cappenberger Kopf ein Bildnis Barbarossas im Alter von 34 Jahren.

Zwischen dem Cappenberger Kopf und dem Haupt Karls des Großen am Aachener Karlsschrein bestehen auffallende Übereinstimmungen. Die Gestalt des Kaisers wird am Schrein zur Inkarnation deutschen Herrschertums. Karl und Friedrich I. (dessen Name in keiner Seitenarkade erscheint) sind in einer Figur dargestellt. Hinter der äußeren Ähnlichkeit zwischen dem Kopf der Karlsfigur und der Cappenberger Büste verbirgt sich die Vorstellung, daß der Auftraggeber des Schreines, Friedrich I., hier als ein neuer Carolus erscheint.

Nach dem Tode Ottos von Cappenberg hat die Büste ihren Reliquiarcharakter wieder verloren. Man hat das Reliquienkreuz in einen anderen Zusammenhang übergeführt. Immer wieder ist die Frage nach der Zusammengehörigkeit von Büste und Sockel gestellt worden. Doch wird man zwischen Kopf und Sockel nicht trennen können.[14] Hier ist gleichsam die Prägung auf zeitgenössischen Kaiserbullen, die den Kaiser als Herrn über Rom zeigt, ins Dreidimensionale übertragen. Aus dem turmüberragten Zinnenkranz der Stadt Rom wächst der Kopf mit dem Banddiadem, der „Imperatorenbinde", auf. Damit knüpft Friedrich I. an die spätantike Tradition an. In konstantinischer Zeit hat man die Herrscherbinde in den Kaiserornat aufgenommen und auf Imperatorenbildern dargestellt.[15] Man kann daraus folgern, daß der „neue Augustus" – hier erstmalig in der mittelalterlichen Kunst porträthaft dargestellt – seine Legitimation aus der großen Tradition des spätrömischen Kaisertums ableitet.

[14] Fillitz, H., Der Cappenberger Barbarossakopf, in: Münchner Jahrbuch der Bildenden Kunst, 3. F., 1963.
[15] Grundmann, a. a. O., S. 63.

SIEBENARMIGE LEUCHTER

Im Buche Exodus (25, 31–40; 37, 17–24) heißt es:

Mache auch einen Leuchter aus purem Gold; in getriebener Arbeit soll der Leuchter hergestellt werden, sein Fußgestell und sein Schaft. Seine Kelche, seine Knäufe und seine Knospen sollen von ihm ausgehen. Sechs Röhren sollen von seinen Seiten ausstrahlen, drei von der einen Seite des Leuchters und drei Röhren des Leuchters auf seiner anderen Seite. Drei mandelförmige Kelche mit Knäufen und Blüten seien an der ersten Röhre, drei mandelförmige Kelche mit Knäufen und Blüten an der zweiten und so an allen sechs Röhren, die vom Leuchter ausgehen. Am Leuchter selbst seien vier mandelförmige Kelche, seine Knäufe und seine Blüten, und zwar ein Knauf unter zwei Röhren, und wieder ein Knauf unter den beiden nächsten Röhren, und noch ein Knauf unter den beiden letzten Röhren, entsprechend den sechs Röhren, die vom Leuchter ausgehen. Ihre Knäufe und ihre Röhren sollen ein Ganzes mit ihm sein. Das Ganze sei eine getriebene Arbeit aus einem Stück reinen Goldes. Dann fertige seine Lampen an; sieben sollen es sein, setze sie auf und lasse ihr Licht auf die andere Seite hin ausstrahlen, dazu die gehörige Dochtschere und Pfannen aus feinstem Gold. Aus einem Talent reinen Goldes stelle ihn und alle diese Geräte her. Sieh zu, daß du ihn genau nach dem Abbilde verfertigst, das dir auf dem Berge gezeigt worden ist.

Anknüpfend an den monumentalen Leuchter, von dem im vorangehenden Kapitel als einer Hauptzier des Braunschweiger Domes die Rede war, sei nunmehr eine Reihe von Denkmälern vorgestellt, die durch die ottonischen, romanischen und gotischen Jahrhunderte des Mittelalters geht, wechselnd in der formalen Gestaltung und der bildhaften Bedeutung: der siebenarmige Leuchter. Peter Bloch hat Ursprung und Vorstufen aufgezeigt und die überlieferten und erhaltenen Objekte in einer umfassenden Zusammenschau vorgestellt, auf der unsere Darstellung beruht.[1]

Als gemeinsames Urbild der meist monumentalen Bronzegüsse hat der mosaische Leuchter des Bundeszeltes und der des salomonischen Tempels zu gelten. „Aneignung und Entwicklung des siebenarmigen Leuchters in der christlichen Kirche sind von zwei Fakto-

[1] Bloch, P., Siebenarmige Leuchter in christlichen Kirchen, in: Wallraf-Richartz-Jahrbuch 23, 1961, S. 55ff.

ren bestimmt. Einmal wird er als Nachbildung des jüdischen Tempelleuchters verstanden: er ist Gerät des neuen christlichen Tempels und zeigt damit einen typologischen Charakter, der sich in die übergreifende Vorstellung vom Nachleben des Salomonischen Tempels einordnet. Zum zweiten läßt sich seit frühchristlicher Zeit eine theologische Deutung der sieben Leuchterlampen als der sieben Gaben des Heiligen Geistes beobachten, die ihrerseits auf Gestalt und Schmuck des Kandelabers Einfluß gewinnt" (P. Bloch). Schon Karl der Große ließ nach dem Zeugnis des Benedikt von Aniane[2] eine Kirche bauen, die mit einem siebenarmigen Leuchter geziert war. In diesem Text ist die Rede von Bezaleel, dem Verfertiger des Leuchters für die Stiftshütte. Mithin darf man daraus schließen, daß die karolingische Kirche durch den in ihr aufgestellten Leuchter an der Vorstellung von der mosaischen Stiftshütte Anteil hatte. Gott selbst hatte Moses in einer genauen Beschreibung (s. o.) die Verfertigung des hebräisch Menorah genannten Leuchters befohlen. Als im Jahre 597 v. Chr. Nabuchodonosor den salomonischen Tempel plünderte, gelangte der Tempelschatz nach Babylon. Nach der Niederwerfung des Babylonischen Reiches 539 v. Chr. gab Zorobabel die Tempelschätze für das neu zu errichtende Gotteshaus zurück. Im Jahre 170 v. Chr. durch Antiochus abermals geraubt, ließ Judas Makkabäus 164 v. Chr. einen neuen siebenarmigen Leuchter herstellen. Von seinem Aussehen legt heute noch ein Relief des römischen Titusbogens Zeugnis ab, das den Leuchter unter der Kriegsbeute im Triumphzug des Kaisers im Jahre 71 v. Chr. zeigt: „Ein Leuchter, ebenfalls aus Gold und in der Fertigung von dem gewohnten Stil nach unserem Gebrauch abweichend, der Schaft in der Mitte zwar in der Basis befestigt, und dünne Äste erstreckten sich auswärts nach Art eines Dreizacks; oben an jedem befand sich eine eherne Lampe. Deren waren sie sieben, ein Symbol der Heiligkeit dieser Zahl bei den Juden" (De bello Jud. VII. 5.5).

Wir sind also sehr genau über das Urbild des siebenarmigen Leuchters in mittelalterlichen Kirchen unterrichtet. Auch die Schriftquellen des hohen Mittelalters tragen zum Verständnis und zur Bedeutungserweiterung des Leuchtertyps bei. So deuten Sicardus und Rupert von Deutz die Lampen als die sieben Geistesgaben über der Wurzel Jesse. Altes und Neues Testament sind im siebenarmigen Leuchter aufs engste miteinander verknüpft. Alles umgrei-

[2] Schlosser, J. v., Schriftquellen zur Geschichte der karolingischen Kunst, Wien 1892, Nr. 574.

fend versinnbildlicht der Leuchter Christus als das Licht der Welt. Auch als Mariensymbol ist der siebenarmige Leuchter gedeutet worden. Er feiert dann die Mutter des Herrn als Mittlerin zwischen Altem und Neuem Bund.

Schriftquellen und bildliche Darstellungen liefern den Beweis, daß es eine ununterbrochene Tradition vom Leuchter der mosaischen Stiftshütte, der wiederum in kosmischen Bäumen des Vorderen Orients wurzelt, bis hin zum ersten uns erhaltenen Monumentalleuchter des Mittelalters reicht: dem *Siebenarmigen Leuchter des Essener Münsters* (Abb. 56). „Mathild abatissa me fieri iussit et Christo consecravit" besagt die Inschrift auf dem Balusterglied oberhalb des Leuchtersockels und legt somit die Entstehung auf die Amtszeit der Äbtissin Mathilde, einer Enkelin Ottos des Großen (971–1011), fest. Aus 46 bronzenen Einzelteilen im Hohlgußverfahren geschaffen, ist der 226 cm hohe Leuchter zusammengesetzt. Die drei elliptisch gebogenen Armpaare ergeben eine Breite von 188 cm. Vergoldungsspuren erinnern auch hier an das einstige strahlende Erscheinungsbild. Vermutlich hat der Kandelaber vor dem Kreuzaltar gestanden. Eine 4,56 m hohe Marmorsäule, auf deren korinthischem Kapitell ein mit vergoldetem Kupferblech umkleidetes Kreuz aufgerichtet war, überhöhte den Altar. Der Inschrift zufolge waren Altar und Kreuzsäule durch Äbtissin Ida († 971) errichtet worden. Ihre Nachfolgerin hätte dann mit der Hinzufügung des Leuchters gleichsam Alten und Neuen Bund, Ecclesia und Synagoge, am Kreuzaltar miteinander vereint. „Topographie und liturgische Funktion des Kreuzaltares bestätigen den Gehalt des Leuchters: am Kreuzaltar 'in medio ecclesiae' steht er als Licht der Welt im Zentrum des Erdenkreises, zugleich Zeichen der Auferstehungshoffnung für die hier verehrten Toten" (P. Bloch).

Dreizehige Klauen bilden die Fußstützen des Leuchters. Auf den vier Ecken der doppelbögigen abgeschrägten Sockelwände mit kleinen Maskenverzierungen befanden sich Sitzfiguren, von denen nur eine noch ganz erhalten ist. Das gehörnte Mischwesen hält mit der Rechten ein Band mit der Aufschrift „Aquilo". Ein zweites, dem heute der Kopf fehlt, war als „Oriens" ausgewiesen. „Occidens" ist nur mehr fragmentarisch erhalten, „Auster" oder „Meridies" ist gänzlich verloren. Über kastenförmigem Sockel erhebt sich oberhalb einer Faltkuppel und einem balusterförmigen Zwischenglied der reich ornamentierte Leuchterstamm. Aus einem sich kelchartig nach links und rechts öffnenden Zwischenstück wächst der erste Leuchterbogen, jeweils durch drei prachtvoll gezierte Knäufe gegliedert, und mündet in die beiden äußeren Kerzenschalen. Diese Gliederung wiederholt sich in den zwei darüber angeordneten halbierten Ellipsen.

Beim Essener Leuchter dominieren byzantinische Stilelemente. Dabei bleibt vorerst offen, ob es sich beim Leuchter um byzantinischen Import handelt, ob ein in Byzanz geschulter Gießer das Stück auf abendländischem Boden gegossen hat oder ob es einer von byzantinischen Vorbildern abhängigen Werkstatt „zwischen Köln und Hildesheim" gedankt wird.[3] Detailvergleiche mit der Ornamentik von Hildesheimer Buchmalereien, die Gegenüberstellung der Essener Windpersonifikationen mit Hildesheimer Bronzen sprechen jedoch für eine Entstehung des Leuchters im Umkreis der Hildesheimer Werkstätten. Als Vorbild müßte ein byzantinischer Kandelaber angenommen werden, den man lt. Bloch im Kaiserpalast von Konstantiopel aus der Zeit des Konstantin Porphyrogenitus vermuten darf. Angereichert durch niedersächsische Schmuckelemente ist ein Gerät entstanden, das über seine vielschichtige inhaltliche Aussage hinaus zu den schönsten und ausgewogensten Zeugnissen ottonischen Bronzegusses an der Jahrtausendwende gehört.

Der *Leuchter im Augustinerchorherrenstift zu Klosterneuburg* (Abb. 57) ist nur teilweise erhalten. Der Fuß für den 408 cm hohen Leuchterstamm fehlt. Die Stilmerkmale, insbesondere die durchbrochenen Schmuckformen, die sich mit den ältesten Teilen der Türen von San Zeno (vgl. S. 59ff.) zusammensehen lassen, machen eine Entstehung in der Mitte des 12. Jahrhunderts im Umkreis der Veroneser Gießhütte wahrscheinlich. Die Sage sieht im Schaft des Klosterneuburger Leuchters das Behältnis für den Holunderstamm, an dem, wie die Gründungsurkunde des Klosters berichtet, der Schleier der hl. Agnes hängenblieb. Hier hätte man dann ein sog. redendes Reliquiar zu sehen, das den Baumcharakter betont. Auch die Leuchterarme gewinnen die Eigenart geschwungener Äste. Dies entspräche der neuen Bildhaftigkeit, die dem siebenarmigen Leuchter vornehmlich im 12. Jahrhundert zuwächst und ihn zum Abbild der Wurzel Jesse und des Arbor vitae werden läßt.

Im *Prager Dom* und dem *Reimser Museum* haben sich Fragmente großer *Leuchterfüße* erhalten, die in der Phantastik ihrer Chimä-

[3] Bloch, P., Zum Stil des Essener Leuchters, in: Dokumentation zur Ausstellung „Werdendes Abendland an Rhein und Ruhr", Düsseldorf 1962.

renwelt, ihrem Ornamentvokabular einen Formen- und Erfindungsreichtum erkennen lassen, der manche Forscher an keinen Geringeren als Nikolaus von Verdun als ihren Meister denken ließen. Der *Reimser Leuchter* (Abb. 58), der aus der Kirche St. Remi stammt, ist zwar in vielen Details aufs engste mit dem Motivschatz der Maaskunst verbunden (Heribertschrein, Annoschrein, Bibel von Floreffe), doch bedarf es dank der engen Verbindung mit Reimser Steinarbeiten der „Maastheorie" kaum; vielmehr hat eine Entstehung des Leuchters in der Stadt des hl. Remigius die größere Wahrscheinlichkeit für sich.[4] Gegenüber den Gemeinsamkeiten des Prager Leuchters mit dem Figurenstil des Nikolaus von Verdun, wie Otto von Falke feststellte, überwiegt doch die stilistische Unterschiedlichkeit, die Bloch vor allem im Faltenstil der Prager Figuren zu der Faltengebung bei Nikolaus von Verdun erkennt. Eine Entstehung in Prag selbst ist daher kaum auszuschließen.

Zu keinem anderen Leuchter ist das monumentale Zusammenwirken von *Leuchter* und Architektur heute so nachvollziehbar und eindrucksvoll wie *im Braunschweiger Dom*. In einer Urkunde des Pfalzgrafen Heinrich wird der Leuchter (Abb. 59) 1196 als vor dem Kreuzaltar stehend erstmals erwähnt. Die Tradition sieht in ihm eine Stiftung Heinrichs des Löwen. Seit 1700 steht der 480 cm breite Kandelaber mit Unterbrechungen auf dem Chor. Zwischen 1170 und 1180 dürfte der Guß in Braunschweig erfolgt sein.

Über vierteiligem Drachenfuß entwickelt sich aus den gerollten Chimärenschwänzen und den (erneuerten) Zwickelstücken der Leuchterstamm mit seinen fünf edelsteinbesetzten Knäufen. In feinem S-förmigem Schwung wachsen die Äste in ausgewogener Symmetrie aus dem Stamm. Einen besonderen Schmuck bilden Emailmedaillons am zweiten Schaftknauf. Sie bringen mit den von Tauben inspirierten Evangelisten eine edle farbige Komponente in das Gesamtbild, die man im vorigen Jahrhundert durch die Hinzufügung von Emails mit den vier Windpersonifikationen analog zum Essener Leuchter noch zu steigern versuchte. Von besonderer Schönheit sind in Braunschweig die Trägerlöwen, die in ihrer gebändigten Kraft, der Knappheit ihres Umrisses an das Löwendenkmal vor dem Dom erinnern und die Annahme bestärken, daß der Leuchter am Ort, für den er bestimmt war, um 1170/80 gegossen wurde: in Braunschweig.

Am großartigsten entfaltet sich die Kunst spätromanischen

[4] Bloch, P., Siebenarmige Leuchter, a. a. O., S. 145.

Bronzegusses am *Siebenarmigen Leuchter des Mailänder Domes* (Abb. 60). Eine Inschrift am Renaissancesockel besagt, daß der Archipresbyter Johannes Baptista Trivulzio (1538–40) der Kathedrale den Leuchter geschenkt habe. Danach hat man den 5 m hohen Bronzeguß *Trivulzio-Kandelaber* genannt. Wegen seines ikonographischen Programms wird er auch als „Arbore della vergine" bezeichnet. Er ist im Querschiff des Mailänder Domes vor dem Marienaltar aufgestellt, und nur dem suchenden Auge enthüllt er im Halbdunkel des Raumes die unauslotbare Fülle seiner Schönheit.

Auf den spiralförmig eingerollten Schwänzen von vier drachenartigen Ungeheuern ruht der Knauf, aus dem sich der Stamm entwickelt. Mit fest auf den Boden gepreßten Köpfen und schlagenden Flügeln begegnen die Drachen der übergroßen Bürde. Paarweise sind ihnen nackte Menschen, Affen, Löwen und Aspiden zugeordnet. Aus den Mäulern sprießt ornamental geformtes Blattwerk. In dem Rankengewirr, das die Schwanzspiralen füllt, entwickeln sich Köpfe und Oberkörper von mythologischen Figuren, der Paradiesflüsse und vier Vertreter der Freien Künste, die aus der gewohnten Siebenzahl der Artes liberales ausgewählt sind. In den vier nahezu unbekleideten Personifikationen der Paradiesflüsse offenbart sich ein Maß an Körperbeherrschung, das fast Vergleiche mit antiken Darstellungen herausfordert.

Die Geometrie mit dem Zirkel, Rhetorik mit einem Schriftband, Dialektik mit der Schlange und die auf der Cithara spielende Musik „nisten" in kühner Bewegtheit ebenfalls im Rankengeflecht. Die Verschiedenartigkeit in der Erfassung des Körperlichen, Antikennähe und mittelalterlicher Gewandkörper lassen schon hier verschiedene bildnerische Wurzeln oder die Beteiligung zweier oder mehrerer Meister erkennen.

In die Füllstücke zwischen den glatt und sehnig gebildeten Drachenleibern sind in ein schier unauflösliches Rankendickicht acht Geschichten aus dem Alten Testament, die Personifikationen von Tugenden und Lastern sowie die zwölf Tierkreiszeichen eingebettet. Es ist von unerhörter Meisterschaft, wie der entwerfende Künstler die herkömmlichen Szenen in den Gesamtdekor des Rankengeflechts auflöst, wie er Adam kräftig in den Apfel beißend zeigt, der Anmut der Eva die Häßlichkeit der riesigen Schlange entgegensetzt und Eva das Haupt des Scheusals zärtlich liebkosen läßt. Genaues Zusehen läßt ineinander verschlungene Echsen als Figurensockel erkennen. Die aus dem Paradies Vertriebenen versuchen sich scheu hinter Rankenwerk zu verbergen, doch der Engel mit dem Schwert hat sie erspäht, und der ängstlich sich umwendende Adam, der scheue Blick Evas drücken Einsicht in begangene Schuld aus.

Die Arche Noah und die Opferung Isaaks sind in das nächste Füllstück einbezogen. Selbst das Problem der Darstellung des plumpen Schiffs, in dem Noah mit erhobenen Händen die Ankunft der Taube erwartet, löst der entwerfende Künstler souverän. Beim Abraham, der mit dem Schwert zum tödlichen Schlag ausholt, wird es verständlich, daß immer wieder der Name des Nikolaus von Verdun mit diesem Meister in Verbindung gebracht wurde.

Im dritten Feld wird die Berufung des Moses und der Auszug nach Ägypten berichtet. Befehlend erscheint Gottvater im Rankenwerk, das sich nunmehr in den brennenden Dornbusch verwandelt, während Moses schon die Bänder seiner Sandalen löst. Im Vertrauen auf seinen Bruder hat Aaron beim Durchzug durch das Rote Meer seinen Arm um Moses gelegt, während Pharao seine Augen mit der Rechten beschattet, als könne er nicht glauben, was sich dort vollzieht.

Das folgende Bildfeld hält die vielleicht größte Überraschung für den Betrachter bereit: die Krönung Esthers (Abb. 61). Ahasver, der Esther die Krone aufsetzt – man glaubt einer Marienkrönung beizuwohnen –, hat Gestalt und Adel einer Christusfigur angenommen. Esther neigt sich ihm demütig und anmutig zugleich zu. Der assistierende Mardochai ist ein edler Greis, dem man am Kölner Dreikönigenschrein schon begegnet zu sein glaubt. Im ganzen eine Gruppe, deren edle Schönheit sie der romanischen Schimärenwelt entrückt, in die sie eingebettet ist.

Davids schlanke Jünglingsgestalt in eher anmutiger als dramatischer Schreitstellung greift nach dem dichten Haar des gestürzten Goliath, während seine Rechte mit dem mächtigen Schwert fast gelassen das Haupt des Riesen vom Rumpf trennt.

Über der Zone der alttestamentarischen Szenen haben die Tugenddarstellungen ihren Ort. Es sind königliche Frauen in weich fließenden Gewändern, mit Schwert und Schild gegen die Laster ankämpfend. Der figurale Schmuck des Leuchters findet am zweiten Schaftknauf seinen Höhepunkt. An ihm thront die gekrönte Maria, das Christuskind auf dem Schoß haltend. Die drei Könige, als höfische Reiter dargestellt, sind auf dem Weg nach Bethlehem (Abb. 62). In kühner Abwandlung der Motive läßt der Künstler den mittleren Reiter zurückschauen nach dem letzten, der, seine Augen mit der Hand beschattend, wohl nach dem Stern blickt, der ihnen den Weg zum göttlichen Kind weist. Aus dem begleitenden Rankenwerk schauen bärtige Prophetenköpfe voller Anteilnahme den Vorgängen zu. Aus dem dritten, vierten und fünften Schaftknauf wachsen die schön geschwungenen Leuchteräste mit den Lichtträgern.

Otto von Falke[5] betrachtete den Leuchter als Werk des bedeutendsten Goldschmieds des Maaslandes am Ausgang des 12. Jahrhunderts: Nikolaus von Verdun. Otto Homburger[6] findet zu wenig Übereinstimmungen mit gesicherten Werken, um sich den Trivulzio-Kandelaber in der Werkstatt oder gar durch Nikolaus selbst entstanden zu denken. Georg Swarzenski[7] hat gefragt, ob nicht aufgrund von Übereinstimmungen mit Formmotiven des sog. Gloucester-Leuchters (vgl. S. 92) sowie mit Illustrationen englischer Buchmalerei an eine insulare Entstehung zu denken wäre.

Wichtig ist auch die Zusammensicht mit der französischen Plastik an den Querschiffportalen der Kathedralen von Chartres und Reims. Doch „an Stelle einer durch den starken Stilwillen der Gotik bedingten Tektonik und der ihren Schöpfungen mit Strenge auferlegten Gesetze der Körperproportionen und der Faltenrhythmik ist in der aus dem spätromanischen Stil weiterentwickelten Formenwelt des Leuchters eine mit der Antike wetteifernde, überlegene Gelassenheit und eine Lockerung von allen mittelalterlichen Stilbildungen getreten, die berechtigen, auch hier von einer Renaissance zu sprechen. Heitere Laune und die immer wieder überraschende, von Erfindungen sprühende Phantasie der Künstler sind Eigentümlichkeiten dieses Werkes, die ebenso den Eindruck bestimmen, wie die dramatische Begabung, die in den mit großartigem Ernst vorgetragenen Abschnitten der Biblischen Geschichte sich äußert" (Homburger). Peter Bloch[8] hält den Leuchter für eine oberitalienische Arbeit, die um 1200 in Mailand gegossen wurde.

Wie immer man sich entscheiden mag, übereinstimmend kommen alle Forscher zu der Überzeugung, daß hier ein säkulares Werk vor uns steht, gleich bedeutsam in Bilderfindung und Formenreichtum, analog den Kosmogonien französischer Kathedralprogramme

[5] Falke, O. v., Der Bronzeleuchter des Mailänder Domes, in: Pantheon 7, 1931, S. 127ff.

[6] Homburger, O., Der Trivulzio-Kandelaber, Zürich 1949, S. 13.

[7] Swarzenski, G., in: Staedel-Jahrbuch 7/8, 1932, S. 351ff.

[8] Bloch, a. a. O., S. 159ff.

und beseelt von Schönheit und Würde eines in den Bereich der Zeitfreiheit hineinragenden Kunstwerks.

Wie fragmentarisch der Denkmälerbestand ist, wird anhand von Peter Blochs Katalog der siebenarmigen Leuchter für England deutlich. Von den zehn aufgeführten Exemplaren ist nicht eines auf uns gekommen. So muß der *Leuchter aus Gloucester*, der in Südengland um 1110 entstand (London, Victoria and Albert Museum), stellvertretend für die untergegangenen englischen Bronzegüsse stehen (Abb. 63). Er mißt 51,5 cm und ist aus vergoldeter Bronze.[9] Drei Drachen tragen den geschwungenen Fuß. Menschen, Tiere und Chimären sind im Sockel so ineinander verflochten, daß das Auge sie kaum aus dem aufsteigenden „Formendickicht" ablösen kann. Der ganze Schaft ist in dichtes Gerank eingesponnen, aus dem sich am Mittelknauf die Evangelistensymbole abheben. Es ist, als ob sich vollrund gearbeitete Menschen und Tiere mühsam durch Äste und Schlingpflanzen ihren Weg zur Lichtschale suchten. Der Stifter hat Sinn und Zweck des Gerätes in die Inschrift kleiden lassen: „Dieser Träger des Lichtes ist ein Werk der Tugend; sein Leuchten kündet die Lehre, auf daß des Lasters Dunkel den Menschen nicht verschlinge." Weiterhin liest man, daß Abt Peter (1104–1113) diesen Leuchter seinem Kloster Gloucester gestiftet habe. Wie von fern klingt die Erinnerung an die Bernward-Leuchter (vgl. S. 21f.) nach. Englische Miniaturmalerei nach Art der Schule von Canterbury und der Bibel des Bischofs Carilef von Durham (Durham oder Normandie, Ende 11. Jahrhundert, Durham, Cathedral Library) weist enge stilistische Analogien auf.[10]

Mit dem Trivulzio-Kandelaber war der Höhepunkt der Entwicklung des mittelalterlichen siebenarmigen Leuchters zu einem Endpunkt gekommen. Mehr und mehr verliert er jetzt seine verbindliche ikonographische Aussagekraft und wird zum gerätehaften Lichtträger. Nunmehr verwendet man auch reines Messing, so bei dem 215 cm hohen *Leuchter der Paderborner Busdorfkirche*, in dessen halbkugelförmigen, durchbrochen gearbeiteten Sockel Hirsche, Löwen, Hunde und Kamele gegenständig in das Astwerk der ornamental in die Fußwölbungen gestellten Bäume eingefügt sind (Nie-

[9] Oman, Ch., The Gloucester candlestick (Victoria and Albert Museum), London 1958.

[10] Fillitz, H., Propyläen-Kunstgeschichte, Das Mittelalter I., Berlin 1969, S. 256. – Stratford, N. in: Kat. English Romanesque Art 1066–1200, London 1984, Kat. Nr. 247.

dersachsen-Westfalen, um 1300). Hier läßt sich die 1325–34 entstandene *Laurentiussäule im Dom zu Lund* anschließen, die Erich Meyer erstmals einem namentlich faßbaren Künstler, dem Johannes Apengeter in Lübeck, zuwies, aus dessen Werkstatt weiterhin der 1327 datierte *Kandelaber im Kolberger Dom* stammt.

In Kolberg finden sich zwei Inschriften, die den Dekan Gottfried von Wida als Stifter, Johannes Apengeter als Gießer und das Entstehungsdatum 1327 nennen. Ein Zeitpunkt ist erreicht, zu dem Gießer und Stifter aus der Anonymität, wie sie in der vorangegangenen Zeit vorherrschte, heraustreten und stolz Werk und Auftrag mit ihrem Namen kennzeichnen. Am Kolberger Leuchter hat wohl der Stifter eine besondere ikonographische Auslegung des Leuchters angeregt. Er ließ am Leuchterstamm, der mit Christus gleichgesetzt wurde, die Figuren der zwölf Apostel anbringen, die so nun gleichsam ihren Herrn umgeben. Die Verbindung zu den sieben Kerzen als den Gaben des Heiligen Geistes stellen die Verklammerung mit dem Pfingstereignis her. Die beiden Engel, die unterhalb des mittleren Kerzentellers die Seelen der Verstorbenen vor Gott bringen, erinnern an die alte Funktion des Kandelabers als Totenleuchte.[11]

Besonders markante gotische Beispiele aus Messingguß haben sich in den Domen zu *Lund* (um 1475) und *Fürstenwalde* (1538) erhalten. Mit der Vernachlässigung traditionsgebundener bildlicher Vorstellungen öffnet sich Auftraggebern, Entwerfern und Gießern eine Fülle neuer Möglichkeiten. Jetzt kann der siebenarmige Leuchter dem antiken Relief des Titusbogens nachgebildet werden (Vulturella, S. Maria), er kann zum monumentalen Träger (470 cm : 410 cm) von Reliefs der Heilsgeschichte werden (Frankfurt a. d. O., Marienkirche; heute: Potsdam, Friedenskirche) oder sich in einen Kalvarienberg verwandeln. Dies geschieht im großen *Osterleuchter der St. Leonhardskirche zu Léau* (Abb. 64). Er ist eine Arbeit aus dem Jahre 1483 und wurde von Reiner von Thienen angefertigt. Drei Löwen und drei Hunde tragen auf ihren Rücken den mächtigen Sockel. An dem aus drei Diensten gebildeten Schaft findet sich eine Figur des hl. Leonhard. Aus dem Schaft entwickeln sich in kühnen Drehungen sechs Leuchterarme, während ein siebenter zentraler Ast den Kruzifixus trägt. Ihn umgeben drei weitere gebogene Äste für Konsolen der Figuren Mariens, des Johannes und der Magdalena. Zum Kandelaber und „Kalvarienberg“ gesellt

[11] Bloch, a. a. O., S. 166.

sich zudem durch die Hinzufügung eines Lesepultes die Funktion des Ortes der Verkündigung.

Als Merkmal flämischer Kandelaber hat vor allem die radiale Abzweigung der Arme zu gelten. Die Kirchen des Maaslandes scheinen durchweg mit Leuchtern aus Bronze oder Messing geschmückt gewesen zu sein, denn 1517/18 notiert der Italiener Antonio de Beatis in sein Reisetagebuch: „In tutte ecclesie di Fiandre sono arbori (Lichterbäume) nel coro."

DIE TAUFBECKEN IN LÜTTICH UND HILDESHEIM

Die *Lütticher Kirche St. Barthélemy* bewahrt ein *Taufbecken* aus Gelbguß (H = 60 cm, Dm = 80 cm) (Abb. 65), das sich bis 1796 in der Kirche Notre-Dame-aux-Fonts befand. Bei der Zerstörung des Gotteshauses flüchtete man es zunächst in ein benachbartes Haus und überwies es 1803 der Bartolomäuskirche. Man sieht in ihm das „überragende Meisterwerk maasländischer Gußkunst" (Koetzsche)[1] und hat aufgrund des Zeugnisses nach dem ›Chronicon rhythmicon‹ aus dem Jahre 1118 bisher nicht daran gezweifelt, daß es identisch sei mit dem Taufbecken, das Hellinus, Abt von Notre-Dame-aux-Fonts und Archidiakon der Lütticher Diözese, zwischen 1107 und 1118 für seine Kirche herstellen ließ. Freilich werden hier weder das Jahr der Entstehung noch der Künstler genannt. Erst eine Urkunde von 1402 nennt ihn Goldschmied Reiner von Huy, „Renerus, aurifaber Hoyensis", der das eherne Taufbecken in Lüttich geschaffen und mit bewundernswürdigen, verschiedenen Bildern umgeben habe. Während der Französischen Revolution ist der mit Figuren von Propheten und Aposteln reich geschmückte Deckel zerstört worden.

Die eigentliche Tauffünte hat zylindrische Form mit schön profiliertem Sockel und Abschlußrand. Fünf Reliefszenen sind auf die Wandungen verteilt und durch eine umlaufende Bodenwelle miteinander verbunden. In ihrer pflanzlichen Eigenart differenzierte Bäume setzen sie hingegen voneinander ab.

Schon der angelsächsische Mönch Beda Venerabilis (672/3–735) hat in seiner Schrift ›De templo libri duo‹ das Eherne Meer des salomonischen Tempels und die in ihm vollzogenen Waschungen als Vorbild der Taufe beschrieben. Die Inschrift des Lütticher Beckens gibt zudem die chronologische Abfolge, Anfang und Ende des Bilderkreises von der Johannespredigt bis zur Taufe Cratos. „Indem die Gestalt des Beckens an das Eherne Meer als Typus der Taufe anknüpft, verweist diese Verschmelzung von Typus und Antitypus auch auf die typologische Beziehung zwischen dem Tempel

[1] Koetzsche, D., in: Rhein und Maas, Kunst und Kultur 800–1400, Ausstellungskatalog, Köln 1972, S. 238, G 1.

Salomos und der Kirche als dem neuen Tempel. Damit bildet das Taufbecken den anschaulichen Kulminationspunkt zweier Typologien."[2]

Die zentrale Szene ist die Taufe Christi im Jordan (Abb. 66). Die Figur des Johannes neigt sich leicht der Mitte zu, in der in den aufgetürmten Wellen des Flusses Christus sich taufen läßt. Johannes ist in Profilansicht gegeben. In weich verfließenden Wellen umgeben Haar und Bart das Haupt des Täufers. Ein einfaches Gewand mit gekordelter Bordüre ist durch die Neigung der Figur und die Raffung mit der Linken in radialen Faltenrhythmus gebracht, der die Stellung der Figur nachdrücklich verdeutlicht. Die ausgestreckte Rechte, die sich auf das Haupt des Täuflings legt, verbindet die beiden Figuren. Über Christus erscheint in einem Halbkreis das Haupt der Vatergottheit, darunter die Taube des Geistes. Von ihr gehen Strahlen aus und vereinigen sich mit dem Nimbus Christi. Von besonderer Schönheit ist die Gruppe der beiden Engel, die die Komposition nach rechts hin rahmen. Mit ausgestreckten Händen halten sie die Kleider Christi. Der Faltenfluß der antikisch drapierten Gewänder, die Beugeform der Körper, die sich in gleichem Rhythmus rundenden Flügel schließen die große Gesamtkomposition und entsprechen im Gegensinn der Haltung der Johannesfigur. Der vollendeten geistigen und formalen Harmonie dieser Szene läßt sich in dieser Zeit nichts Ebenbürtiges an die Seite stellen.

Es folgt die Taufe des Cornelius durch Petrus (Apg. 10, 1–18 u. 11, 16s.). Der Apostel ist in Dreiviertelansicht gegeben. Seine Rechte vollzieht den Taufsegen, die Linke hält ein Schriftband. Der Täufling, dessen erhobenen Hände und Oberkörper aus dem Wasser des Taufbeckens herausragen, ist geneigten Hauptes Petrus zugewandt. Während die lyrische Diagonalbildung vom Petrushaupt über den Segensarm zum Kopf des Täuflings und seinen geneigten Rücken die Figuren formal miteinander verbinden, verbildlichen die drei Strahlenbahnen, die von der Hand Gottes auf Täufling und Täufer herabfahren, die geistige Bezogenheit der Figuren. Auch hier tritt zur Abrundung der Gruppe von links eine Assistenzfigur hinzu, die durch Schreitstellung, Blickrichtung, und die erhobene Rechte der Hauptgruppe zugeordnet ist.

In der folgenden legendären Taufe des Philosophen Crato durch Johannes stellt der Künstler die Szene um. Nunmehr ist der Täufer

[2] Reudenbach, B., Das Taufbecken des Reiner von Huy in Lüttich, Wiesbaden 1984, S. 54ff.

auf die rechte Seite der Fünte getreten, der Täufling in Dreiviertelansicht von hinten dargestellt. Als weiteres neues Motiv kommt das Buch hinzu, das Johannes in der Linken hält und aus dem er den Taufritus liest. Der Künstler erweist sein hohes Maß an Variationsbreite und dynamischer Durchformung anhand der stets neu und in anderer Stellung gegebenen Figuren, die niemals isoliert, sondern stets formal miteinander verbunden sind.

So auch verhält es sich mit der „Predigt Johannes des Täufers" (Luk., 3, 7–16). Durch Größe und Haltung betont, ist Johannes einer Vierergruppe von Zuhörern gegenübergestellt. Er gleicht zwar dem Johannes der Christustaufe, doch weiß der Künstler sehr wohl zwischen Taufvollzug und Redegestus zu unterscheiden. Unter den Angesprochenen fällt ein Soldat mit konischem Helm, Kettenhemd und Schwert auf, der die Redegeste des Apostels mit dem erhobenen Zeigefinger seiner rechten Hand beantwortet. So wird aus der Predigt ein Dialog. So „fortgeschritten" der Stil auch wirken mag, echt mittelalterlich sind die zwei Beinpaare, mit der die Vierergruppe auskommen muß.

Das große Taufepos des Lütticher Beckens endet mit der Jordantaufe zweier Zöllner durch Johannes. Hier setzt der Künstler das Stilmittel diagonaler Verklammerung ein, indem er die Hand des ausgestreckten rechten Armes des Johannes bildeinwärts auf den geneigten Kopf des fest mit dem Becken verbundenen Täuflings lenkt. Neuerlich muß sich bei der Betrachtung der wundervoll ausgewogenen Aktfiguren die Frage stellen, wie weit oder besser wie nahe hier antike Vorlagen gewesen sind (Abb. 67).

Zehn Rinder von ehemals zwölfen ragen aus dem Sockel unterhalb des Beckens hervor. Sie entsprechen der Beschreibung eines Bronzewerks, das, als „ehernes Meer" von zwölf Rindern getragen, im Vorhof des Salomonischen Tempels gestanden hat (1.Kön., 7, 23–26). Die Inschrift auf dem unteren Beckenprofil stellt eine Verbindung zu den 12 Aposteln und ihrem Amt her. Rupert von Deutz legt fortführend die Zwölf auf die Trinität und die vier Weltgegenden aus.[3] Seit 1972 sind die Rinder wieder in ihrer ursprünglichen Anordnung in Dreier- bzw. Zweiergruppen angeordnet worden. Dabei ist jedes Rind als „Tierindividualität" behandelt. Keines gleicht genau dem anderen. „Es ist die außerordentliche, aus der Naturbeobachtung gewonnene Lebendigkeit, die diese Tierbronzen antikisierenden paduanischen Renaissancestatuetten der Zeit

[3] Reudenbach, a. a. O., S. 40.

um 1500 näher verbunden erscheinen läßt als jedwedem Aquamanile des 12. Jahrhunderts."[4]

Kein Forscher, der sich mit dem Lütticher Taufbecken befaßt hat, kommt an der Antikennähe dieses wunderbaren Werkes vorbei, keiner, der nicht eingestehen müßte, daß dieses Werk nicht allein aus maasländischen Voraussetzungen erklärbar ist, daß Elfenbeine des frühen 11. Jahrhunderts und karolingische Reminiszenzen das „Wunder" dieses Werkes nicht begreiflich machen. Allen anderen Erklärungen jedoch stand die (späte) Chronik im Wege, die den „Renerus, aurifaber Hoyensis" als den Künstler bezeichnete, der das eherne Taufbecken in Lüttich geschaffen und mit bewundernswürdigen Bildern umgeben habe. Pierre Colman[5] hat nun jüngst für das Lütticher „Wunder" eine Deutung gesucht, die der Entstehungsgeschichte eine neue Richtung geben möchte: Nicht ein Goldschmied aus Huy hätte in Lüttich die Bronzetaufe gegossen, sondern eine Werkstatt am Bosporus, in Konstantinopel. Hier wäre das „Wunder" Wirklichkeit, hier stände es im Rahmen der „Mazedonischen Renaissance", in der ununterbrochenen Antikenrezeption der oströmischen Kunst. Es hätte als Werk der kaiserlichen Hofwerkstatt zu gelten und wäre aufgrund von Stil- und Bildanalyse in der 2. Hälfte des 10. Jahrhunderts entstanden.

Diese neue Theorie zur Lokalisierung und Datierung des Lütticher Taufbeckens würde verständlich machen, daß ein solch epochales Werk nahezu ohne Wirkung blieb. Wie etwa soll man sich die „Rückschrittlichkeit" des Figurenstils, der Gliederung und der plumpen Form des Taufbecken von Tirlemont aus dem Jahre 1149 erklären, wenn schon ein Menschenalter zuvor in der Nachbarschaft ein Werk im späten Glanz antikischer Schönheit entstanden wäre, das seine Wirkungsmächtigkeit den Werkstätten des Maaslandes doch hätte mitteilen müssen ...

Und doch gibt es Spuren, die die Lütticher Taufe hinterlassen hat. So etwa in einem kleinen *Kruzifixus* aus Gelbguß (H = 16 cm, Spannweite = 17 cm Inv. Nr. H 70) *im Kölner Schnütgenmuseum*. Zwei ehemals verschließbare Reliquienkammern weisen es als Reli-

[4] Legner, A., Die Rinderherde des Reiner von Huy, in: Rhein und Maas, Kunst und Kultur 800–1400, Köln 1973, S. 237ff.

[5] Colman, P., und B. Lhoist-Colman, Recherches sur deux chefs-d'Œuvre du patrimoine artistique Liègeois: L'ivoire dit de Notger et les fonts baptismaux dits de Renier de Huy, in: Aachener Kunstblätter 52, 1984, S. 151ff.

quiar aus. Auch hier die fein artikulierten Körperformen, der wulstartig um das Haupt gelegte Haarkranz, die zart gestuften, dabei kraftvoll gebildeten Falten des Lendentuches, die den Körper in antikisierender Weise modellierend umspielen. „Doch wohl ein eigenhändiges Meisterwerk Reiner von Huys, des Schöpfers der Lütticher Bronzetaufe und des signierten Weihrauchfasses von Lille."[6] Das Außergewöhnliche dieser mit dem Namen Reiner von Huys in Verbindung gebrachten Werkgruppe hat die Forschung stets herausgestellt. Um eine stringente Antwort auf die neuerlich aufgeworfene Frage nach der Autorschaft wird weiter diskutiert.[7]

Ein Werk, das aus gewachsener Tradition dem künstlerischen Rang des Lütticher Beckens standhält, hat sich in der um 1220 entstandenen bronzenen *Taufe* (H = 170 cm, Dm = 96 cm) *des Hildesheimer Domes* erhalten (Abb. 68). Ein zu Füßen der thronenden Madonna kniender Abt Wilbernus hat sich als Stifter verewigt. Er war von 1213 bis 1225 Dompropst in Hildesheim.

Die einzelnen Teile sind für sich gegossen. Vier Personifikationen der Paradiesflüsse tragen den sich nach oben verbreiternden Kessel. Über Säulen sich spannende Dreipaßbögen, die in Medaillons mit Tugend- und Prophetendarstellungen einmünden, gliedern ihn. In den Zwickelfeldern erscheinen die Evangelistensymbole mit weit ausgebreiteten Flügeln. Auch der kegelförmige Deckel weist eine ähnliche Gliederung auf. Er mündet in eine große Blüte ein.

Das reiche ikonographische Programm entwickelt sich in den vier durch die Säulenordnungen gebildeten Feldern. Die Hauptdarstellung gilt der Taufe Christi im Jordan (Abb. 69). In der Art, wie Jesus im „Wellenberg" des Flusses steht, der von rechts gebeugt hinzutretende Johannes die Hand auf das Haupt des Täuflings legt, die Engel mit den Gewändern dienend zur Rechten stehen und die Vatergottheit mit der Taube des Geistes über dem Nimbus Christi erscheint, werden die Bildquellen sichtbar, aus denen auch der Meister des Lütticher Beckens geschöpft hat und die die ungebrochene Bedeutung byzantinischer Tradition für den europäischen Bronzeguß des 13. Jahrhunderts verraten. Das Deckelrelief darüber zeigt Magdalena, die dem zu Tische sitzenden Christus die Füße wäscht. Es zeugt von der Einfühlungs- und Erfindungskraft des Hildeshei-

[6] Schnitzler, H., Rheinische Schatzkammer. Die Romanik, Düsseldorf 1959, S. 26f.

[7] Philippe, J., Art mosan et art byzantin, A propos de l'ivoire de Notger et des fonts baptismaux mosans XIIe siècle de Liège, in: Aachener Kunstblätter, Bd. 53, 1985.

mer Meisters, wie er den Christus beim Mahl über die anekdotische Aussage hinaus zur bestimmenden Figur des thronenden Herrschers macht.

Der Jordantaufe ist links der Zug der Israeliten durch das Rote Meer zugeordnet. Der Stab des Moses teilt die Fluten und bahnt den Kindern Israels, alle durch spitze Judenhüte kenntlich gemacht, den Weg durch die nach oben und unten weichenden Wellenkämme. Die Concordia veteris et novi testamenti hat in dieser Szene einen alttestamentarischen Hinweis auf die christliche Taufe gesehen. Auch das zugehörige Deckelrelief mit dem Kindermord von Bethlehem hat als „Bluttaufe“ einen Sinnbezug zum Taufritual. Unter dem rechts anschließenden Dreipaß erscheinen die Werke der Barmherzigkeit, unter ihnen eine edel gebildete Frauengestalt, in der man einen Hinweis auf die hl. Elisabeth (gest. 1231) sehen wollte. Wenn dies zutrifft, so müßte dies eine spätere Datierung des Beckens zur Folge haben.

Auch der Jordanübergang im dritten Feld der Fünte hat als Taufvorbild zu gelten. Die der Christustaufe gegenübergestellte Arkade ist Maria vorbehalten, die als Himmelskönigin thronend die Gläubigen ihrem göttlichen Sohn empfiehlt. Der Stifterabt Wilbernus erscheint in demütiger Haltung bittend zu Füßen Mariens. Er ist klein gebildet, wie es sich für einen Lebenden angesichts der schon Verherrlichten gebührt.

Das entsprechende Deckelrelief zeigt Moses und Aaron. In ihrer Mitte der Altar, auf dem der Stab Aarons erblüht ist – auch er Hinweis auf die Jungfräulichkeit Mariens. In knapper Zusammenfassung wird die Bildsymbolik des Beckens am oberen Rand nochmals aufgeschlüsselt:

> Vier Ströme des Paradieses bewässern den Erdkreis,
> Ebenso viele Tugenden benetzen das Herz, von
> Sünden gereinigt.
> Was der Mund heiliger Propheten verkündet,
> Das ist alles erfüllt, davon sangen die Evangelisten.

Der künstlerische Rang erweist neuerlich die führende Stellung der Hildesheimer Gießhütte und, obgleich durch Jahrhunderte getrennt, wird man die Meister der Bernwardszeit mit ihren Nachfolgern am Aufgang der Gotik in einem Atemzug mit den größten Künstlern des Bronzegusses nennen dürfen. Die vier Tragefiguren (Abb. 70) der Paradiesflüsse sind von einer Knappheit und Gespanntheit des Umrisses, einer Lebendigkeit des seelischen Ausdrucks und der körperlichen Funktion, daß sie „unwillkürlich zum Vergleich mit der Archaik der griechischen Plastik herausfordern" (Adolf Feulner).

Die Hildesheimer Werkstätten gelten als Herkunftsort der Vielzahl von Gießgefäßen in Gestalt von Rittern, Drachen, Löwen, Pferden, Hähnen, deren damals Kirche und Burg bedurften. Kein geringeres Werk als der durch die zwingende Gliederung mit harmonischen Gestalten und Szenen faszinierende Taufkessel im Dom zu Hildesheim ermöglicht die Zuschreibung all der vielen erwähnten kleinen Bronzegüsse an dies niedersächsische Gießerzentrum.[8] Es befindet sich zur Zeit der Entstehung des Taufbeckens in einer Phase, in der frühgotische Elemente in die romanische Formenwelt eindringen und mit der vorherrschenden byzantinischen Tradition verschmelzen.[9] Heute hat das Werk seinen würdigen Ort in der St.-Georgs-Kapelle des Hildesheimer Domes. Das aus dem Material der vergoldeten Bronze entwickelte Bildprogramm deutet die Wertvorstellung, ihre allegorischen und heilsgeschichtlichen Bezüge, die das Mittelalter mit der Taufe und des mit ihr verbundenen Gerätes verband. Die größten Meister, die tüchtigsten Gießer wetteiferten, um aus einem schlichten Gebrauchsgegenstand ein Abbild des ehernen Meeres im salomonischen Tempel zu machen oder ein Heilsgedicht zu schaffen, an dem wirkende Gnade und Hoffnung auf ewiges Leben sinfälligen Ausdruck findet.

Wie wenig einheitlich sich dabei die stilistische Entwicklung darstellt, verdeutlicht das *Taufbecken in der Westkrypta des Bremer Domes*. Etwa zeitgleich mit dem Hildesheimer Werk, wirkt es „archaischer", in den Reitern auf den Trägerlöwen lombardischer Bauplastik nicht unähnlich. Hart, formal unvermittelt ruht das weite Rund der ziemlich flachen Fünte auf Nacken und Schultern der vier Löwenreiter auf. Die Wandung ist durch Palmettenfriese und Rundbogenarkaden gegliedert, die das Rahmenschema für Apostel- und Heiligenreliefs bilden. Die Löwen wecken die Erinnerung an die Marmorlöwen (1193–1201) des Taufsteins im Halberstädter Dom.

[8] Kohlhausen, H., Europäisches Kunsthandwerk. Vorromanik und Romanik, Frankfurt a. M. 1968, S. X.

[9] Zuletzt: Elbern, V. H., Dom und Domschatz in Hildesheim, Königstein i. T. 1979, S. 17.

KLEINBRONZEN DER ROMANIK

Das zeitgenössische Rezept für die Erstellung einer „Kleinbronze" bildet die wichtigste Quelle für unser Wissen um die Technik des mittelalterlichen Bronzegusses. Es ist die Anweisung des Theophilus (vgl. S. 4ff.) in seiner ›Schedula diversarum artium‹ zur Herstellung eines Weihrauchfasses:

Entwirf dann an jeder Vorderseite je einen Bogen, gleicherweise an den gebogenen Wänden. Unter den einzelnen Bogen auf beiden Seiten Pforten, so daß je eine Pforte den vierten Teil des Raumes einnimmt, in der Mitte die zwei übrigen Teile bleiben. In diesen Räumen entwirf unter einem jeden Bogen die Bildnisse der Apostel, deren jeder eine Schrift halte; sie seien nach deinem Belieben dargestellt, ihre Namen schreibe in die Bogenstreifen. In den Dreiecken, welche die Dachgiebel tragen, mache gleichnisweise zwölf Steine an, indem du jedem einzelnen Apostel einen Stein zuteilst, welcher zur Andeutung seines Namens passend scheint. Den Namen schreibe in den unteren Streifen dieses Raumes und in den Ecken nahe der Steine mache Fensterchen. Dies ist ein Gleichnis dessen, davon der Prophet spricht: 'Drei Tore im Aufgang, drei Tore gegen Abend, drei Tore gegen Mittag und drei Tore gegen Mitternacht.' In den vier Winkeln aber, welche zwischen den Teilen mit den Türen sind, bilde in Wachs runde Türmchen, durch welche die Ketten gehen. Wenn das so verteilt ist, forme auf dem nächstfolgenden Turme ganze Bilder von Engeln in viereckigen Feldern, mit ihren Schilden und Lanzen, gleichsam zur Bewachung der Mauern aufgestellt, und an den runden Türmchen bilde Säulen mit ihren Kapitellen und Basen. Auf dieselbe Art forme an dem vorletzten Turm, welcher niederer ist, halbe Engelbilder und ebenso Säulen. Auf dem obersten Turme aber, welcher schlanker sein wird, mache lange und runde Fenster und auf der äußersten Höhe des Turmes Zinnen am Umfang, in deren Mitte forme das Lamm und auf dessen Haupte Krone und Kreuz, über seinem Rücken einen kurzen Bogen, auf dessen Spitze der Ring sei, um den die mittlere Kette gelegt werde. Dies ist der obere Teil des Rauchfasses mit seiner Arbeit. Ist der untere Teil in derselben Weise mit Wachs bedeckt worden, so bilde in den einzelnen Feldern je ein Bild eines Propheten mit ihren Schriften und ordne jedem Apostel den ihm entsprechenden Propheten bei, so daß ihre Zeugenschaften, die auf die Schriftrollen zu schreiben sind, zusammenpassen. Um die Propheten mache jedoch keine Tore, sondern die viereckigen Felder derselben nur; in Streifen werden ihre Namen über die Häupter geschrieben. Mache auch in den Winkeln vier Türme, in denen die

Ketten, um mit den oberen zusammenzupassen, befestigt werden. Auf dem unteren runden Teil aber mache soviel Kreise als du kannst oder magst, in diese stelle die halben Bildnisse der Tugenden dar, in weiblicher Gestalt, und schreibe ihre Namen in den Kreisen bei. Schließlich aber bilde an dem Boden den Fuß und drehe ihn. Alle Räume um die Bildwerke oben und unten seien durchbrochen. Dann versieh alle Teile mit ihren Eingußröhren und Luftlöchern, umstreiche alles sorgfältig mit dünnem Ton und trockne es an der Sonne, wiederhole und mache es ein drittes Mal. Diese Teile heißen die Formen. Sind sie gänzlich ausgetrocknet, so bringe sie ans Feuer, und nachdem sie warm werden, gieße das flüssige Wachs in Wasser heraus, stelle es abermals ans Feuer und verfahre so, bis du alles Wachs herausgebracht hast. (Übersetzung von Albert Ilg.)

Man sollte sich aufgrund dieses Textes das sog. *Weihrauchfaß des Gozbertus* (Abb. 71) aus der ersten Hälfte des 12. Jahrhunderts *im Trierer Domschatz* ansehen. Hierher gehört auch ein *Weihwasserkessel* (Abb. 72), der zwischen 1116 und 1119 in der Regierungszeit des Abtes Bertold in Mainz entstand und sich heute *im Speyrer Domschatz* befindet. Er hat eine Höhe von nur 16,5 cm und entfaltet auf zwei Bildfriesen die Personifikationen der vier Paradiesflüsse und die vier Evangelisten, darunter Reiter im Kampf gegen Löwen und Greife, sowie Hunde und Sphingen. Die lateinische Inschrift in leoninischen Hexametern auf dem Henkel besagt: „Die vier (Evangelisten), die die vierfache Welt mit ihrer Lehre erfüllen, werden sinnbildlich bezeichnet durch ebensoviel Flüsse, die sich durch die Welt ergießen. Diese Weihegabe des Abtes Bertold nimm gnädig auf Alban, der du für Gott lebst durch dein vergossenes Blut, indem du für ihn die Wonnen des ewigen Lebens erbittest! Hartwich war der Verfertiger und Snello mein Urheber." Im „Urheber" dürfte man den erfindenden Künstler Snello sehen. Er war Kustos der Mainzer Albanskirche, der für den Stifterabt Bertold die Wachsmodeln schuf. Hartwich goß das Gefäß in Bronze, brachte die aus Kupfer gefertigten Reliefs auf und legte die Inschriftleisten in Silber ein. Ein redendes Kunstwerk also,[1] das von sich selbst kündet:

ET SNELLO MEI FUIT AUCTOR!

Auch Snello scheint mit antiken Vorbildern vertraut gewesen zu sein. Die Aktfiguren seiner „Paradiesflüsse" verraten es gleicherweise wie die großen Masken am Henkelansatz. Daneben dürfte der

[1] Legner, A., Deutsche Kunst der Romanik, München 1982, S. 75, T. 329.

Nahe Orient die Anregungen für die Reiterkämpfe und Schimären des unteren Registers gegeben haben. So hat man sich künstlerische Arbeiten in kleinem Format vorzustellen, die sich nun in mehr oder minder hoher Qualität um die bisher betrachteten stilbildenden Großwerke anordnen lassen.

Für Leuchter und Gefäße haben Otto von Falke und Erich Meyer[2] diese Riesenarbeit geleistet und 1935 den ersten Band eines Corpuswerks vorgelegt, das die Grundlage für jede Beschäftigung mit romanischen Bronzegeräten des Mittelalters bildet. Die Verfasser schildern, wie Hunderte von beweglichen Bronzegeräten des 12. und 13. Jahrhunderts, Leuchter und Gießgefäße kirchlichen und weltlichen Gebrauchs, Kreuze und Kreuzständer, Reliquiengehäuse, Rauchfässer und Weihwassereimer schon zur Zeit ihrer Entstehung als Handelsware weithin durch die christliche Welt gewandert sind. Sie finden sich im skandinavischen Norden und in Italien, in England und Frankreich, in Ungarn und Rußland. Dabei läßt sich beobachten, daß die meisten romanischen Bronzegeräte innerhalb der politischen Grenzen des alten Deutschen Reiches des 12. Jahrhunderts vornehmlich im Gebiet zwischen Rhein und Elbe in enger Wechselwirkung mit der Hochblüte romanischer Goldschmiedekunst enstanden sind. Dabei ist es wahrscheinlich, daß die romanischen Kleinbronzen in den Werkstätten der Goldschmiede entstanden sind, die nachweislich neben edlen Metallen auch in Kupferarbeit und Erzguß bewandert waren. Erst in nachromanischer Zeit führt eine strengere Scheidung der Zünfte in Arbeitsgebiete zu einer Trennung. Nunmehr setzen sich Rot- und Gelbgießer, in Norddeutschland „Grapengeter" genannt, stärker von den Goldschmieden ab. Eine zunehmende Eintönigkeit der Geräteformen ist das Ergebnis. Zwar bleiben auch in der Folgezeit Gießlöwen, Greifen, Pferde und Reiter, Kentauren und der den Löwen bezwingende Simson die vorherrschenden Motive der Gießgefäße, doch läßt die Gotisierung ihrer Formgebung wenig neue schöpferische Impulse erkennen.

[2] Falke, O. v., und E. A. Meyer, Bronzegeräte des Mittelalters, Bd. I, Romanische Leuchter und Gefäße, Gießgefäße der Gotik, Berlin 1935. – Unsere Betrachtung zu den romanischen Kleinbronzen vollzieht die in diesem grundlegenden Werk aufgezeichneten Entwicklungslinien nach. Über das Problem Original oder Fälschung gibt es gußtechnische Hinweise bei Lockner, P., Messing, ein Handbuch über Messinggeräte des 15.–17. Jahrhunderts, München 1982, S. 23ff.

Am Anfang der romanischen Kirchenleuchter steht das berühmte *Leuchterpaar Bischof Bernwards von Hildesheim* (vgl. S. 21), dessen Löwen-, Winzer- und Panthermotive den Zusammenhang mit spätantiken Kandelaberformen erkennen lassen. In den Klauenfüßen, der Schaftgliederung durch Rankenknäufe, dem „germanischen" Gewirr miteinander verschlungener Flügeldrachen sowie Ranken mit nackten Kleinfiguren werden schon wesentliche Elemente vorweggenommen, wie sie etwa 150 Jahre später an den Leuchtern Lothringens und Norddeutschlands voll entwickelt erscheinen werden und als „Rankenleuchter" bis in die Mitte des 12. Jahrhunderts fortleben. Vergleichbare Ornamentik findet sich auch in den prachtvollen *Scheibenkreuzen des Hildesheimer Domschatzes*, deren schönstes, um 1150 entstandenes in nahezu „klassischer" Ausgewogenheit die „Crux gemmata" in das mit floralem Ornament gefüllte Rund des Sonnensymbols komponiert.

So eindeutig sich Lothringen als eine der führenden Kunstlandschaften des Bronzegusses zu erkennen gibt, so schwierig ist eine genaue Zuweisung romanischer Geräte an die gerühmten europäischen Zentren Verdun, Dinant, Namur, Huy, Lüttich, Maastricht und Aachen. Seit dem 13. Jahrhundert wird die Hansestadt Dinant zum Zentrum des Messinggusses, dessen Erzeugnisse in alle Teile des Kontinents exportiert werden (vgl. S. 117). Erst die Zerstörung der Stadt durch Karl den Kühnen 1468 macht dieser berühmten Kunstindustrie ein Ende. Ähnliches gilt für Lüttich, das ebenfalls durch die Brandschatzung und Zerstörung des Burgunderherzogs im gleichen Jahr zu künstlerischer Bedeutungslosigkeit herabsinkt. Aachens Gewicht für die Metallkunst läßt sich noch heute durch den *Barbarossaleuchter* belegen, der um 1165 von einem Meister Wibert *für den Aachener Dom* aus vergoldetem Kupferblech gearbeitet und teilweise mit Braunfirnis überzogen wurde (Abb. 73). Die ausgewogenen Proportionen und die auf das Bauwerk bezogene Formgebung wie auch die prachtvoll gravierten Bodenplatten seiner Türme und Tore stellen ihn in eine Reihe mit den großen Schöpfungen der Rhein-Maas-Kunst zur Zeit ihrer höchsten Blüte.

Bevorzugt treten in dem behandelten Zeitraum im lothringischen Gebiet sog. „Drachenleuchter" auf, in denen entweder Leuchterfüße aus Teilen solcher Chimären gebildet sind oder aber ein einzelner Drache rundplastisch den eigentlichen Leuchterkörper bildet. Dabei ist eine Scheidung in profane und sakrale Leuchter kaum möglich. Es erweist sich erneut, daß romanische Ornamentmotive durchaus nicht immer bedeutungsgeladen sind, sondern daß vielmehr das freie Spiel, der Reiz, der in der Vermischung von menschlichen, tierischen und floralen Formen liegt, den entwerfenden Künstler zu seinen Werken angeregt haben.

Leuchter, die aus der menschlichen Gestalt oder dem Kentauren entwickelt sind, dürften eher profanen Zwecken gedient haben. Sie sind topographisch kaum lokalisierbar und lassen sich im gesamten Produktionsgebiet romanischer Kleinbronzen nachweisen. Eine Sonderform bilden die sog. „Simsonleuchter", bei denen der Löwenkämpfer auf dem Tier zu reiten scheint. Hier liegt die Begebenheit aus dem Buch der Richter, Kap. 14, zugrunde, bei dem der unbewaffnete Simson dem Löwen mit bloßen Händen von rückwärts den Rachen auseinanderreißt.

Der Dramatik des Kampfes wird bei einigen Beispielen ein ruhiges Reiten Simsons auf der bezwungenen Bestie vorgezogen. So war es auch einfacher, den Leuchterdorn aus dem Nacken des Löwenbezwingers wachsen zu lassen.

Neben den Leuchtern bilden die sog. *Aquamanilen* den geschlossensten Bestand bronzegegossener Gebrauchsgeräte. Es sind figürliche Gefäße, die im 12. Jahrhundert die älteren Krug- und Kannenformen verdrängen. Otto von Falke nimmt den Einfluß von islamischen Bronzetieren, „die als Schöpfungen der Fatimidenzeit nahe an das 12. Jahrhundert heranreichen", auf die Entstehung romanischer Gießgefäße in Tierform an. Von den zugehörigen gegossenen Bronzebecken haben sich keine Beispiele erhalten.

Auch hier tritt das Maasland wiederum mit besonders vollendeten Beispielen in den Vordergrund. Zwei phantasievolle Mischwesen, aus Greif und Drachen gebildet (Abb. 74) (*Wien, Kunsthistorisches Museum* und *London, Victoria and Albert Museum*) belegen dies eindeutig. Der Drachenschweif enthält jeweils das Eingußrohr für das Wasser, während sich das schnabelartige Maul zum Ausspeien öffnet. Im 13. Jahrhundert nimmt die „ridiculus monstruositas", wie Bernhard von Clairvaux abschätzig romanische Drachenplastik nennt, die naturangenäherte Form des Hahns an. Man spürt eine neu erwachte Freude an der Wiedergabe organischen Lebens, wenn man etwa in dem Beispiel des Germanischen Nationalmuseums (Nürnberg) in dem sich blähenden Hals und dem weitgeöffneten Schnabel die Anstrengung des Krähens, wie an der Natur geprüft, empfindet. Damit aber ist die Schwelle zum 14. Jahrhundert schon überschritten; die Freude an phantastischen Dingverschmelzungen im Kanon einer sprudelnden Ornamentfreudigkeit weicht einem neu erwachten Interesse an der Vielfalt natürlicher Formen.

Die romanischen Bronzegefäße in Gestalt von Roß und Reiter, wie sie vornehmlich zur Handwaschung nach dem Mahle dienten, gliedern sich nach Otto von Falke in eine westliche, eine sächsische und eine skandinavische Gruppe. Die charakteristische Form des Topfhelms, der den ganzen Kopf bedeckt, erlaubt die Beispiele dieser Aquamanilen in die 2. Hälfte des 13. Jahrhunderts zu datieren. Die flache Scheitelplatte diente als Eingußdeckel. Ein massiv gegossener *Ritter* aus dem 2. Viertel des 14. Jahrhunderts (*Florenz, Bargello*) faßt in der Knappheit seines Umrisses, der Ausgewogenheit der Proportionen, der angespannten Haltung von Roß und Reiter noch einmal die Elemente dieses Bronzegerätes zusammen.

Als besonders kostbares Gießgefäß in Kopf- und Büstenform hat ein *Büstenaquamanile* (Abb. 75) *im Aachener Domschatz* zu gelten. Es dürfte in Aachen um 1215 entstanden sein. Die Augen des Bronzehohlgusses sind in Silber eingefügt. Über dem breit gebildeten Gesicht mit der niedrigen Stirn und den scharf geschnittenen Zügen sitzt eine wulstartige Haarkappe. Ein strähniger Schnurrbart geht in einen feingelockten Kinn- und Backenbart über. Der dünnlippige Mund ist leicht geöffnet, die Augen haben einen mandelförmigen Schnitt. Der um das Haupt gelegte, als Weinlaub gedeutete Rankenkranz hat dem Aquamanile die Bezeichnung eines Bacchus eingetragen. Der feingefältelte Mantel ist chlamysartig drapiert und über der Armzier von einer Schlaufe gehalten. Das Aquamanile ist aus dem Typ der antiken Herrscherbüste entwickelt. Ein gedrehter Griff an Rücken und Hinterkopf dient zur Handhabung des Gefäßes. Stilistisch steht das Büstenaquamanile dem Widmungsrelief des Aachener Karlsschreins, den frühen Arbeiten am Marienschrein sowie einem Kruzifix im Kölner Erzbischöflichen Diösesanmuseum nahe. Vielleicht ist es anläßlich der Krönung Friedrichs II. entstanden. Für eine Einwirkung staufischer Hofkunst spricht auch der Vergleich mit den Marmorköpfen vom Capuaner Brückentor Friedrichs II. Hier finden sich ähnlich antikisierende Elemente und vergleichbare Rankenmotive.

Daß die gegossene Büstenform auch als Reliquiar dienen konnte, wurde am Beispiel der Cappenberger Barbarossabüste (vgl. S. 81) erläutert. Ihr läßt sich der fast lebensgroße *Kopf aus Fischbeck* an der Weser (Abb. 76) anschließen (Hannover, Kestner-Museum), der sich in der stilisierten Haartracht, den gewölbten Augen und der strengen Schönheit des geometrischen Gesichtsschnitts mit den

Paradiesflußpersonifikationen des Hildesheimer Taufbeckens (vgl. S. 99f.) zusammensehen läßt.

Am häufigsten hat man das Bild des Löwen der Gestaltung mittelalterlicher Aquamanilen zugrunde gelegt.[3] Macht und Stärke, Kraft und Wildheit, aber auch gebändigte Furcht und überwundener Schrecken fließen in der Vorstellungswelt zusammen, in der sich die Löwenaquamanilen entwickelten. Antike und Islam bilden dazu den fruchtbaren Wurzelgrund. Aus der strengen Stilisierung, mit der das 12. Jahrhundert das Bild des Löwen wiedergab, entwikkelt sich im 13. Jahrhundert analog zur Monumentalskulptur die organische, naturnähere Darstellung, die Kraft genug besaß, den königlichen Charakter des Tieres in die erneute Stilisierung im Rahmen der Heraldik zu überführen.

Der Hauptanteil aller Löwenaquamanilen stammt aus norddeutschen Werkstätten. Auch hier kommt Hildesheim wiederum eine führende Rolle zu. Nirgends jedoch werden die das „Geräthafte" nie verleugnenden Gießlöwen die straffe, gespannte Haltung des monumentalen Braunschweiger Löwen von 1166 (vgl. S. 78f.) erreichen. Sie zeigen zwar die zurückgestemmten Hinterbeine und quergestellten Ohren, „aber sein Kopf und Körper sind unvergleichlich viel knapper, strenger und energischer durchgebildet. Dieser Unterschied ist nicht nur durch eine zeitliche Differenz bedingt, sondern zeigt zugleich den tiefen Gegensatz zwischen Bildhauerarbeit und Gerät. Bei aller formalen Vollendung erreichen die Gießgefäße nie die Freiheit reiner Bildhauerwerke. Sie bleiben in den Banden der handwerklichen Tradition und hängen darum auch viel enger miteinander zusammen als Skulpturen. Viele Einzelheiten gehen, ohne sich zu ändern, von einem Exemplar auf das andere über und verlieren dabei allmählich ihren ursprünglichen Sinn" (Erich Meyer).

Ein *Aquamanile* aus Messing (H = 20 cm) *im Museum für Kunst und Gewerbe in Hamburg* zeigt eine der mannigfachen Ausnahmen von der Regel. In der Frühzeit des 12. Jahrhunderts wohl in Lübeck

[3] Die Lokalisierung romanischer Gießlöwen ist äußerst schwierig. Sie gelingt mitunter nur durch den Vergleich mit verwandten, „ortsfesten" Bronzen. So etwa hat Ursula Mende jüngst zwei Gießlöwen in Nürnberg und Wien durch Vergleich mit Magdeburger (?) Türziehern dieser mitteldeutschen Werkstatt zuweisen können. – Mende, U. Romanische Gießlöwen in Nürnberg und Wien und ihre Zuordnung zur Magdeburger Gießhütte, in: Anzeiger des Germanischen Nationalmuseums 1984, S. 7ff.

entstanden, zeigt dieses Gießgefäß in Tiergestalt den Löwen in sitzender Haltung. Die muskulösen Vorderläufe sind angespannt, die Klauen drücken zwei gegen die Brust des Tieres züngelnde Drachen fest zu Boden. Die ornamental gelockten Mähnenhaare umgeben ein furchterregendes Gesicht mit weit geöffneten Augen, platten Nüstern und zähnefletschendem Maul. Über den Rücken spannt sich als Henkel ein gekrümmtes, phantasievoll gebildetes Ungeheuer. Doch alle Details überlagern nicht die wuchtige, kraftstrotzende Körperlichkeit dieses monumental gebildeten hockenden Raubtieres. Fast ein skurriler Gedanke, daß eine solche lebensvolle, dabei stilisiert überhöhte künstlerische Erfindung als Gebrauchsgerät diente, mit dem nach dem Mahl ein Diener Wasser über die vom Essen beschmutzten Finger der Tafelnden goß.

In der ersten Hälfte des 14. Jahrhunderts lassen sich einige Löwenaquamanilen mit dem Werk des *„Hans Apengeter vom Sassenlant“* in Verbindung bringen. Damit gewinnen Lokalisierung und Datierung festere Grundlagen, denn wir sind über Werk und Wirkung dieses wohl bedeutsamsten deutschen Gießers im 14. Jahrhundert gut informiert. Neben seiner Heimatstadt Halberstadt ist Apengeter in den Jahren 1327–44 in Kolberg, Rostock, Wismar, Lübeck, Kiel und Stettin nachweisbar. Taufbecken und Leuchter, Scheffelmaße und Türgriffe zeigen seine künstlerische Eigenart und künden teilweise auch durch Inschriften von seiner Tätigkeit. Göttingen und Hildesheim sind die nächsten Stationen seines künstlerischen Weges. Wir erinnern uns seines siebenarmigen Leuchters in der Kolberger Marienkirche (vgl. S. 93) und der Laurentiussäule in Lund mit ihren Sockellöwen. Erich Meyer hat etwa dreißig Gießgefäße in Lübeck, Niedersachsen und Westfalen der Schule und Nachfolge Johann Apengeters zuweisen können.

Die Spätgotik hat mit dem sog. Flammschweiflöwen die Gerätform weiterentwickelt. Ihr Hauptmerkmal ist der heraldische Schweif mit flammenden Haarbüscheln. Der Körper bekommt etwas Zierliches, Manieriertes, ja Kraftloses, „daß der im 15. Jahrhundert folgende Umschlag zu der wuchtigen, geschlossenen Form der ‘Wappenlöwen’ als Reaktion sehr verständlich ist“ (Meyer). Sie bilden die letzte Phase innerhalb der Entwicklung vom 11. bis zur ersten Hälfte des 16. Jahrhunderts. Der Schild auf der Brust mit Wappen oder Zunftemblem erweist den profanen Charakter. Dabei knüpft man in der so wuchtig-klaren Formensprache offenbar bewußt wieder an romanische Vorlagen und ihr Leitbild, den Braunschweiger Löwen von 1166, an – ein historisierender Prozeß, der die Verbrauchtheit des Typs veranschaulicht und das Absterben einer fünfhundertjährigen Entwicklung andeutet.

Aus dem 12. Jahrhundert ist eine Fülle *gravierter Bronzeschalen*[4] bekannt geworden, die in der älteren Literatur als „Hansaschüsseln" bezeichnet werden, obwohl ein Teil von ihnen vor der Gründung des Hanseatischen Bundes entstanden ist. In einer umfassenden Betrachtung hat Josepha Weitzmann-Fiedler die bekannt gewordenen Stücke kritisch zusammengestellt[5] und die Entstehungszentren am Niederrhein, in Belgien, Lothringen, den Rheinlanden, in Hildesheim und besonders England lokalisiert. Die Schalen – durchweg gesicherte Bodenfunde aus der Nähe von Prämonstratenser- und Augustinerinnenklöstern – haben einen Durchmesser von ca. 30 cm, sind 5 cm hoch und aus Kupfer-, Messing- und Bronzeblech, aber auch aus Bronzeguß gefertigt. Sie dienten als Gebrauchsgegenstände. Die qualitätvoller gearbeiteten beanspruchten jedoch schon zu ihrer Entstehungszeit künstlerischen Rang. Der Quellenwert der gravierten Darstellungen ist von hoher Bedeutung für das geistige und religiöse Leben des 12. Jahrhunderts. Die zugrundeliegenden Texte sind der antiken Mythologie, dem Alten und Neuen Testament, den Apokryphen, Heiligenviten und vor allem den Tugend- und Lastertraktaten entnommen. Gerade der letztgenannte Themenkreis enthüllt einen charakteristischen Verwendungszweck dieser Schalen, für den Weitzmann-Fiedler einen interessanten Textbeleg im 7. Brief Abaelards an Heloïse anführt. Da heißt es: „... Die Spiegel der Tränen versinnbildlichen die äußeren Werke. Aus den Werken kann man Häßlichkeit und Schönheit beurteilen, so wie man vor einem wirklichen Spiegel über ein Menschenantlitz Klarheit gewinnen kann. Aus diesem Spiegel der Frauen wird ein Becken verfertigt, in dem sich Aaron und seine Söhne waschen sollen ... Aus diesen Spiegeln hat sich Gregor ein Gefäß zur Buße bereitet ..." Abaelard bezieht sich hier auf Exod. 38, 2–8, wo „von Gefäßen, gemacht aus den Spiegeln der Frauen, um ihre Sünden abzuwaschen" gesprochen wird. Damit werden die Tugend- und Lasterschalen in einen Bezug zum Beichtsakrament gebracht, waren sie doch zur Handwaschung vor der Beichte bestimmt und symbolisierten das Waschen der Hände in Unschuld.

[4] Weitzmann-Fiedler, J., Romanische Gravierte Bronzeschalen, Berlin 1981.

[5] Vgl. Anm. 3.

Die Schalengravuren lassen sich in engem stilistischen Zusammenhang mit Buchmalereien der Zeit sehen und vermitteln eine Vorstellung von Illustrationen zu klassischen Texten wie Ovid, Statius, Virgil, Cato, Donatus, Arator und Theodulus, aber auch zu enzyklopädischen Schriften des Isidor von Sevilla, Rhabanus Maurus und Lactantius, deren Vorlagen uns noch erhalten sind.

VON DER 2. HÄLFTE DES 13. JAHRHUNDERTS BIS ZUM AUSGANG DES MITTELALTERS

Das 11. und 12. Jahrhundert war die große Zeit des Bronzegusses, in der analog zur Goldschmiedekunst Werke entstanden, die in keinem anderen Medium künstlerischer Technik eine Entsprechung hatten. Die Hildesheimer Türen, das Lütticher Taufbecken, der Braunschweiger Löwe erheben sich über alle Abhängigkeiten von Vorgängern und Vorlagen zu absoluter Eigenständigkeit, sie sind mit nichts zu vergleichen. Noch einmal werden in der ersten Hälfte des 13. Jahrhunderts im Mailänder Trivulzioleuchter oder dem Hildesheimer Taufbecken einsame Höhepunkte erreicht, ehe die Kunst des Bronzegusses – auch hier analog zur Goldschmiedekunst – mehr und mehr ihre Eigengesetzlichkeit verliert, um einerseits immer stärker in die Abhängigkeit der Großplastik zu geraten und andererseits reinen Gerätecharakter anzunehmen, der sich zu seinem Schmuck des vorherrschenden Ornamentstiles bedient. Die nun allerorts mühelos beherrschte Gußtechnik bietet keine Herausforderung mehr, man bedient sich ihrer, wie man es mit anderen Materialien gewohnt ist.

So ist es für den nun folgenden Zeitraum weit schwieriger, Denkmäler aufzuzeigen, deren zeitliche Abfolge so etwas wie eine Geschichte des Bronzegusses im hohen und späten Mittelalter ergäbe. Gerade auf dem Gebiet der breiten Produktion des Bronzegerätes hätte die Zäsur, die hier vorgenommen werden sollte, ohnehin etwas Gewaltsames. Unsere Betrachtung der Bronzeleuchter hat dies verdeutlicht. Hier erweist die Bindung an übermächtige Traditionen ihre bestimmende Kraft. Ganze Sachgebiete müssen ausgeklammert werden. So etwa der Glockenguß, der zu einer Hauptaufgabe der Bronzewerkstätten wird. Jetzt gibt es kaum noch eine Kirche, in der ein mehr oder minder reich verziertes Geläut fehlt.

Auch muß der seit dem Beginn des 15. Jahrhunderts zunehmend gepflegte Medaillenguß unberücksichtigt bleiben, sosehr die hier auftretenden Stil- und Bildelemente unsere Betrachtung auch bereichern würden. Es sei am Beispiel einer *Medaille des oströmischen Kaisers Heraclius* (610–641), die nach einer um 1400 in Frankreich oder Italien entstandenen Vorlage entstand (Berlin, Stiftung Preußischer Kulturbesitz), angedeutet. Die Erstausfertigungen sind die frühesten gußtechnisch ausgeführten Medaillen.[1]

Die Medaille zeigt auf der Vorderseite über einer Mondsichel das Brustbild des gekrönten Kaisers, der vom Raub der in Jerusalem aufbewahrten Kreuzreliquie durch den Perserkönig Chosroes erfährt. Auf der Rückseite bringt der siegreiche Heraclius auf einem von vier Pferden gezogenen Wagen die zurückgewonnene Reliquie im Triumph in die Heilige Stadt zurück.

Ein Gegenstück zu dieser Heracliusmedaille hat sich in der *Medaille des Kaisers Constantin* (Boston, Museum of Fine Arts) erhalten. Vermutlich wiederholt das Medaillenpaar Vorlagen in Edelmetall. Der akute Anlaß für die Bronzegüsse dürfte der Besuch gewesen sein, den der byzantinische Kaiser Manuel II. Palaeologus in den Jahren 1400–1402 den Städten Paris, London und Mailand abstattete, um Hilfe gegen die Türken zu erbitten.

Somit hätten die Medaillen programmatischen Charakter, indem sie an Constantin, den Repräsentanten von Römischem Reich und christlicher Religion, und Heraclius, den Rückeroberer der kostbarsten Reliquie der Christenheit, erinnern. Über Künstler und Entstehungsort der Medaillen ist viel gerätselt worden; Oberitalien, Frankreich, die Niederlande wurden vorgeschlagen, der Pariser Goldschmied Albert de Bolure und die Brüder de Limbourg als Meister genannt. Nicht zuletzt dürften es die byzantinischen Vorlagen sein, die eine eindeutige Lokalisierung und Zuschreibung so schwierig machen. Es bleibt festzuhalten, daß wir mit dem Medaillenpaar am Beginn eines neuen Zweiges des bildnerischen Bronzegusses stehen, der in Italien (Pisanello) seine schönsten Blüten treiben wird. –

Vielfalt der Aufgaben, Erstarren der Formen und Breitenproduktion kennzeichnen im späteren Mittelalter die Entwicklung des Bronze- und Messinggusses. Es würde den Rahmen dieser Übersicht sprengen, würde man hier die zahlreichen handwerklich und künstlerisch wohlanständigen sakralen und profanen Werke aufführen, die in den Gießhütten des 14. und 15. Jahrhunderts nach künstlerischen Entwürfen in solide Handwerksarbeit umgesetzt werden. In allen Bereichen formalen Gestaltens faßt Bronze- und Messingguß Fuß. Was immer auf Dauer angelegt sein sollte, wurde nach Möglichkeit der Beständigkeit des Metalls anvertraut. So wäre

[1] Zum Folgenden: Krohm, H. in: Kat. Bronzen, Von der Antike bis zur Gegenwart, a. a. O., S. 90ff.

das Beschlagwerk zu nennen, Türzieher und Klopfer, die in den Holzbohlen der Portale zusätzliche Festigkeit, aber auch eindrucksvollen Dekor geben sollten. Ursula Mende hat in einer grundlegenden Arbeit ›Die Türzieher des Mittelalters‹ (Berlin 1981) in der Vielfalt ihrer Erscheinungsformen vorgestellt. Greifen- und Löwenköpfe in unendlichen Varianten halten die Erinnerung an die abschreckende Dämonie solcher Bestien lebendig. Für das späte Mittelalter sei nur an den um 1400 entstandenen *Beschlag an der Stettiner Schloßkirche* erinnert, in dem um den atavistischen Greifenkopf mit dem Türring Weinlaub angeordnet ist. Es rahmt Medaillons mit dem Stammbaum Mariens. Am *Lübecker Rathaus* hat sich ein *Türbeschlag* (Abb. 77) erhalten, in dessen Mitte ein Kaiser thront, den in sieben Rundfeldern die Kurfürsten umgeben. Auch hier bildet Weinlaub den verbindenden Schmuckrapport.

Bronze- und Messingtaufbecken, Sakramentshäuser

Am Anfang der „Breitenproduktion“ erzgegossener spätmittelalterlicher Fünten steht das Taufbecken im *Würzburger Dom* (Abb. 78), das als gesicherte Arbeit des Meisters Eckhard von Worms aus dem Jahre 1279 zu gelten hat. In acht Feldern, die durch Strebepfeiler voneinander getrennt sind, werden Szenen aus dem Leben Christi dargestellt. In kräftigem Relief folgen der Verkündigung und der Christgeburt die Taufe im Jordan, das letzte Abendmahl, die Kreuzigung, die Auferstehung, die Himmelfahrt und das Jüngste Gericht. In der Auferstehungsszene haben sich der Stifter Waltherus und der Bronzegießer Eckhard verewigt.

In der *Rostocker Marienkirche* erweist ein Taufbecken, das lt. Inschrift zum Osterfest 1290 vollendet wurde, die Nachwirkung des Hildesheimer Werkes (vgl. S. 99).[2] Deutlich lassen aber die Trägerfiguren, die hier wohl im Mißverstehen des Vorbildes als die vier

[2] Mundt, A., Die Erztaufen Norddeutschlands von der Mitte des XIII. bis zur Mitte des XIV. Jahrhunderts, Leipzig 1908. Verf. unternimmt eine Typenentwicklung der norddeutschen Erztaufen bis zur Mitte des 14. Jahrhunderts. Er unterscheidet den Pokaltyp, den Dreibeintyp, den Bremer Löwenreitertypus, den Vierträgertypus, den Dreiträgertypus, den Bodenringtyp sowie den Hildesheimer Kniefigurentyp und die Gruppe der auf Johannes Apengeter zurückzuführenden Beispiele. 69 Abbildungen geben einen guten Überblick über die Hauptwerke (u. a. in Bremen, Mel-

Elemente Feuer, Wasser, Luft und Erde ausgewiesen sind, das Erschlaffen und die Schematisierung der Formen erkennen. Die Fünte ist im Gegensatz zu Hildesheim in zwei Reliefstreifen mit 16 Feldern gegliedert, in denen wiederum Szenen der Christusvita geschildert sind. Ein anderer Meister dürfte die Himmelfahrt und Christus zwischen den klugen und törichten Jungfrauen auf dem kegelförmigen Dach geschaffen haben.

Künstlerisch überlegen ist ein Taufbecken in *Wismar*, bei dem vor allem die drei Trägerengel durch den Lyrismus ihrer Formgebung bestechen.

Ein Meister Hermann hat sich auf einer Fünte aus dem Jahre 1365 in *Parchim* mit der Inschrift verewigt: „Leven Lude wetted dat, Mest. Herm. gid did vad" – Liebe Leute wisset das, Meister Hermann goß dies Faß.

Meister Nikolaus von Stettin schuf das 1392 datierte Taufbecken in der *St. Blasiuskirche zu Minden*. Die Fünte mit reliefierten Heiligenfiguren unter reich gezierten Arkaden ruht auf vier Löwen mit Drachenschimären und Reitern. Die Taufkessel im Dom zu *Bardowick* (1367), in *Beetendorf* (1368), *St. Michael zu Lüneburg*, der *Ulrichskirche* im thüringischen *Sangerhausen* ließen sich anschließen.

Mit dem Taufbecken des Meisters Johannes Winnenbrock in der *Dortmunder Reinoldikirche* sind wir weit ins 15. Jahrhundert vorgerückt. Der Guß erfolgte im Jahre 1469. 35 Jahre später begegnet uns der gleiche Meister nochmals, diesmal zusammen mit Claes Potgieter, am Taufbecken der *Coesfelder Lambertikirche* (1504). In *Lübeck* ist in dieser Zeit der Meister Laurenz Groven tätig. Er schuf die Taufbecken für den *Dom* (1455) und die *Jacobikirche* (1466). Vermutlich stammt auch das verwandte Taufbecken der Jakobs- und Dionysiuskirche im mecklenburgischen *Gadebusch* aus seiner Gießhütte. Die Werkstatt eines unbekannten Meisters gehört mit den Taufkesseln in der *Barfüßer- und Martinskirche zu Braunschweig* in den gleichen stilistischen Zusammenhang. Auch in *Magdeburg* hat mit dem aus Braunschweig stammenden Meister Ludolf und seinem Sohn Heinrich eine tüchtige Werkstatt gearbeitet. Die Fünten in der *Hallenser Frauen- und Ulrichskirche* (1430), vornehmlich jedoch das laut Inschrift 1441 gegossene Taufbecken von

dorf, Bülkau, Osterwieck, Delve, Holdenstedt, Marne, Büsum, Altenbruch, Embsen, Bardowick, Parchim, Rendsburg, Rostock, Lübeck, Wismar, Kiel und Halberstadt).

Berthold Spranken in der Annenkapelle der *Braunschweiger Martinikirche* (die vier Paradiesflüsse tragen die mit Szenen des Christuslebens gezierte Fünte) beweisen es. Der Taufkessel in der *Marienkirche zu Stendal* aus dem Jahre 1464 ist von recht individueller Eigenart. Die vier Evangelistensymbole – Menschen mit Engel-, Löwen-, Stier- und Adlerhaupt – tragen die Fünte mit qualitätvollen, fast vollplastisch gegossenen Heiligenfiguren. Sie sind durch reichgezierte tabernakelartige Architekturen voneinander getrennt.

Meister Tyterich Molner von Erfurt schuf für die *Katharinenkirche in Brandenburg* eine recht eigenwillige Variante zum Typ des Taufbeckens im 15. Jahrhundert. An die Stelle des Füntendeckels setzte er einen reizvoll gegliederten, maßwerkgezierten Baldachin, der auf zarten Stützen hoch über dem Becken zu schweben scheint.

Mit dem Taufbecken, das Hermann Vischer, der Vater des großen Peter Vischer, 1457 für die *Marienkirche zu Wittenberg* schuf (vgl. S. 137), kommen wir in das Anfangsstadium der großen Nürnberger Gießhütte, die in drei Generationen den spätmittelalterlichen Bronzeguß zum Höhepunkt und Übergang in eine neue stilistische Phase führen sollte.

Bedeutsamer noch als die deutschen Gießhütten des 14. und 15. Jahrhunderts sind die Werkstätten der benachbarten Niederlande. Wir verweisen auf das Taufbecken, das Meister Willaume Lefèbvre 1446 in Tournai für die Frauenkirche in *Hal* gegossen hat. Der abgetreppte, schön profilierte Sockel ruht auf acht liegenden Löwen. Der Schaft ist in Figurennischen aufgelöst. Über dem einfachen Becken erhebt sich ein reichgeschmückter Bronzedeckel. In den Nischen seiner Turmanlage stehen die zwölf Apostel, darüber freiplastisch die hll. Hubert, Martin, der berittene Georg sowie der Stifter. Die Gruppe der Jordantaufe bekrönt die prächtige Turmarchitektur.

In der nächsten Generation entsteht das 3,60 m hohe Taufbecken der *Kathedrale von 's-Hertogenbosch* (Abb. 79), das durch Inschrift als gesichertes Werk des Aert van Maastricht, gen. Aert van Tricht, gilt. Den Entwurf lieferte Allaert Duhameel, das Modell ein Meister Wouter. Der Guß der Fünte, des Deckels und des Figurenschmukkes erfolgte in Aerts Maastrichter Werkstatt 1492. Hier beansprucht vor allem das Bildprogramm unser besonderes Interesse. Es greift den Evangelientext der Krankenheilung am Teich Bethesda (Joh. 5, 2–4) auf. Sieche und Krüppel genesen durch Eintauchen in den Teich, dessen Wasser von einem Engel berührt worden ist. Man sah in diesem Text eine Präfiguration der Taufe. – Auf abgetrepptem achtpaßförmigem Sockel erheben sich acht schön profilierte Säulchen. Sie bilden die Nischen für die sechs Figuren der Gebrechlichen und Heilungsuchenden. Schwer lastet auf ihren gebeugten Schultern und den vorgereckten Köpfen die Last des Beckens. Krankheit und Mühsal werden in eindrucksvoller Weise durch diese höchst individuell gestalteten Elendsgestalten zum Ausdruck gebracht. Über der zwölfseitigen Fünte erhebt sich ein Deckel mit den Reliefs der Evangelistensymbole. Das Ganze wird von einem in reiches Maßwerk aufgelösten Turmbaldachin bekrönt. Von den Figuren der Taufe Christi im Jordan haben nur die Johannesfigur und ein Engel den calvinistischen Bildersturm des Jahres 1629 überdauert. Über einer Zone mit Heiligenfiguren erscheint der thronende Gottvater unter einem zeltförmigen Baldachin. Der Pelikan, der durch das Ritzen seiner Brust mit dem Schnabel die Jungen mit dem eigenen Blut nährt, krönt das Werk. – Aert van Tricht ist noch in anderen Werken am Übergang vom 15. zum 16. Jahrhundert nachweisbar. So trägt das kunstvolle Chorgitter des *Xantener Viktorsdomes* mit Lichtrechen und den Figuren Kaiser Konstantins und seiner Mutter Helena die Inschrift: „Dessen luchter is gemacht toe Maystricht a dm XVC en eyn (1501)."

Doch nicht nur der Guß von Taufbecken gehört zu den wichtigen Aufgaben der Hütten, auch die häufig als Symbole städtischer Freiheit gewerteten *Marktbrunnen* werden den großen Werkstätten in Auftrag gegeben. So hat sich in *Goslar* ein um 1300 entstandenes Beispiel (Abb. 80) erhalten. Zwei einfache, wohlproportionierte Becken von unterschiedlicher Größe sind durch einen Schaft verbunden, den ein vergoldeter Adler bekrönt. 1834 wollte man das Becken entfernen, „weil es in seiner steifen Form nur an die rohe, lange ausgestorbene Norm des deutschen Ungeschmacks erinnere und des Marktes Schönheit verunziere und entweihe . . . Es dürfte nicht bleiben mit seinem Adler, der einem Haushahn gleiche . . ."

Der Adler war den Bronze- und Messinggießern wohlvertraut. In verschiedensten Zusammenhängen kam er als Wappentier, Schmuckelement oder Evangelistensymbol immer wieder vor. Für die Gelbgießer von Dinant, auch Dinandiers genannt (vgl. S. 105), gehört das sog. *Adler- oder seltener Pelikanpult* zum festen Repertoire. Über ganz Europa waren diese Messinggüsse aus der Maasstadt und ihrer Umgebung verbreitet. Besonders schöne Beispiele haben sich in *Tournai, Aachen, Erkelenz, Düsseldorf, Dortmund, Halberstadt, Bern, Tongern* (Abb. 81), *Houffalize, Borgloon, Ven-*

ray, Andenne, Heerlen, Visé und *Hasselt* erhalten. Der Grundtyp ändert sich durch fast zwei Jahrhunderte kaum. Über dreieckigem, von Löwen getragenem Sockel erhebt sich eine dreieckige Turmanlage aus reichen Maßwerkelementen. Strebebögen und -pfeiler imitieren Formen der Großarchitektur. Um eine Kugel oder Halbkugel krallen sich die Klauen des Adlers, dessen Kopf nach vorne oder nach oben gerichtet sein kann. Die Rückfläche der ausgebreiteten Flügel ist mit einer Leiste versehen, die das Aufstellen großer Chorbücher gestattete. Um das Adlerpult versammelte sich der Chor, der aus den großgeschriebenen Antiphonaren liturgische Gesänge vortrug.

Auch die filigranhaft feinen Zierarchitekturen der *Sakramentshäuser* werden von tüchtigen Gießmeistern aus dem in Stein gehauenen Vorbild in Rot- oder Messingguß „übersetzt“. Wieder kündet ein maasländisches Beispiel von der führenden Stellung der Gießhütten im Bereich Lüttich–Maastricht–Dinant. Es ist der filigranhaft zart gearbeitete *Hostienturm der Bocholter Pfarrkirche.* Trotz seiner Höhe von 5,22 m glaubt man fast dem Werk eines Goldschmiedes gegenüberzustehen. Figuren und Architekturglieder, Maßwerk und Flächenfüllungen sind von einer Feinheit des Entwurfs und der Durchführung, daß einer der Großen seines Fachs hier am Werk gewesen sein muß. Vieles spricht für den Maastrichter Meister Aert. Ihm, dem wir in den zartgliedrigen Chorgittern von Xanten (vgl. S. 117) begegneten, wäre dieses Meisterwerk wohl zuzutrauen.

Ein norddeutsches Gegenstück steht in der *Lübecker Marienkirche* (Abb. 82). Hier haben zwischen 1476 und 1479 nachweislich der Goldschmied Nikolaus Rughesee und der Erzgießer Nikolaus Gruden zusammengewirkt, um dieses 9,64 m hohe Wunderwerk aufzurichten. Ruhende Löwen tragen den Aufbau. Engel mit den Leidenswerkzeugen, Heiligenfiguren und der Schmerzensmann sind die „Bewohner“ dieser himmlischen Architektur, die freilich nichts von jener spielerischen Leichtigkeit und Transparenz hat wie das etwas später entstandene Bocholter Sakramentshaus.

Im späten Mittelalter ist der Metallguß in alle Bereiche künstlerischer und handwerklicher Gestaltung vorgedrungen. Die Zunftsprache dieser Zeit unterscheidet nunmehr zwischen dem „Rotguß“ von Bronzelegierungen und dem „Gelbguß“, wie er den vorwiegend Messing verarbeitenden „Beckenschlägern“ vorbehalten blieb.

In den Schiffen der Kirchen, in vornehmen Stuben und den Sälen der Rathäuser tragen üppige *Lichtkronen* mit Marienstatuetten und verzweigten, blattreichen Lichterästen das sanfte Licht der Kerzen (*Kolberg, Marienkirche; Goslar, Rathaus*) und zeigen in ihrem vegetabilischen Duktus die Distanz auf zu den monumentalen romanischen Lichtkronen, wie sie sich in Aachen, Großkomburg und Hildesheim architekturbeherrschend erhalten haben.

Doch nicht nur dem Frieden der Kirchen und Häuser dient der Erzguß. In den städtischen Gießhäusern fertigen sog. Stück- und Glockengießer Büchsen und „Schlangen" genannte *Kanonenrohre*, denen nicht ohne Stolz die Wappen der Auftraggeber und die Namen der Meister aufgeprägt werden. Hier beginnt eine Entwicklung, die im Sprachgebrauch des 18. Jahrhunderts dazu führen wird, das Wort Bronze vornehmlich als „Geschützspeise" zu verwenden.

Bronzeguß ist „angewandte Kunst". So haben wir immer wieder beobachtet, wie die handwerkliche Leistung des Gießers in der Vorstellung der Zeit Vorrang hatte vor dem künstlerischen Entwurf und der Fertigung der Model. Dies sollte für uns zu keiner Abwertung der Leistung des Gießers führen. Der Meister, der im 15. Jahrhundert aus einem Bronze-Zinn-Gemisch den *Frauenkopf* (Abb. 83) *im Schatz von Sainte-Fortunade (Corrèze)*[3] goß, hat sein Werk mit Liebreiz und Melancholie, beseelter Schönheit und mädchenhafter Anmut zu warmem Leben erfüllt. Das leistet nicht allein ein mechanischer Vorgang, sondern die nachempfindend glättende und ziselierende Hand eines Meisters, der Schönheit in sich verspürte und es verstand, sie durch seine Kunst mitzuteilen.

Ähnlich verhält es sich mit einer kleinen, nur 23,3 cm messenden, ehemals vergoldeten *Muttergottes mit Kind (München, Bayerisches Nationalmuseum)*, die der in Ulm arbeitende Hans Multscher um 1430 einem Gießer anvertraute. Auch ihm gelang die kongeniale Umsetzung des vorgegebenen Modells im Hohlgußverfahren. In sanfter Neigung hält die nährende Mutter das Kind an die Brust. Rundplastisch gearbeitet, umspielt feingliedriger Faltendekor in

[3] Die Legende erzählt, daß der Leichnam der hl. Fortunata nach ihrem Martyrium in ihrer burgundischen Heimat bei dem Ort Saint-Martial-le-Noir nahe von Tulle bleiern schwer geworden sei, so daß man die Heilige an dieser Stelle beisetzen mußte. Der Ort hieß von nun an Sainte-Fortunade. – Auf dem Sockel ist die Jahreszahl 1801 eingraviert. Er dürfte in diesem Jahre durchgreifend erneuert worden sein. Ursprünglich diente das Haupt der hl. Fortunata als Reliquiar. – Taralon, J., Les Trésors des Eglises de France, o. O. 1966, S. 291.

langen Schwüngen die Figur und läuft schmiegsam auf dem Sockel aus. Sie ist eine der frühesten autonomen Kleinbronzen, die sich diesseits der Alpen erhalten hat, und verrät niederländischen Einfluß.

Die Prager Reiterstatue des heiligen Georg

Im Jahre 1373 wurde vor dem Prager Veitsdom eine bronzene Reiterstatue des hl. Georg im Kampf mit dem Drachen (Abb. 84) aufgestellt. An der 135 cm hohen Gruppe, deren Original heute die Prager Národni-Galerie bewahrt, war eine 1749 verlorene Inschrifttafel angebracht, die besagte: „A. D. MCCCLXIII hoc opus imaginis S. Georgii per Martinum et Georgium de Clussenberch conflatum est." Damit sind als Gießer die Brüder Martin und Georg aus Klausenburg gesichert. Doch gemäß dem mittelalterlichen Brauch, den Gießer und nur in Ausnahmefällen den entwerfenden Künstler zu nennen, gibt es auf ihn keinen gesicherten Hinweis. Es lag nahe, an Peter Parler zu denken,[4] durch den das Bildwerk in unmittelbaren Zusammenhang mit der Plastik des Veitsdomes gebracht worden wäre, doch reichen die stilistischen Analogien zu einer solchen Zuschreibung nicht aus. Eine Entstehung in Prag wurde genauso diskutiert wie die Herkunft aus der höfischen Kunst der ungarischen Anjou-Dynastie.

Es mag der vorwiegend in der Pferdefigur so übermächtige italienische Einfluß sein, der die genaue Lokalisierung so schwierig erscheinen läßt. Der Reiter selbst ist eine eher schmächtige, fast gliederpuppenhafte Erscheinung, in einen eng anliegenden Panzer gezwängt. Daß dennoch die Verbindung zu dem prachtvollen, im Lauf verhaltenden Pferd mit seiner Linkswendung des Kopfes nicht verlorengeht, bewirkt die Drehung des Oberkörpers und des ritterlichen Hauptes, die erhobene, zum Lanzenstoß ansetzende Rechte. Dadurch kommt jenes charakteristische Drehmoment zum Tragen, das sich von der Gruppe auf das Drachenungeheuer, das formal im Gegensinn entwickelt ist, überträgt. Es ist von höchster Meister-

[4] Kutal, A., Bemerkungen zum Reiterstandbild des hl. Georg auf der Prager Burg: Sborniík prací filosof. fakulty brněnské university, F. 16, 1972, 36 s. – Ders., Socha sv. Jiři na Hrádčanech a Itálie: Classica atque mediaevalia Jaroslono Ludvikovský octogenario oblato, Brno 1975. – Homolka, Jaromír, in: Die Parler und der Schöne Stil 1350–1400, hrsg. v. A. Legner, 2, Köln 1978, S. 663.

schaft, wie der kreisenden Bewegung der Gruppe durch den sich aufbäumenden Lindwurm über das gepanzerte linke Bein des Ritters, seine Rüstung bis hinauf zu der die Lanze umspannenden Faust eine große vertikale Gegenbewegung geschaffen wird, die keine tote Stelle in der kompliziert angelegten Gruppe aufkommen läßt.

Die bestechende Schönheit des Schlachtrosses auf dem pflanzenbewachsenen Felssockel setzt nun freilich die genaue Kenntnis italienischer Vorbilder voraus. Wir wissen nicht, was der entwerfende Künstler gesehen hat; die Rosse von San Marco und die Statuen der Dioskuren am römischen Quirinal könnten dabei gewesen sein. Der Kontrast zwischen der dünngliedrigen, ganz spätgotischen Georgfigur und der prallen Lebensfülle des mit hoher Detailkenntnis wiedergegebenen antikisierenden Rosses ist beträchtlich und stilistisch nicht ausgewogen. Ein Umstand, der für Verf. die Autorschaft Peter Parlers als Formmodelleur sehr unwahrscheinlich werden läßt. Eher leuchtet Theodor Müllers Argumentation ein, nach der sich der Prager Georg in seiner goldschmiedhaften Konzision deutlich von der parlerischen Bildkunst abhebt. Für Müller sind die Wurzeln für die Bronzegruppe nicht in einer bestimmten lokalen monumentalplastischen Tradition zu suchen, sondern in einer überterritorialen, letzten Endes wohl stark italienisch bedingten Kultur ...[5]

Die Entwicklung des Bronzegrabmals im 14. und 15. Jahrhundert

Im Rahmen der vorwiegend künstlerisch bestimmten Aufgaben nehmen Grabmäler und Epitaphe nunmehr die erste Stelle ein. Kaum ist es ein Zufall, daß das Ende des von uns betrachteten Zeitraumes und der Übergang in eine neue Landschaft des Bildens und des Denkens durch zwei in ihrer Art einzigartige Grabanlagen dokumentiert werden: Das Nürnberger Sebaldusgrab und das Maximiliansgrab in Innsbruck (vgl. S. 136ff. und S. 146ff.).

Unsere Betrachtung salischer und staufischer Bronzegrabmäler (vgl. S. 76ff.) mündete in einen Ausblick auf die *Bischofsgrabmäler der Kathedrale von Amiens*. Hier sei der Faden wiederaufgegriffen.

Durch die Kenntnis des Todesjahres der *Bischöfe Eberhard*

[5] Müller, Th., Die deutsche Kunst in Siebenbürgen, Berlin–Hermannstadt/Sibiu 1934, S. 117.

(† 1223) (Abb. 85) *und Gottfried († 1237)* lassen sich die Entstehungszeiten der beiden gleichgebildeten Grabreliefs hinreichend bestimmen. Sechs kleine Löwen tragen die Platten mit den Figuren, die nunmehr „die Würde einer Statue", d. h. einer vollplastischen (oder nahezu vollplastischen) Figur erreichen, die „fähig waren, auf eigenen Füßen zu stehen . . ." (Panofsky). Eine Kleeblattbogennische, die mit Türmchen, Fialen, Strebebögen und Giebeln der Abbreviatur einer gotischen Kathedrale gleicht, umgibt die Figuren. Zusammen mit rauchfaßschwingenden und Kerzen tragenden Engeln intendieren sie die bildhafte Vorstellung, daß die Verstorbenen schon in das Himmelsjerusalem eingegangen seien. Dabei ist die Doppelnatur der Dargestellten auf sinnfällige Weise zum Ausdruck gebracht. Der Kopf des „Toten" ruht auf einem Kissen, seine Unsterblichkeit hingegen ist durch die Segensgebärde der Rechten und die Verherrlichung durch die umgebende Kathedralarchitektur als Symbol der Himmelsstadt zum Ausdruck gebracht.

Fast vollrund wölbt sich der Kopf mit den idealisierten „alterslosen" Gesichtszügen vor der rahmenden Architektur. Haupt und Segenshand haben durch ihre fast freiplastische Wiedergabe ein Höchstmaß an räumlichem Dasein, während der von Glockenkasel und Albe bedeckte Körper noch weitgehend in die Fläche zurückgenommen ist. Die parallel nebeneinander angeordneten Füße zertreten zwei schimärenartige Dämonen unter ihren Sohlen. Die Spannung zwischen Raum und Fläche, Tod und ewigem Leben, Liegen und Stehen bestimmt den Eindruck der beiden Grabmäler, die wohl bei einer der alten Gießwerkstätten Südbelgiens für die französische Kathedrale in Auftrag gegeben wurden.

Ein Menschenalter später dürfte in Lüttich das *Grabrelief des Kölner Erzbischofs Konrad von Hochstaden* (1238–1261) gegossen worden sein (Abb. 86). Der Kirchenfürst war gleicherweise Landesherr, Staatsmann, Diplomat und Feldherr und erfüllte somit seine vielfältigen Aufgaben gemäß der in der Lehre von den „beiden Schwertern" grundgelegten Theologie. Am 12. August des Jahres 1248 legte er den Grundstein zum gotischen Kölner Dom. So lag es nahe, daß man dem Domgründer auch an besonders ausgezeichneter Stelle in der Dreikönigenkapelle in der Achse des Mittelschiffes sein Grabmal bereitete. Bald nach seinem Todesjahr 1261 wird der prachtvolle Bronzeguß in Auftrag gegeben und angefertigt worden sein. Als freilich 1322 der Dreikönigenschrein in der Achsenkapelle seinen neuen Platz erhielt, wurde das Hochstadengrab in die Johanneskapelle transloziert. 1794 zerschlugen es Soldatenhorden. Nur Fragmente fand man in einem Keller wieder auf. Doch „trotz seiner Verstümmelung“ schließt Jakob Burckhardt in seiner 1845 erschienenen Schrift über den „Gründer des Kölner Domes“ auf eine „überaus herrliche Bronzestatue ... ein Werk von wunderbarer Schönheit ... wie ein antiker Apoll“. 1874 hat man die Tumbafigur in München wiederhergestellt und dabei den Baldachin, die rechte Hand, den Bischofsstab und die Tiere unter den Füßen des Bischofs ergänzt. Nachdem auch eine neue Steintumba errichtet worden war, bot sich das Grab des Kirchenfürsten wieder in würdiger Weise dar, so wie es der mittelalterlichen Intention entsprach, die im Nachtrag zur Chronica regia 1326–30 niedergelegt ist, „daß Konrad ... im neuen Dom des hl. Petrus, dessen ersten Stein er auch im Fundament gelegt hat, unter einem gegossenen Mausoleum ruht, das sehr würdig gearbeitet ist“ [6].

Zweifellos eine Würde und Schönheit, die ihre unmittelbare Voraussetzung in der Kathedralskulptur von Paris und Reims hat. Wie beim Bronzegrab des Eberhard von Fouilly hat man auch für Köln den von einem Giebel überfangenen und von zwei Fialen begleiteten Dreipaß als Rahmenform für das Idealbild des Bischofs gewählt. Sein Haupt ruht auf einem Kissen. Unter der Mitra hervorkommend, rahmt ein fein nachziselierter Haarkranz das in edler Ruhe entspannte Antlitz. In symmetrischer Einprägsamkeit spannen sich die Brauen und gehen in die Nasenflügel über. Mandelförmig sind die Augen gebildet, schmallippig der Mund. Man fühlt sich an Gesichtsbildungen des Josephsmeisters vom mittleren Westportal der Reimser Kathedrale erinnert. In weichen Faltenschwüngen ist die Kasel mit dem darüber liegenden Pallium über die Albe gebreitet, die die nunmehr leicht auseinandergewinkelten Füße sichtbar werden läßt. Im nahtlosen Übergang der Einzelelemente, der Schönlinigkeit des Faltenstils, der Eleganz, mit der die Rechte das Buch hält, geht das Hochstadenrelief über die Amienser Grabplastiken hinaus und läßt erkennen, wie die Bronzebildner die Errungenschaften der klassischen Phase der französischen Kathedralplastik zu den ihren gemacht haben.

Es muß Vermutung bleiben, ob der Meister des Hochstadengrabmals jener Dombaumeister Arnold gewesen sein könnte, der

[6] Rode, H., Zur Grablege und zum Grabmal des Erzbischofs Konrad von Hochstaden. In: Kölner Domblatt 44 u. 45, 1979/80, S. 203ff. – Ders., Plastik des Kölner Domes in der zweiten Hälfte des 13. Jahrhunderts. In: Rhein und Maas 2, Schnütgen-Museum, Köln 1973, S. 429ff.

urkundlich 1271 erstmals erwähnt wird.[7] Gleichwohl gilt von diesem Bronzeguß, daß seine „formale Ausgeglichenheit von so großer Vollendung ist, daß eine solche Formensprache nur von der meisterlichen Hand eines ganz Großen in seiner letzten Reife geschaffen werden konnte" (W. Medding).

Ein Menschenalter nach der Beisetzung des Kölner Erzbischofs in der Chorkapelle des Dommittelschiffs bestattete man die Gebeine der englischen *Königin Eleonore von Kastilien* in einer Memorienkapelle *im königlichen Palast zu Westminster*. In Idee und Ausführung der Pariser Sainte-Chapelle nachempfunden, sollte sie die Grablege der englischen Könige werden. Man weihte sie dem heiligen Stephan. Als 1290 Eleonore, die Gattin Eduards I., starb, beauftragte der König den Londoner Goldschmied William Torel mit der Anfertigung eines Prunkgrabmals (Abb. 87). Es sollte den Endpunkt eines Pilgerweges bilden, der von Hardy in Nottinghamshire, wo die Königin gestorben war, nach Westminster führte. Zwölf Kreuze kennzeichneten die Orte, an denen der Leichenzug bei der Überführung der Toten gerastet hatte. Aus Bronze wurde das Grab gegossen und dann vergoldet. Die ungewöhnliche Stärke des Bronzegusses läßt erkennen, daß der Gießer noch über wenig Erfahrung in diesem Handwerk verfügte, war er doch bisher nur als bedeutender Goldschmied in Erscheinung getreten. Neuerlich aber erweist sich hier, wie nahe beieinander Goldschmiedekunst und Bronzeguß im Mittelalter lagen. Torel hat den Kopf seines Grabbildes auf ein doppeltes, übereck gelegtes Kissen gebettet. Unter der Lilienkrone fließt in üppigen Wellen das Haar auf die Schultern herab. Von edlem Ebenmaß sind die Züge gebildet, die hohen Brauenarkaden, die lange, gerade Nase, der feinlippige Mund und das füllige Kinn. Die angewinkelte Linke faßt in die Schlaufe des Mantels. In langen, ausschwingenden Kurvaturen belebt der Faltenwurf das Gewand.

Torel hat eine Zweitfassung des Grabmales für die Kathedrale in Lincoln gefertigt, wo während der Überführung nach Westminster der Leichnam einbalsamiert und die Eingeweide beigesetzt worden waren.

Gleichzeitig mit dem Grab der Königin Eleonore schuf Torel in Eduards I. Auftrag einen lebensgroßen *Epitaph König Heinrichs III.* Beide Bronzegüsse künden von der Hochblüte höfischer Kunst Südenglands am Ende des 13. Jahrhunderts. Als Werk eines Schülers aus der Torel-Werkstatt gilt das vergoldete *Grabmal König*

[7] Rode, a. a. O., S. 442.

Eduards III. († 1377) in der Westminsterabtei (Abb. 88). Angesichts der edlen Stilisierung der Gesichtszüge mit der gotischen, mandelförmigen Augenbildung und dem lang fallenden Haupt- und Barthaar hat die häufig zu hörende Meinung, daß hier nach der Totenmaske des Königs gearbeitet wurde, wenig Wahrscheinlichkeit. Die Figur wird von einer Strebepfeilerarchitektur gerahmt, in deren Nischen Engel ihren Ort haben. Vergoldete Bronzefiguren und emaillierte Wappenschilder zieren die Wände der Grabtumba. Wie lange sich einmal gefundene Grundschemata halten, zeigt das ganz ähnliche Grabmal Richards II. († 1460) und der Königin Anna, das die Londoner Meister Nikolaus Broker und Geoffrey Prest ebenfalls für Westminsterabbey schufen.

Anders hingegen das *Bronzegrab Edwards* (Abb. 89), des „Schwarzen Prinzen", *in der Trinity Chapel der Kathedrale von Canterbury.* Es zeigt den ältesten Sohn Eduards III. in voller Ritterrüstung, so wie er sich selbst zu Lebzeiten sein Grabmal gewünscht hatte: „Ein Bildwerk soll zu unserer Erinnerung geschaffen werden, in voller Rüstung mit allen Waffen; mein Haupt soll in voller Helmzier sein, und auf einem Löwen soll es ruhen." Die wohl nicht in England beheimatete Werkstatt hat sich streng an die Anweisungen des „Schwarzen Prinzen" gehalten und ihn als Kriegshelden, wie er selbst sich sah, dargestellt. Schon mit sechzehn Jahren hatte Eduard ersten Kriegsruhm errungen, als er 1346 in der Schlacht von Crécy den rechten Flügel der Armee befehligte und durch den Einsatz seiner Bogenschützen dem Kampf die entscheidende Wende gab. Als Sechsundvierzigjähriger war Edward, Prince of Wales, die „Blüte der englischen Ritterschaft", noch vor seinem Vater verstorben, so daß er nicht mehr zur Regierung gelangte.

Die fast vollrunde Grabplastik zeigt den Prinzen in martialischer Rüstung. Kaum läßt der schwere Helm mit dem auf Brust und Schultern herabfallenden Kettenschutz Platz für das strenge Antlitz mit der kräftigen Nase und den symmetrisch angeordneten Schnurrbarthaaren um den entschlossenen, befehlsgewohnten Mund. Die panzergeschienten Arme mit den in stählernen Stachelhandschuhen steckenden Händen haben Mühe, sich vor der gepanzerten Brust zum Gebet zusammenzufügen. Den Harnisch zieren heraldische Lilien und Löwen. Über dem Grabmal hat man Repliken des Schwertes und der Panzerhandschuhe, des Schildes und des Helms sowie den mit dem Wappen Englands und Frankreichs bestickten Samtmantel des Schwarzen Prinzen aufgehängt.

Ein weiteres *Prunkgrab* hat man *Sir Richard Beauchamps in der*

Kirche St. Mary in Warwick errichtet (Abb. 90). Auch hier verfuhr man streng nach des Grafen testamentarischen Verfügungen, die für seine Grabstätte eine Gedächtniskapelle vorsahen: „Ich will, daß, wenn es Gott gefällt, meine Seele von dieser Welt abzuberufen ... eine Kapelle Unserer Lieben Frau, schön und wohlgefügt, erbaut werden soll, und ich will, daß in der Mitte dieser Kapelle mein Grabmal errichtet wird." So geschah es. Aus Purbeck-Marmor gestaltete man die Tumba. In ihre baldachinüberwölbten Nischen stellte man burgundisch beeinflußte, vergoldete Bronzefiguren von Trauernden und Engeln. Die porträthaft angelegte Grabfigur ruht unter einem gewölbten Trauergerüst. Ein neues Empfinden für das reale Erscheinungsbild eines individuellen Gesichtes prägt die Züge des Grafen. Bis hin in den Verlauf der Adern unter einer transparent werdenden Epidermis, die in die Stirn eingegrabenen Falten und die strengen Einkerbungen an der Nasenwurzel spürt der Künstler der porträthaften Ähnlichkeit und Unverwechselbarkeit dieses Antlitzes nach und zeigt sich damit als gelehriger Schüler einer neu erwachten Freude an der Wiedergabe der Wirklichkeit, wie sie vornehmlich durch die Maler des niederländisch-burgundischen Kunstkreises vermittelt wurde. Von ferne erinnern die Züge des Sir Richard Beauchamps an das Arnolfiniporträt des Jan van Eyck.

Um die wichtigsten der englischen Bronzegrabmäler in ihrer Abfolge zu skizzieren, sind wir der allgemeinen Entwicklung vorausgeeilt und kehren nunmehr auf den Kontinent zurück, um mit dem *Denkmal des Bischofs Wolfhart v. Roth* (Abb. 91) *im Augsburger Dom* das Grabmal als ein Memento mori kennenzulernen. Das Tumbenrelief mißt 2,23 m und wird unmittelbar nach dem Tod des Kirchenfürsten 1302 entstanden sein. Die Platte ist von einer Schriftleiste mit leoninischen Hexametern umzogen: „Otto me cera fecit Curantque per era" – Otto machte mich aus Wachs und Conrad aus Erz! Nicht nur eine solch prononcierte Nennung von Entwerfer und Gießer machen das Grabmal zu einer Ausnahmeerscheinung in seiner Zeit. „Eine liegende Grabfigur, die nicht als ein transi gekennzeichnet ist, mit geschlossenen Augen darzustellen und dadurch gleichsam die Grenzlinie zwischen der representacion au vif und der representacion de la mort auszulöschen war ... selbst in der spätmittelalterlichen Kunst des Nordens sehr ungebräuchlich."[8] Hier ist der physische Tod als ein „Letztzu-

[8] Panofsky, E., Grabplastik, Köln 1964, S. 64.

stand“ begriffen. Es ist, als habe Otto, der sich als Wachsbildner bezeichnet, die Totenmaske des Bischofs benutzt, um dieses Antlitz von herber, asketischer Entkörperlichung für sein Relief zu gewinnen. In die hohe Stirn ist scharfgratig die Brauenarkade geschnitten. Kantig treten die Jochbeine durch die straff gespannte Haut hindurch. Von den Nasenflügeln ziehen ausgeprägte Falten symmetrisch selbst noch die Mundwinkel nach unten und gehen in das spitze, bartlose Kinn über.

Die Casula scheint kaum mehr einen Körper zu verhüllen. Gratig und hart nimmt ihr Faltenduktus die linienbetonte Grundtonart des Bildwerks auf. Leblos sind die Hände mit den überschlanken Fingern gebildet, so als würden sie im nächsten Augenblick, dem Gesetz der Schwerkraft folgend, schlaff neben dem Körper herabfallen. Erwin Panofsky[9] hat beobachtet, daß Gesicht und Hals absichtlich so gelängt sind, daß das Antlitz des Bischofs, seine abgeklärte Schönheit sich nur dem Beschauer erschließt, der es, zu Füßen des Grabmals stehend, in perspektivischer Verkürzung betrachtet. Dies wäre eine Vorwegnahme von Methoden, wie sie im Quattrocento etwa bei Donatello und Pollaiuolo üblich werden. Damit beginnen sich aber auch die Möglichkeiten einer neuen Ära abzuzeichnen, die der Verklärung und Entzeitlichung das Greisenhafte, Vergehende, Todesnähe und Todesverfall gegenüberstellten. Dies freilich geschieht nicht in einer Hinwendung zum Häßlichen, Verwesenden. Vielmehr fängt man schon den Ansatz zu realistischer Versachlichung durch den tragenden Einsatz der Linie als künstlerischem Medium mit dem Ziel letztmöglicher Vergeistigung wieder auf, gemäß dem Wort des Mystikers: „Wenn der Leib blüht, dann verdorret die Seele. Soll aber die Seele blühen, so muß der Leib verdorren.“ Im Wolfhart-von-Roth-Grabmal ist die mystische Forderung erfüllt, daß der Mensch „entwerden soll“. Künstlerisch greift man in der Überlängung der Figur, ihrer „Gewichtslosigkeit“, einen „Zweifel an der Gestalt“, die sich in der Opferung der statuarischen Unabhängigkeit und der Überantwortung an die beherrschende Ausdruckslinie kundtut.[10]

Wie wenig hier noch zwischen Bronzeguß und Bildhauerarbeit künstlerisch zu trennen ist, macht der Vergleich des Augsburger Grabes mit dem nach 1372 entstandenen Steinrelief des Bischofs

[9] Panofsky, a. a. O., S. 64.

[10] Pinder, W., Die Kunst der ersten Bürgerzeit, Text, 3. Aufl., Köln 1952, S. 50.

Friedrich von Hohenlohe im Bamberger Dom deutlich – Beginn und Höhepunkt einer Entwicklung werden durch ein Bronze- und ein Steinmonument gekennzeichnet.

Eine Sonderstellung in der Reihe bronzener Grabmäler nimmt die *Tumba* für den 1341 verstorbenen *Lübecker Bischof Heinrich von Bochholt* ein (Abb. 92). Lebensgroß gegeben und vollrund gearbeitet, würde sie unserer Vorstellung von der Metallplastik in der Mitte des 14. Jahrhunderts kaum neue Aspekte hinzufügen, ginge hier nicht der plastische Bronzeguß eine eigenartige Verbindung mit einer gravierten Platte ein, die in ihrem reichen gotischen Formenvokabular die bisher dreidimensionalen Rahmenformen der Grabfiguren in die Fläche überträgt.

Beim Lübecker Bischofsgrab wird als Grundplatte ein „Messingstein" – so die alte niederdeutsche Bezeichnung der Platte wegen ihrer Anbringung auf Kalksteinunterlage – verwandt, wie er im 14. Jahrhundert häufig für Grabmäler Verwendung findet. Für diese gravierten Platten wurde Kupfer mit Zinkbeimischung, meist jedoch Messing verwandt, das für die Bearbeitung mit Meißel und Grabstichel am geeignetsten erschien.

Stilistische Befunde und dokumentarische Zeugnisse lassen Flandern mit seinen wichtigen Städten Ypern, Gent und Brügge als Heimat dieser gravierten Grabplatten erkennen. So etwa verfügt der Lübecker Bürgermeister Gallin in seinem Testament 1365: „Ibidem in ecclesia (sancte Marie) eligo sepeliri, ubi provisores mei comparabunt et poni facient super meum sepulcrum unum flamingicum auricalcium figurationibus bene factum lapidem fussebralem." Was darunter zu verstehen sei, präzisiert das Testament des Lübecker Ratsherrn Wedekin Warendorp aus dem Jahre 1350. Da heißt es: „Item volo, quod lapis bonus in flandria factus ponatur in sepulcrum meum." Hier wird auf Flandern als Herstellungsland von Grabplatten aus Messing mit figürlichem Schmuck verwiesen. Die Denkmäler selbst sind zwar verloren, doch erlauben eine Reihe erhaltener Stücke eine chronologische Reihe zu bilden, an deren Anfang die *Platte für König Erik Menved und seine Frau Ingeborg in Ringsted* (Dänemark) steht.[11] Die unter gotischen Arkadenbögen stehenden Eheleute (Marmoreinlagen der Gesichter ergänzt) sind der sie umgebenden Architektur voll integriert, so daß die Fläche

[11] Hierzu und zum Folgenden: Eichler, H., Flandrische gravierte Metallgrabplatten des XIV. Jahrhunderts. In: Jahrbuch der preußischen Kunstsammlungen 54, H. IV, Berlin 1953, S. 199ff.

gleichmäßig belebt erscheint. Einzelelemente, wie etwa die bekrönenden Dreigiebelarchitekturen des Überbaues, in denen sich die Aufnahme der Seelen in den Himmel vollzieht, lassen die stilistische Herkunft aus den Reliquienschreinen des 13. Jahrhunderts erkennen. Die Bogenfassungen finden ihre nächsten Entsprechungen in der Architekturdarstellung auf der Marienminiatur des Arundel-Psalters (Arundel 83 II, fol. 131 v.) sowie einer Reihe von Steingravuren in Grabmälern der Westminsterabtei und der punzierten Goldgrundmusterung am Coronation-Chair von 1309 in der englischen Krönungskirche.[12] Schon die Betrachtung dieses einen Denkmals läßt erkennen, daß der Dekor solcher gravierten Messingplatten gar nicht nahe genug mit Goldschmiedearbeiten der gleichen Zeit zusammengesehen werden kann. Als Vorstufen haben gravierte Steintafeln nach Art der Grabplatte der Agnes de Saint Amant in Rouen von 1296 zu gelten.[13]

Es war offenbar noch die gleiche Werkstatt, die ein Menschenalter nach der Ringsteder Platte um 1349 die *Grabtafel für Adam Walsokne und seine Frau in King's Lynn* (Norfolk) schuf. Zwar sind die Maßwerkformen des architekturalen Rahmens noch reicher geworden, seine Analogie zu Dekorwerk und Figurenstil französisch-normannischer Glasfenster (Evreux und Rouen) noch enger, doch Technik und Grundauffassung stimmen mit den früheren Arbeiten der wohl in Brügge zu lokalisierenden Werkstätten noch voll überein. Das gleiche gilt für die große Grabplatte der Bischöfe Burkhard von Serken und Johann von Mul im Lübecker Dom. Die zeitlich erheblich auseinanderliegenden Todesjahre (1317 und 1350) bei völliger Homogenität des Doppelgrabes lassen auf einen fabrikartigen Großbetrieb schließen, in dem man alte und neue Entwürfe verwendet und „moderne" Umarbeitungen je nach Wunsch des Bestellers vornimmt. Offenbar hat die Werkstatt stets wieder andere Künstler angezogen, deren individuelle Eigenart den bedächtigen Stilwandel innerhalb der flandrischen Messinggrabplatten erklärt. Traditionalisten und „Fortschrittler" begegnen sich oft am gleichen Objekt.[14] Das Grabmal, das Thomas de la Mare, Abt von St. Alban (Herefordshire) von 1350–60, um 1355 für seine Klosterkirche in Auftrag gab und in dem nur der Raum für das Todesdatum ausgespart blieb, ist beredtes Zeugnis für solche Anfertigungen auf

[12] Eichler, a. a. O., S. 199.
[13] Abgeb. b. Eichler, a. a. O., S. 202.
[14] Eichler, a. a. O., S. 202.

Bestellung in einer Werkstatt von internationalem Rang und im Besitz von internationalen Vorlagen. Wir kennen eine Fülle solcher Platten, die alle weitgehend aus dem gleichen allseits bekannten Formenkanon entwickelt sind; hier ein wenig „englischer" eingefärbt, dort stärker nordfranzösische Züge tragend. Von einer flandrischen Eigenart kann hingegen allenfalls in der 2. Jahrhunderthälfte die Rede sein.

Ein entwicklungsgeschichtlicher Schritt wird 1387 mit der *Grabplatte für Wouter Copmann* (Abb. 93) *für die Kirche St. Jacques in Brügge* vollzogen. Die Engel, die ehedem die Bewohner der umgebenden Zierarchitekturen waren, haben ihre Gehäuse verlassen und erscheinen spruchbandhaltend in den vier Plattenecken. Der Tote selbst bewohnt keine himmlische Wohnung mehr. Er ist nicht mehr verklärt, alterslos und entrückt, sondern wahrhaft tot! In ein faltenreiches Bahrtuch gewickelt, das auch die obere Gesichtshälfte bedeckt, liegt er auf einer reichgeschmückten Decke. Vor der Allgewalt des Todes verkümmern die Boten ewigen Lebens zu Schablonen – Streumuster auf der Blumenwiese des Bahrtuches!

Was flandrisch ist an den Brügger Grabplatten, erfährt man am eindrucksvollsten in der *Tumba des hl. Henrik in der Kirche zu Noasis* (Finnland). Olai Tavast, Bischof von 1412 bis 1450, hat sie gestiftet. Der Versuch, wieder Raum darzustellen, kennzeichnet die Bilder der Seitenplatten. Der Figurenstil schwankt „zwischen derber Sinnlichkeit einerseits und gequälter Bekümmertheit anderseits" (Eichler). Es ist die Zeit des Jacquemart von Hesdin, André Beauneveu und des Jean Malouel. Jan van Eyck ante portas! Die Bischofsfigur hat den herkömmlichen Schematismus abgestreift, zeigt bewegten, dynamischen Kontur. Die Zeichnung verrät ein neu erwachtes Interesse an der Naturhaftigkeit der Erscheinung. Wie die Gesichtszüge in ihrer bewegten Charakteristik wieder ins Dreidimensionale drängen, verraten sie enge Verwandtschaft zum Haupt der Bronzefigur des Bischofs von Saarwerden, dessen Grabmal wohl auch in Flandern entstand und um 1415 im Kölner Dom aufgestellt wurde.

Wo immer das *Grabmal des Erzbischofs Friedrich von Saarwerden (1370–1414)* (Abb. 94) *im Kölner Dom* beschrieben wird, da ist von der Bronzestatue des Kölner Kirchenfürsten nur beiläufig die Rede. „Die Grabplatte des Erzbischofs, aus Bronze, scheidet aus; sie könnte niederländischer Import sein. Aber an den Wänden der Tumba befinden sich unterlebensgroße Figuren von wunderbarem Zauber, von jener gerne als mittelrheinisch empfundenen Lieblichkeit, die dem nördlicheren und leicht französisierenden Wesen der niederrheinischen doch fremd ist,"[15] so Wilhelm Pinder 1924, und sieben Jahre zuvor Eugen Lüthgen: „Daß die Bronzegrabmäler aus der heimischen Kunstübung herausfallen, daß sie fast mit Sicherheit als Versandware belgischer oder französischer Gießerhütten aufzufassen sind, ergibt sich einmal aus der Tatsache, daß die übergroße Zahl am Niederrhein, wie Bronzetaufbecken und Gelbgußwerke aller Art, in Form und Ausführung völlig den belgischen Arbeiten entsprechen, zum anderen aus vereinzelten, auf belgischen Ursprung hinweisenden Formwerten ... Endlich im Cölner Dom die Bronzeplatte des Saarwerden-Denkmals, das im zweiten Jahrzehnt des 15. Jahrhunderts entstand. Sowohl der Bronzeguß, wie auch die reichbewegten, ausdrucksvollen, in stoffreichen Gewändern gekleideten Gestalten der Tumba sind der eigentlich cölnisch-niederrheinischen Art fremd. Der Einfluß Burgunds mag in der Tumba dieses Grabmals seinen Höhepunkt erreicht haben; während die glatte Formensprache des wirklichkeitsgetreuen Abbildes des Verstorbenen sich den Bronzegräbern belgischen Ursprungs, wie sie mit dem Grabmal Konrads von Hochstaden im Kölner Dom beginnen, mühelos einfügen lassen."[16] Die beiden zitierten Stellen machen eines ganz deutlich: Hier arbeiten zwei landschaftlich gänzlich anders orientierte Werkstätten, kölnische Bildhauer unter dem Einfluß Claus Sluters und mittelrheinischer Mainzer Plastik einerseits und südniederländische, wohl Lütticher Bronzegießer andererseits zusammen an einem der großartigsten Grabmäler des späten Mittelalters. Sein Ort ist an der Ostseite der Marienkapelle des Kölner Domes „do he in sin graf vur unser liever vrauwen choer imme doim stainde begraven wart" (Städtechron. XII, S. 350; XII, S. 50).

Die Grabfigur hat ein ähnliches Schicksal gehabt wie das Hochstadengrab (vgl. S. 122ff.). Nach den Heimsuchungen in der Franzosenzeit fand man sie in einem Keller wieder. Die Engel, die zu Häupten des Bischofs schwebten, waren zerstört, ebenso das Kissenpolster, die Stabkrümme und der ursprüngliche Baldachin, der die Inschrift EILOGIUS LODCUS trug. Sie war ein Indiz für die Lütticher Herkunft der Figur.

Ein hohes Maß an Realitätserfahrung prägt die mächtige Erschei-

[15] Pinder, W., Die deutsche Plastik vom ausgehenden Mittelalter bis zum Ende der Renaissance, I., Wildpark-Potsdam 1924, S. 136.

[16] Lüthgen, E., Die niederrheinische Plastik von der Gotik bis zur Renaissance, Straßburg 1917, S. 133.

nung. Unter der reichgezierten Mitra wölbt sich eine hohe, gefurchte Stirn. Zwischen kräftig ausgeprägte Augenbrauen und wulstige Tränensäcke sind die Augen gebettet. Scharf furchen, von den Nasenflügeln herabziehend, Diagonalfalten das Gesicht. Unter dem breiten, derben Mund ein kantig-energisches Kinn. Betend hat der Bischof seine Hände vor der Brust erhoben. Aus dem Anwinkeln der Arme resultiert ein machtvolles Faltengeschlinge, das sich in den Knickfalten der Kasel fortsetzt. Gegenüber der Wucht dieser Gestalt wirkt das architektonische Rahmenwerk ein wenig mager und dünnblütig.

Hinter dem Hochaltar der *Antwerpener Kathedrale* hat die *Grabfigur der Isabella von Bourbon* ihren Platz gefunden (Abb. 95), nachdem das ursprüngliche Prachtmonument, das Maria von Burgund für ihre Mutter in der Kirche der Michaelsabtei bei Antwerpen 1476 hatte errichten lassen, im 17. Jahrhundert abgetragen worden war. Das diademgeschmückte Haupt mit dem üppigen, gewellten Haar ruht auf einem Kissen. Die ernste, gesammelte Schönheit des ebenmäßigen Gesichtes ist auch durch die Schäden, die beim Abtragen des Grabes entstanden, kaum beeinträchtigt. Das dem Oberkörper eng anliegende Kleid gibt den Brüsten plastische Fülle. In echt burgundischer Tradition kontrastiert hier knapp umrissene körperliche Form zur üppigen Stoffhülle des Mantels, in dessen Faltengewoge die untere Skulpturenhälfte zu versinken scheint. Die Füße ruhen auf lagernden Hunden. Der strenge symmetrische Aufbau der Figur wird durch die vor der Brust gefalteten Hände unterstrichen.

Vom *Grab der Isabella von Bourbon* haben sich zehn *Messingstatuetten* (H = 55–58 cm) erhalten, die heute das *Amsterdamer Rijksmuseum* bewahrt (Abb. 96). Obwohl erst 1476 entstanden, stehen sie stilistisch den Figuren nahe, wie wir sie von der Tumba des Grafen von Warwick (vgl. S. 125f.) aus den Jahren nach 1439 her kennen. Gleich ihnen verraten die Amsterdamer Statuetten den Einfluß burgundischer Grabmäler, bei denen ein Trauergeleit die Tumben umgab. Doch aus den anonymen Dijoner „pleurants" am Grabmal Philipps des Kühnen, die in schwere Umhänge gehüllt, ja teilweise von ihnen verhüllt werden, sind nun Ahnenfiguren der Verstorbenen geworden, die aufgrund ihrer Tracht und stilistischen Sonderheit der Mitte des Jahrhunderts der höfischen Kunst im Umkreis des Roger van der Weyden zuzugehören scheinen. Tatsächlich erweisen sich die Amsterdamer Figuren als direkte Nachfahren von Grabstatuetten, die untergegangen sind, von deren Aussehen uns jedoch Nachzeichnungen eine ziemlich genaue Vorstellung vermitteln. Es sind die *Tumben für Ludwig von Mâle in Lille und für Johanna und Wilhelm I. von Brabant in Brüssel.* Der bedeutende Gießer Jacques de Gérines hat sie 1445/55 bzw. 1458/59 geschaffen. Mit ihnen fassen wir einen der Großen seiner Zunft etwas genauer. Die Wurzeln seines Stils gründen im Maasgebiet. Zu Ruhm und Ansehen brachte er es in Brüssel, wo er nicht nur als Bronzegießer, sondern auch als Stadtrat, Geometer, Hydrograph und Kirchenvorstand der Kirche Notre-Dame de la Chapelle in der 1. Hälfte des 15. Jahrhunderts großes Ansehen genoß. 1453 schloß er mit Herzog Philipp dem Guten einen Vertrag zur Erstellung eines Prachtgrabes für Philipps Urgroßvater Ludwig von Mâle in der Marienkapelle der Peterskirche zu Lille. Sechs Jahre später vollendet er ein zweites, ähnlich angelegtes Grab mit Liegefigur und 24 Statuetten für die Herzogin Johanna von Brabant († 1406) in der Brüsseler Karmeliterkirche. Kein Geringerer als Roger van der Weyden hat als Faßmaler am Werk des Jacques de Gérines mitgewirkt. Um 1463/64 ist er als eine der großen Künstlergestalten des burgundischen „Herbstes des Mittelalters" gestorben.

Mit dem Grabmal des Ludwig von Mâle ging in der französischen Revolutionszeit eines der großartigsten Grabmäler des ganzen Mittelalters zugrunde. Das Brüsseler Monument wurde 1695 ein Opfer der Beschießung durch die Franzosen.[17] Von der Berühmtheit der untergegangenen Denkmäler kündet das Interesse, das nachfolgende Jahrhunderte ihnen zuwandten. Schon Mitte des 15. Jahrhunderts entstanden vier Zeichnungen, die man fälschlicherweise Jan van Eyck zuschrieb. Am eindrucksvollsten und auch wohl archäologisch zuverlässigsten künden die Zeichnungen, die Antonius de Succa 1602 im Auftrage des Erzherzogs Albert und seiner Frau Isabella vom Liller Grab anfertigte.

Hier kehrt unsere Betrachtung zu den Amsterdamer Statuetten zurück. Sie haben dank des Vergleichs mit sechs Folgen von noch existierenden Zeichnungen als unmittelbare Reflexe der Figurenzyklen an den Grabmälern, die Jacques de Gérines schuf, zu gelten. In seiner Nachfolge dürfte Reiner I. von Thienen die Amsterdamer Figuren gegossen und dabei Zeichnungen oder Modelle seines Vorgängers benutzt haben. Acht Statuetten können daher als spiegelbildliche Wiederholungen von Bronzen des Grabmals zu Brüssel

[17] Collon-Gevaert, S., Histoire des Arts du Métal en Belgique, Bruxelles 1951, S. 275ff.

gelten. Die Namen der 24 Figuren vom Grab Isabellas von Bourbon sind uns durch Daniel Papebrochius[18] überliefert.

In ihrer Nachwirkung schließen sich die drei Grabmäler von Lille, Brüssel und Antwerpen in ihrem Aufbau mit 24 um die Liegefigur des Betrauerten angeordneten Statuetten zu einer Gruppe zusammen, die vermutlich ihren Prototyp im *Grabmal des Ludwig von Nevers († 1346) in der Sankt Donatuskirche in Brügge* hatte.[19] Ludwig von Mâle ließ es in den Jahren 1358–62 für seinen Vater errichten. Schon hier sind uns zwischen bronzenen Säulenstellungen 24 Statuetten überliefert, die die Tumba mit der Grabfigur umgeben.

Auf seiner niederländischen Reise hat Albrecht Dürer die Schönheit dieser Bronzegrabmäler gewürdigt, indem er beim Besuch der Sankt Michaelsabtei eine der Frauenfiguren vom Grab der Isabella von Bourbon gezeichnet hat.

Die Amsterdamer Statuetten stellten den Künstler vor das Problem, mit seinem Zyklus einen Zeitraum von fünf Generationen zu überbrücken, galt es doch u. a. Kaiser Ludwig den Bayern (1282–1347), Albrecht von Bayern (1336–1404), Philipp den Guten (1396–1467), Johannes IV. von Brabant (1403–1427), Philipp von Moers († 1415) und Margaretha von Savoyen, Königin von Sizilien († 1497), in der Ahnenfolge unterzubringen. Während fast alle Dargestellten burgundische Hoftracht in ihrer oft bizarren Ausprägung mit „gezattelten“ Ärmeln, der phantasievollen turbanartigen Kopfbedeckung mit dem Hahnenkamm, der weitfallenden „Houppelande“, dem „Surcot“ sowie Flügel- und Hörnerhauben tragen, ist der Kaiser unter ihnen, Ludwig der Bayer, durch eine Krone mit Infeln ausgezeichnet; sein in große Falten gelegtes Gewand, das unter dem breiten Kragen herabfällt, ist hingegen von nahezu zeitlosem Charakter.

Wo immer es geht, vermeidet der entwerfende Künstler eine starre Frontalstellung. Bei den männlichen Figuren wird durch variierendes Schreiten eine Durchschwingung der Gestalt erreicht. Auch den Frauen wird durch das In-sich-Bewegte des Körpers, eine leichte Zuwendung des Kopfes oder die gewandraffende Haltung der Hand inneres Leben gegeben, das sie als Lebende von der strengen symmetrischen Schönheit der Grabfigur abhebt. Nicht der

[18] Leeuwenberg, J., Beeldhouwkunst in het Rijksmuseum, ’s-Gravenhage/Rijksmuseum, Amsterdam 1973, S. 45.

[19] Konrad, M., Meisterwerke der Skulptur in der Skulptur in Flandern und Brabant, 1928, m. Abb.

Schmerz um die Verstorbene hat sie am Grab der Isabella von Bourbon versammelt, sondern der Stolz, einer großen Dynastie anzugehören. Sie galt es zu repräsentieren. Für sie setzten Entwerfer und Bronzegießer alle Mittel ihrer Kunstfertigkeit ein, um es den großen Malern im Zeitalter der burgundischen Herzöge gleichzutun.

Auch in den *Prachtgräbern*, die gegen Ende des 15. Jahrhunderts und 1559 *in der Brügger Liebfrauenkirche für Maria von Burgund und Karl den Kühnen* entstanden, ist der Einfluß des Jacques de Gérines noch spürbar. In unserem Zusammenhang muß sich freilich die Betrachtung auf das Grabmal der Maria (Abb. 97), der Tochter Karls des Kühnen, beschränken, denn das Monument des bei Nancy gefallenen letzten Burgunderherzogs ist wesentlich später entstanden. Jacques Jonghelinck, ein Antwerpener „Dinandier", hat es zusammen mit J. Aerts nach Zeichnungen des Marc Gheeraerts im Auftrag König Philipps II. 1559 geschaffen.

Das zauberhaft schöne Grab der Maria von Burgund ist eine Arbeit des Bildhauers Jan Borman und des Gießers Reiner von Thienen, dem wir bereits als Meister des Passionsleuchters in Léau (vgl. S. 93f.) begegneten. Sein Name wird in Urkunden der Zeit zwischen 1491 und 1498 mehrfach erwähnt. Jan Borman und Reiner von Thienen waren einander ebenbürtig. Ihr Werk ist im übertragenen Sinne wahrhaft „aus einem Guß".

Im Alter von nur 25 Jahren hatte die junge Burgunderherzogin bei einem Sturz vom Pferd den Tod gefunden. Wie schlafend ist Maria auf der Tumba liegend dargestellt. Ihr feines, mädchenhaftes Antlitz mit der hohen Stirn und den schmalen Augen unter wimpernlosen Brauenarkaden wird von einem Flechtdiadem, das die Haare zusammenfaßt, und einer Krone gerahmt. Das Haupt ist in ein weiches Kissen gebettet. Zum eng anliegenden Gewand kontrastieren die weitfaltigen Ärmel. Die zart gebildeten Finger berühren sich zum Gebet, doch scheint der Augenblick dargestellt zu sein, wo an der Schwelle zwischen Wachen und Träumen die Hände sich kraftlos abwärts zu neigen beginnen. Treue Hunde bilden die Fußstütze für die junge Frau.

Der seitliche Schmuck der Tumba verzichtet auf das figurale Trauergeleit, wie wir es von anderen Grabmälern kennen. An seine Stelle tritt an den Längsseiten ein goldschmiedehaft fein gearbeiteter Baum mit vielen Verästelungen, in denen Engel die in leuchtend farbigem Email glänzenden Familienwappen umgeben. Ein altes gotisches Motiv wird hier ein letztes Mal aufgegriffen und zu vollendeter Schönheit entfaltet.

DAS NÜRNBERGER SEBALDUSGRAB UND DIE VISCHER-WERKSTATT

In fast allen bisher betrachteten Grabmälern gab es einen oft freilich nur lockeren Bezug zur umgebenden Architektur. Beim Sebaldusgrab (Abb. 98) im Chor der Nürnberger Sebalduskirche ist das anders. Hier ist jede Bindung an den hohen gotischen Hallenchor, in dessen Mittelachse es steht, aufgehoben, ja das Wunderwerk dieses erzenen Bauwerkes scheint ein Eigenleben zu führen, mehr noch, man gewinnt den Eindruck, als bewege es sich langsam auf dem Rücken der erzenen Schnecken, auf denen es steht: „Hier hat die Plastik ihre Selbständigkeit gegenüber dem Gebäude vollständig erreicht – etwas, wonach sie ein ganzes Jahrhundert gestrebt hat.“ [1]

Damit freilich ist der Endpunkt einer Entwicklung angedeutet. Wie es dazu kam, läßt sich an der Entstehungsgeschichte des Sebaldusgrabes vom ersten Entwurf des Jahres 1488 bis zur Vollendung 1519 aufzeigen. Das Werden dieses Grabmonumentes ist ein Teil der Geschichte der Rotgießerfamilie Vischer in Nürnberg. Ihr Handwerk, ursprünglich Rotschmiede oder Gelbgießer genannt, gehörte in Nürnberg zu den ältesten und bedeutendsten Gewerben, ein Handwerkszweig, über den Rat und Zunft eifersüchtig wachten, denn es gab in Nordeuropa neben Augsburg und Nürnberg nur wenige bedeutende Gießhütten. Schon früh entwickelte sich das Gießen in Messing und Bronze hier zu einem „geschworenen Handwerk“ mit genauen Vorgaben von vier Lehrlings- und sechs Gesellenjahren, drei genau festgelegten Meisterstücken, einem Tischleuchter, einem durchbrochenen Schlüsselring und einem Stück „so er selbst erkieset“. Die Zahl der Lehrlinge und Gesellen war eng begrenzt. Da eine solche Gießhütte beträchtliche Investitionen verlangte, suchte man möglichst das Gewerbe vom Vater auf den Sohn zu vererben. Ein Verbot war erlassen, die zur Herstellung von Formen besonders geeignete Nürnberger Lehmerde auszuführen. Wenn ein Gießmeister die Stadt verließ, mußte er sich

[1] Liebmann, M. J., Die deutsche Plastik 1350–1550, Leipzig 1982, S. 470.

verpflichten, andernorts sein Handwerk nicht auszuüben. Der Katalog von Nürnberger Exportartikeln umfaßt u. a. Leuchter, Ringe, Schellen, Gewichte, Hahnen und Zapfen. Daß man sich auch auf größere Gußwerke verstand, beweist das Taufbecken in der Sebalduskirche aus der Zeit um 1430.[2]

Im Jahre 1453 ließ sich Hermann Vischer d. Ä., wohl aus den Niederlanden oder dem niederrheinischen Gebiet stammend, in Nürnberg nieder, erwarb das Bürgerrecht und richtete eine Gießhütte ein, die offenbar gut florierte; denn schon 1457 lieferte sie das noch erhaltene eindrucksvolle *Taufbecken* in die *Wittenberger Stadtpfarrkirche*. Die Inschrift nennt als Meister „Hermann Vischer zu Nurbeg“. Schon hier, deutlicher noch 1470/71, als der Nürnberger Rat der Vischerwerkstatt gestattet, über die vorgeschriebene Zahl von Gesellen noch zwei weitere zu beschäftigen, klingt erstmals das „Vischerproblem“ an. Es läßt sich am besten mit der Frage nach der geistigen Urheberschaft, der Fertigung des Modells und der Ausführung des Gusses umschreiben. In den mehr als 100 Jahren der Tätigkeit der Vischerwerkstatt (1453–1554) wird diese Frage nach dem Anteil Hermann Vischers sowie seiner Kinder und Kindeskinder an den mit ihrem Namen verbundenen Werken nicht verstummen. Als „Hermann Rotschmied mit dem Bart“ 1488 stirbt, hat schon eine Fülle meisterhafter Messinggüsse in und außerhalb Nürnbergs die Werkstatt berühmt gemacht. Als herausragende Arbeiten seien die *Grabplatten Bischof Georgs I. im Bamberger Dom* (1467), *Bischof Sigismunds von Würzburg* (1471) und *Bischof Dietrichs von Schönberg* (1476) in der Begräbniskapelle des *Meißener Domes* (1471) genannt.

Peter Vischer, der älteste Sohn, erbte die Werkstatt. Er mag damals an die 28 Jahre gewesen sein und führte als der „große Werkmeister“ die Werkstatt zu höchstem Ansehen. In einem schriftlichen Verzeichnis der Künstler Nürnbergs aus dem Jahre 1547 berichtet Johann Neudörfer, Nürnberger Bürger und Rechenmeister, über ihn: „Peter Vischer der Aelter Rotschmied. Dieser Peter Vischer war auch gegen jedermänniglich freundlichen Gesprächs und in natürlichen Künsten fein erfahren, im Gießen auch dermaßen berühmt, daß wenn ein Fürst herkam oder ein großer Potentat, er selten unterließ, daß er ihn nicht in seiner Gießhütten besuche. Wie er aber gesehen und wie er täglich in seiner Gießhütten umgangen und

[2] Meller, S., Peter Vischer der Ältere und seine Werkstatt, Leipzig 1925, S. 12ff.

gearbeit, das findet man am Ende des St. Sebalds Grab, welches er und seine fünf Söhne gegossen und gemacht, eigentlich konterfeiet. Aber seiner Hand eigene Arbeit ist der gegossene Brunnen in der Herren Schießgraben. Die größten Güß aber, so er getan hat, findet man in Polen, Beheim, Ungarn, auch bei Chur und Fürsten allenthalben im heiligen Reich, auch hat er das Gitter, so erstlich den Fuggern von Augsburg gehört, und jetzt allhier auf dem Rathaus stehet, gegossen. Er hatte fünf Söhne, Hermann, Peter, Hans, Paulinus und Jakob ... Oben erwähntes messenes Grab ist ao 1519 den 19. Juni gesetzt worden, daran man seit dem 1506ten Jahr gearbeitet, hat an Messing gewogen 120 Zentner und 14 Pfund ..." Neudörfer schreibt aus der Erinnerung, und so vermengt sich bei ihm Wahres mit falsch Erinnertem. Doch ist sein Bericht als Zeugnis zeitgenössischer Hochschätzung von großem Wert.

Im Jahr der Werkstattübernahme entwarf Vischer ein kostbares Gehäuse (Abb. 99), das den Schrein mit den Gebeinen des Stadtpatrons Sebaldus bergen sollte. 1391–97 hatte der Silberschmied Fritz Habelzheimer ein Reliquiar geschaffen, das nunmehr ein aufwendiges Gehäuse erhalten sollte. In der Wiener Kunstakademie hat sich die fast 1,80 m hohe Werkzeichnung erhalten, nach der eine 12 m hohe (nach anderer Meinung fast 17 m messende) Dreierarkade nach Art herkömmlicher Baldachingräber den Schrein aufnehmen sollte. Als Sockel war eine Tumba mit Reliefs der Sebalduslegende vorgesehen. An den steil aufschießenden Pfeilern plante man Standbilder der Apostel.

Im Maßwerk der Turmbekrönungen waren alle Register volltönender spätgotischer Architekturornamentik gezogen, sollten doch die Gebeine des Heiligen in einer aller Schwerkraft spottenden Architektur erhoben werden, in der die gotische Vorstellung von der Vision des Himmelsjerusalem noch voll lebendig war. Aber offenbar konnten die realen Möglichkeiten nicht mit den himmelstrebenden künstlerischen Gedanken Peter Vischers Schritt halten. Das gigantische Bauwerk in Erz ist über den Entwurf nicht hinausgekommen. Doch Peter Vischer hat sich weiter mit dem Gedanken des Heiligengrabes beschäftigt, aber es sollten fast 20 Jahre vergehen, ehe aus neuer Planung plastische Wirklichkeit wurde, ein Zeitraum, in dem Werke entstanden, die den Ruhm Vischers festigen und das „Vischerproblem" noch komplexer machen sollten. Beredtes Beispiel hierfür ist der sog. *„Astbrecher"* (Abb. 100) des Jahres 1490 im *Münchner Bayerischen Nationalmuseum*. Es ist eine kleine Trägerfigur von 37 cm Höhe. Man hat in ihr eine Allegorie der Stärke, einen „Diskobolos der deutschen Plastik“ [3] sehen wollen, wie er den knorrigen Ast biegt und die Anstrengung sich seinem ganzen Körper mitteilt. Die gerunzelte Stirn, die zusammengekniffenen Augen, die weitgestemmten Arme, das sich gegen den Boden abdrückende Knie, die gekrümmten Zehen des rechten Fußes, selbst die straff sich spannenden Falten von Wams und Hose suggerieren Anspannung aller Kräfte. Noch verraten die schmalen Hüften und der unartikulierte Thorax den spätgotischen Künstler, der anatomisch wenig bewandert war. Um so mehr gelingt hier die Verkörperung der künstlerischen Idee.

Bis heute herrscht keine Einmütigkeit in der Zuschreibung des Astbrechers an Peter Vischer, den man seit der 2. Hälfte des vorigen Jahrhunderts für den Gießer hielt. Doch gibt es gewichtige Argumente, die, in Analogie zu den Steinfiguren des Sakramentshauses (1493–96) der Nürnberger Lorenzkirche, in Adam Kraft den Meister des Modells für die Statuette sehen möchten. Gegen Vischer, der stets nach Holzmodellen arbeitete, spricht der Guß nach einem Wachs- oder Tonmodell. Auch ist der Vollguß nicht typisch für Vischer, dem man bei einer Plastik dieser Größe eher einen Hohlguß zutrauen möchte. – Das „Vischerproblem“ wird hier erneut in seinem Dualismus zwischen Kunst und Handwerk offenkundig. Signaturen helfen da auch nicht viel weiter, sie bezeichnen den Unternehmer und nicht den unmittelbar Ausführenden.[4] Mehrfach schon wurde darauf verwiesen, daß in mittelalterlichen Erzgüssen fast immer der das Modell entwerfende Künstler hinter dem Gießer zurücktritt und die unerhörte handwerkliche Fähigkeit des Bronzegießers größere Bewunderung fand als die Kunst des Bildschnitzers oder Tonformers, die für den Entwurf verantwortlich zeichneten. Daß freilich auch schon Zeitgenossen zu differenzieren wußten, beweist das Zeugnis des Humanisten Pankraz Schwenter, eines Freundes der Vischersöhne, der Hermann und Peter den Jüngeren als „Kunstmänner“, den alten Vischer hingegen als „Messinggießer und großen Werkmaister“ bezeichnet.[5] Je mehr Künstler und Gießer ihre mittelalterliche Anonymität aufgeben und schöpferischer Entwurf und handwerkliche Ausführung auseinanderzutreten beginnen, um so mehr wird man beim Bronzeguß die Frage nach ent-

[3] Meller, a. a. O., S. 38.

[4] Zuletzt bei Liebmann, a. a. O., S. 398ff.

[5] Stafski, H., Die Vischerwerkstatt und ihre Probleme, in: Zeitschrift für Kunstgeschichte 21, 1958, S. 6–8.

werfendem Künstler und ausführendem Gießer im Auge behalten müssen.

Dies gilt natürlich auch für das erste bedeutende Monument aus der Werkstatt des jüngeren Peter Vischer: das *Grabmal für den Erzbischof Ernst aus dem Hause Wettin im Magdeburger Dom* (Abb. 101), das 18 Jahre vor dem Tod des Kirchenfürsten laut Inschrift „gemacht zu nurmberg von mir peter fischer rotgiesser und ist volbracht worden, da man zalt 1495 jar". Vischer folgt der herkömmlichen Form des Tumbengrabmales, bei dem die aufgebahrte, aber dennoch wie lebend wirkende Figur des Bischofs auf einem Katafalk ruht, in dessen Nischen Wappen eingelassen sind und Figuren der Apostel sowie die hll. Mauritius und Stephanus unter vorschwingenden Baldachinen erscheinen. Darf man bei der kraftvoll-monumentalen Gestalt des Bischofs davon ausgehen, daß ein tüchtiger Bildschnitzer der Veit-Stoß-Generation – vielleicht Simon Lainberger[6] – das Modell geliefert hat, lassen die Ornamentmotive und die Apostelstatuetten erkennen, daß man sich hier mit wenigen, dabei häufiger wiederkehrenden Modeln begnügt hat. Die Figuren des Petrus und des Bartholomäus scheinen schon im Guß vorgelegen zu haben. Indem man bei den Holzmodellen die Köpfe veränderte, kam man zu „neuen" Figuren. Vier Paare der Tumbastatuetten lassen bis auf geringfügige Abweichungen das gleiche Modell erkennen. Vielleicht erklärt die kurze Entstehungszeit des Grabmales diese Verwendung von „Ars multiplicata".

Sehr eigenwillig und individuell ist dagegen der Mauritius in seiner Ritterrüstung aufgefaßt. Vergleicht man seine trotz der Panzerung locker bewegte Haltung mit der starren Strenge und Unbewegtheit *Ottos IV. von Henneberg in der Stadtkirche von Römhild*, ein Werk, das der junge Vischer gegen Ende der 80er Jahre geschaffen hat, so wird einsichtig, daß die entwerfenden Künstler nicht die gleichen gewesen sein müssen. Der Otto gehört in seiner überlängten Statuarik, der „eingefrorenen" Körperlichkeit einer gänzlich anders gearteten künstlerischen Vorstellung an als der Mauritius vom Magdeburger Grabmal. Vom Otto zum Mauritius führt kein direkter Weg. Im „Vischerproblem" zeichnet sich insoweit Klarheit ab, als von Fall zu Fall verschiedene Bildschnitzer die Modelle geliefert haben, die, in der Vischerwerkstatt umgesetzt, eine ganz heterogene Stilentwicklung intendieren. Die ungeschmälerte Leistung der Gießhütte besteht in der technisch vollkomme-

[6] Stafski, a. a. O., S. 9f.

nen Zusammenfügung verschiedener Modellvorlagen, so daß „aus einem Guß" zu sein scheint, was doch andere ersannen bzw. was aus anderen Zusammenhängen übernommen wurde. Auch die Trennung der Hände zwischen Vater und Söhnen wird durch die Mitarbeit verschiedener entwerfender Modelleure weiterhin erschwert. Das *Grabmal des Grafen Hermann VIII. von Henneberg und seiner Frau* (um 1510) *in der Kirche von Römhild* (Abb. 102) beweist es.

Nach dem Tode Elisabeths von Brandenburg gab ihr Gemahl Fürst Hermann VIII. zu Henneberg 1507 bei Peter Vischer ein Grabdenkmal in Auftrag, das um 1510 in der Kirche von Römhild aufgestellt wurde. Es folgt in Details der Magdeburger Tumba so unmittelbar, daß beispielsweise die vier Evangelistensymbole nach denselben Modellen gegossen wurden. Doch sind die Heiligenfiguren in klarerem Rhythmus an der Tumba angeordnet. An die Stelle der fast vollplastischen Magdeburger Bischofsfigur sind flachere Reliefs der beiden Verstorbenen getreten. Auch hier läßt sich im Vergleich zu Magdeburg nur bedingt von einer „künstlerischen Entwicklung" sprechen. Wichtiger ist die Tatsache, daß Peter Vischer d. Ä. um 1508 mit einem neuen Holzschnitzer zusammengearbeitet hat, dessen Name unbekannt geblieben ist. Nach einem seiner Hauptwerke, der um 1510 entstandenen Maria unter dem Kreuz (Nürnberg, Germanisches Nationalmuseum), hat man ihm den Notnamen des „Meisters der Nürnberger Madonna" [7] gegeben. Die noble Distanziertheit seines künstlerischen Stils, die Klarheit der Formgebung und der Erfindungsreichtum im skulpturalen Detail hatten Albrecht Dürer bewogen, ihn mit der Anfertigung des Rahmens für sein Allerheiligenbild von 1511 (Wien, Kunsthistorisches Museum, Rahmen im Germanischen Nationalmuseum, Nürnberg) zu beauftragen. Wie der große Anonymus einerseits für die Vischerwerkstatt, andererseits für den größten Nürnberger Maler arbeitete, wird er zum Bindeglied zwischen der Vischerschen Gießhütte und Albrecht Dürer. Diese Trias läßt sich nun im Römhilder Grabmal nachweisen. Ihm liegt Dürers Entwurfszeichnung zum Grabmal eines Ritters und seiner Frau (Oxford, Christ Church Library) zugrunde. Der anonyme Schnitzer hat sein Reliefmodell daraus entwickelt, die Vischerhütte hat es in Bronzeguß umgesetzt. Doch ist nun der scharfe Kontur, die flackernde Unruhe des Faltenstils, wie sie für die Zeichnung charakteristisch waren, einem

[7] Stafski, a. a. O., S. 16ff.

beruhigten Umriß und einem harmonisierten Binnenleben des Faltenwurfs gewichen.

Unsere Betrachtung beobachtete die Anfänge Peter Vischers d. Ä. im Entwurf für das *Sebaldusgrab* (Abb. 99), 1488 hatten Rupprecht Haller und Paulus Volkamer ihn bestellt. Doch fast zwei Jahrzehnte vergehen, ehe am 14. Mai 1507 die Kirchenvorsteher von St. Sebald beschließen, „mit Gottes Hilf und dem Almosen das Gehäus zu des heiligen Himmelsfürsten Sant Sebolten Sarg von Messing machen zu lassen . . .“. Mit Peter Vischer war man offenbar bald handelseinig, denn schon am 7. Juni erhält der Gießermeister 100 Gulden. Man vereinbarte einen Preis von 20 Gulden für jeden Zentner verarbeiteten Messings. Anhand der Zahlungen läßt sich das Fortschreiten bzw. Stocken des großen Werkes (Abb. 98) sehr genau beobachten. Die Belege lassen erkennen, daß die Entstehungsgeschichte des Grabmals sich in zwei Phasen gliedert: eine erste von 1507 bis zum Beginn des Jahres 1512, dann, nach dreijähriger Pause, eine zweite von 1514 bis zur Vollendung 1519.

Die mächtige Sockelpartie ist in zwei großen Blöcken gegossen. Der ostwärts gewandte trägt die Inschrift: „ein Anfang durch mich Peter Vischer 1508“, der westwärts gerichtete: „gemacht von Peter Vischer 1509“. Die Werkunterbrechung findet ihre Erklärung im Auftrag Kaiser Maximilians an Vischer, die beiden großen Artus- und Theoderichfiguren für das Innsbrucker Maximiliansgrab (vgl. S. 152) zu gießen. Doch der Nürnberger Rat drängte auf Fertigstellung des Sebaldusgrabes. Ja, man drohte sogar, den Auftrag dem ältesten Sohn Hermann zu übertragen, wenn das Werk nicht zügig vollendet werde. So nimmt man gegen Ende des Jahres 1514 die Arbeit wieder auf. Inschriften bezeugen, daß nunmehr der Anteil der Söhne immer gewichtiger wird.

Schnecken und Delphine tragen die Grundplatte. Den Unterbau zieren Reliefdarstellungen aus der Sebalduslegende. In ihnen lassen sich Arbeiten des Sohnes Hermann nachweisen. In der Sparsamkeit ihrer Darstellungsmittel, der Ausgewogenheit der jeweils auf vier Figuren reduzierten Szenen gibt sich der Einfluß, den Hermann auf seiner Italienreise anhand von Quattrocentoplastik aufgenommen hatte, zu erkennen. Namentlich die Frau in weich fließendem Gewand und lässigem Kontrapost auf dem Relief der „Heilung des blinden Wirtes“ (Abb. 103) erscheint fast wie ein südländisches Zitat am spätgotischen Werk. An den Stirnseiten des reliefierten Sokkelgeschosses haben die Statuetten des heiligen Sebaldus und das berühmte „Selbstbildnis" Peter Vischers des Älteren (Abb. 104) ihren Platz. Stämmig, von kleinem, untersetztem Wuchs, den linken Fuß leicht nach vorne gesetzt, ist der Meister dargestellt. Eine Kappe reicht tief in die Stirn des vierschrötigen Gesichtes mit seinem kräftigen Schnurr- und Vollbart hinab. Die Hände halten das Werkzeug. Der über der Kleidung getragene Lederschurz ist unterhalb des sich durchzeichnenden Bauches gegürtet. Die Füße stecken in Lederstiefeln. Es ist kaum denkbar, daß die Figur mit der angegebenen Datierung von 1508 in Zusammenhang steht, denn daß Vischer das Werk mit seinem Selbstbildnis begonnen haben soll, ist schwer erklärlich. Unauflösbar auch der stilistische Kontrast zu der Sebaldusfigur der Gegenseite, die, mit der Jahreszahl 1509 versehen, dem Stil des Apostelzyklus (Abb. 105) in halber Höhe des aufstrebenden Bauwerks ungleich näher steht. Auf gesondert dem architektonischen Gerüst vorgesetzten dünnen Säulen haben diese Figuren ihren Ort. Ihre Proportionen sind gestreckt, die Köpfe vergleichsweise klein gebildet. Als Grabeswächter umgeben sie den Sarkophag mit den Gebeinen des Heiligen. In dem wimmelnden Leben, mit dem die Grabarchitektur überzogen ist, bilden sie in der Klarheit ihrer Erscheinung, der nobel einfachen Drapierung ihrer Gewänder eine Zone der Ruhe und der Sammlung. Auch hier muß eine eigenwillige Auseinandersetzung mit norditalienischer Renaissanceplastik vorausgesetzt werden. Über der Apostelzone spannen sich die Arkaden des Baldachingewölbes, auf denen die drei Turmbekrönungen aufruhen. Es sind eigenwillige Gebilde, die nicht mehr aus der himmelstrebenden Schwerelosigkeit der Architekturformen leben, wie Peter Vischer sie bei seinem Entwurf von 1488 vorgesehen hatte, sondern gedrungene „stalakmitenartige" Aufbauten, die statt der ursprünglichen Maße von fast 17 m nur mehr bis in die Höhe von 4,70 m aufragen.

Das unerhört komplizierte architektonische Gerüst des Sebaldusgrabes strotzt von skulpturalem Leben, das auf dem Sockel, den balusterartigen Architekturgliedern der Unterzone, den Tumbennischen und der krönenden Dachkonstruktion angesiedelt ist. Dabei läßt sich kein in sich schlüssiges ikonographisches Programm aufweisen. Prophetenstatuetten erscheinen oberhalb der Idealbilder der Apostel, antikisch anmutende Tugendpersonifikationen wechseln ab mit den Helden der antiken und alttestamentarischen Welt. Theseus neben Simson, Herakles und Nimrod, Scylla späht in ihrem Spiegel nach sich nahenden Schiffen (Abb. 106), bockfüßige Panfiguren musizieren zusammen mit Harpyen, und antik gekleidete Gitarrespielerinnen, kämpfende Meeresgötter sind von Tritonen und Najaden begleitet. Leuchterweibchen lassen Kerzenhalter in kühnem Schwung in den Raum ausgreifen. Dabei fällt die sichere Behandlung des unbekleideten Körpers auf, Erinnerungen an den Torso von Belvedere, den „Spinario" und die norditalienische Bronzeplastik Riccios werden lebendig. Die ornamentalen Details sind ebenfalls von italienischen und antiken Elementen durchsetzt. Doch es ist, als sei dieses Füllhorn mit Schätzen des Südens über einer deutschen Architektur der Spätgotik ausgeschüttet worden. Und so sind sie hängengeblieben in den Fialen und Pfeilern, Bögen und Vorsprüngen, lagern auf der Sockelplatte, und zahllose Putten treiben gleich Kobolden ihr groteskes Spiel.

Der Erfinder dieses phantastischen Traumes ist sicher nicht Peter Vischer der Ältere gewesen, jener einfache, bescheidene Handwerksmeister mit Schurzfell und Gießerkappe. Hier fassen wir vielmehr die „Handschrift" der Söhne und hier vornehmlich Peter Vischers des Jüngeren. Der Vergleich mit seinen späteren, gesicherten Werken läßt dies fast zur Sicherheit werden. Die Auseinandersetzung mit der Antike hat in ihm jene Neusicht von Welt und Mensch freigesetzt, die von nun an die deutsche Kunst im 16. Jahrhundert bestimmen sollte.

Wir sehen im Sebaldusgrab das wohl bedeutendste in Erz gegossene Werk der deutschen Kunst. Man hat es mit Recht den Florentiner Baptisteriumstüren Ghibertis an Bedeutung gleichgestellt. Gotik und Renaissance stehen in fruchtbarer Auseinandersetzung, gleichzeitig aber erkennt man in der Messingarchitektur im Chor von St. Sebald das Problem der Generationen, das vornehmlich bei der Wiederaufnahme der Arbeit 1514 voll zutage tritt. Im Oktober dieses Jahres kommen die Vischersöhne Hermann und Peter der Jüngere voll zum Zuge. Hermann macht sich wenig später nach Italien auf den Weg, Peter setzt das Werk fort. Vom November 1515 gibt es das schriftliche Zeugnis des Pankraz Schwenter, das helles Licht auf die künstlerische Situation in der Vischerfamilie wirft. Er schreibt: „Den ehrbaren wolbescheiden Petro Vischer dem jüngeren, Hermann und Hansen Vischer, alle drei Gebrüder zu Nürnberg geborn ... meinen besonderen erwählten Freunden entbeut ich ... mein gar freundlich willig Dienst voran ... Dan in eure angefangen fein große Arbeit und sonderlich des groß geachteten und überkünstlerischen Werks, welches des heil. Beichtigers und großen Nothelfers Sankt Sebalds ... ein zierliche Behältnis seines heiligen Leibs ... Ihr mit samt eurem allerliebsten Vater Peter Vischer dem ä., aus natürlichem Einfluß alle ander Kunstmänner übertreffet; so seid ihr auch von der göttlichen Vorsehung meniglich ungezweifelt ehe dann euer Geburt zu solichen ehrlichen und beheiligten Werk zu machen erwählt und für andere auslesen, wiewohl die Metall daraus es gemacht, sonder nicht zu achten, aber das Werk an ihm alle andere merklich übertrifft." Hermann war zu diesem Zeitpunkt schon aus Italien zurückgekehrt und hatte begonnen, das Erzgebäude im Geist italienischer Hochrenaissance umzugestalten. Doch schon im Winter des nächsten Jahres fiel er einem Unglücksfall zum Opfer.

Nunmehr lag die Fortführung ganz in den Händen des jüngeren Bruders, Peter d. J. Er folgte in der architektonischen Gestaltung der Planung Hermanns. Im figuralen Schmuck ist er neue, eigene Wege gegangen. In den Kinder- und Puttenfiguren, dem unausschöpflich reichen Repertoire seiner lebenssprudelnden Figürchen, den Tieren und Leuchterweibchen setzt er den Anfang zur Kleinplastik der deutschen Renaissance. Sie ist an der italienischen Vorliebe für „rauhe" Bronze orientiert, die nicht nachziseliert ist und durch das Wachsausgußverfahren eine narbige, an weichen Übergängen reiche Oberfläche hat. Sosehr Peter, Hermann und Hans Vischer auch „Kunstmänner" waren, so traten sie als Persönlichkeiten hinter der Werkstatt und dem Vater zurück, der 1519 in die Fußplatte des Sebaldusgrabes die Inschrift eingräbt:

Peter Vischer purger zu Nurenberg machet das Werk mit seinen Sunnen und ward folbracht im Jahr 1519 und ist allein got den almechtigen zu lob und sanct Sebolt dem himelsfürsten zu eren mit hilff frummer leut von dem allmossen betalt.

DAS GRABMAL MAXIMILIANS I. IN DER INNSBRUCKER HOFKIRCHE

Wir erinnern uns an die Unterbrechung der Arbeiten am Sebaldusgrab in den Jahren 1512 bis 1514, die durch einen Auftrag ausgelöst wurde, dem die Vischerwerkstätte sich trotz des mit der Stadt Nürnberg abgeschlossenen Kontraktes nicht glaubte entziehen zu dürfen: dem Guß der Bronzestatuen für den Theoderich und den Artus des Grabmals Maximilians.

Schon seit 1502 beschäftigte den Kaiser ein beispielloser Plan für sein Grabdenkmal. Nicht weniger als 40 große Statuen, 34 Büsten römischer Kaiser und 100 Heiligenstatuetten sollten den Sarkophag mit seinen Relieftafeln umgeben. „Alles gegossen, eine Schwelgerei in Metall.“ [1] Dabei sollte das Grab nicht einmal die Gebeine des Kaisers aufnehmen. Sie wurden, dem Wunsch des Herrschers folgend, wenig aufwendig am Altar der Georgskapelle im Schloß von Wiener Neustadt beigesetzt. Es war seine Geburtsstadt und der Ort, an dem der Leichnam seiner Mutter ruhte.

In Innsbruck jedoch sollte ein riesiges Erinnerungsmal entstehen, eine Verherrlichung der Herrscherdynastie mit tatsächlichen und legendären Vorfahren. Seine Mitte sollte die Tumba mit der Figur des Kaisers bilden. Ihn sollten Statuen, der Idee nach dem Trauergeleit früherer Grabanlagen verpflichtet, umstehen. Auf mehr als 2 m war ihre Größe projektiert. „Im Mittelpunkt des Innsbrucker Grabmals . . . befindet sich der Urheber des Triumphes, Kaiser Maximilian. Vorfahren und Verwandte erweisen ihm die Totenehrung (ursprünglich sollten die Statuen sogar Kerzen halten). Reliefs preisen die militärischen Siege des Kaisers, die Cäsarenbüsten weisen auf die Kontinuität des heidnischen römischen Reiches und des Heiligen Römischen Reiches hin. Nur die Heiligenstatuetten verleihen dem Denkmal etwas Religiöses; aber diese Heiligen sind auch nur deshalb vertreten, weil sie Verwandte der Habsburger sind. Es handelt sich um ein weltliches Werk und um ein Denkmal, und darin besteht das prinzipiell Neue.“ [2] Bei aller Verschiedenartigkeit

[1] Pinder, W., Die deutsche Plastik, II., a. a. O., S. 434.

[2] Liebmann, M. J., Die deutsche Plastik 1350–1550, Leipzig 1982, S. 474f.

im einzelnen drängt sich vom Auftrag her der Vergleich mit Michelangelos Juliusgrabmal auf. Beide blieben unvollendet, weil sie unvollendbar waren. Wie wenig das Maximiliansgrab von seinem Initiator zu Ende gedacht war, erweist allein die Tatsache, daß die Frage nach dem Standort des Monumentes zu Lebzeiten des Kaisers noch nicht endgültig geklärt war. Während eines ganzen Jahrhunderts hat man an der Verwirklichung des Planes gearbeitet, Generationen haben ihm den Stempel aufgedrückt. Und so besagt die Gedenktafel über dem Kirchentor: „Maximilian I. begann, Ferdinand I. vollendete und Leopold I. schmückte aus." Doch eigentlich müßte es heißen: Maximilians Plan wurde mit dem Kaiser und seinem ersten Meister begraben, Ferdinand glaubte, die Absichten seines Großvaters zu erfüllen und abzuschließen, und die Nachwelt überwucherte alles mit Schmuck und Gerät ihrer Zeit (Abb. 107).[3]

Die ersten, 1502 einsetzenden Vorbereitungsarbeiten übernimmt der zum Hofmaler ernannte Gilg Sesselschreiber aus München. Nach Begutachtung und Korrektur durch den Kaiser wird Sesselschreiber mit der Übersiedlung nach Innsbruck beauftragt, um in der dortigen landesfürstlichen Gießerhütte mit den Gußarbeiten zu beginnen. Offenbar galt das Hauptaugenmerk den monumentalen Einzelstatuen. Man trug Bildmaterial zusammen, stellte kostümkundliche und archivalische Untersuchungen an, um der Eigenart jeder der dargestellten geschichtlichen Personen möglichst gerecht zu werden. Dabei entsann man sich in echt humanistischem Bestreben der Ahnenverherrlichung im römischen Kaiserreich. Vor allem dürfte man sich an Schriften des Dio Cassius über die Begräbniszeremonien des Augustus oder des Pertina orientiert haben, in denen im Trauerzug die neugeschaffenen Wachsbilder der Verstorbenen sowie Bronzebildwerke der Ahnen und anderer berühmter Römer und Personifikationen der Reichsprovinzen in Erz mitgeführt wurden.[4] Doch dieses große Konzept des Totengeleites, wie es Sesselschreiber in den von ihm gefertigten Statuen des Ferdinand von Portugal, der Maria von Burgund, Philipps des Schönen, Ernst des Eisernen, der Elisabeth, der Zimburgis von Masovien, Rudolfs von Habsburg und Kunigundes initiiert hatte, hielten die nachfolgenden Künstler nicht durch. Sie verwandeln den Zug des kerzentragenden Totengeleits in einen Kreis königlicher Gestalten, die mit Szepter

[3] Nach Oberhammer, V., Die Bronzestatuen am Grabmal Maximilians I., Innsbruck/München 1955, S. 5.

[4] Oberhammer, a. a. O., S. 6.

und Reichsapfel die neue Tumba als Zentrum des Ganzen umgeben. Neue Namen stehen für stilistische Varianten, so der Innsbrucker Hofmaler Jörg Kölderer, der mit dem Schnitzer Leonhard Magt und dem Gießer Stephan Godl zusammenarbeitet, Hans Leinberger aus Landshut, Albrecht Dürer als entwerfender Künstler für die Nürnberger Vischerwerkstatt, der Augsburger Maler Christoph Amberger mit dem Schnitzer Veit Arnberger aus Innsbruck als Schnitzer und Christoph Löffler als Gießer. Er goß um 1550 den Chlodwig als die letzte Figur der Folge. Sieben Entwürfe blieben unausgeführt. Auch zur ursprünglich geplanten Vergoldung ist es nicht mehr gekommen.

Zwischenzeitlich überwachten nach dem Tod Maximilians (1519) seine Enkel und Erben Karl und Ferdinand das Werk, das jetzt durch die zweite, von Stephan Godl geleitete Werkstatt vorangetrieben wurde. Als 1532 Leonhard Magt und zwei Jahre später auch Stephan Godl starben, kommt die Arbeit zum Erliegen. Erst gegen Mitte des Jahrhunderts beschließt man mit dem Bau einer eigenen, für das Grabmal errichteten Kirche das Werk abzuschließen. So entsteht die nüchtern sachliche, späterhin barockisierte Hofkirche. Der entscheidendste Eingriff gegenüber dem ursprünglichen Plan wird durch den niederländischen Bildhauer Alexander Colijn vorgenommen, der nach dem Entwurf der Prager Malerbrüder Abel auf dem mit weißen Marmorreliefs gezierten Grabmal den knienden Maximilian mit vier Tugendpersonifikationen darstellt. Die 28 monumentalen Bronzeskulpturen, die darum herum angeordnet sind, seien kurz in der Abfolge ihrer Entstehung beschrieben.

Die Werkstatt Gilg Sesselschreibers in Mühlau bei Innsbruck

Nachdem Sesselschreiber in Innsbruck anlangte, begann er unverzüglich mit den Arbeiten zur Darstellung *Ferdinands von Portugal*. Er gehört zu den Vorfahren von Maximilians Mutter Eleonore von Portugal und war der Bruder Johanns von Portugal, des Großvaters der Kaiserin Eleonore, letzter Herrscher des altburgundischen Fürstenhauses in Portugal. Er starb 1383. Im Frühjahr 1509 war die Plastik in den Hauptpartien fertig modelliert und wurde im Sommer in Peter Löfflers Werkstatt gegossen. Es vergingen noch 7 Jahre, ehe alle Feinheiten vollendet waren. So beschäftigte man allein zum Ausarbeiten des Halsschmuckes mehrere Wochen lang einen Goldschmied. Die Gesamthöhe, einschließlich des ursprünglich für die Theoderichstatue bestimmten Sockels von Bernhard Godl, beträgt 239 cm. Die spreizbeinig stehende, gedrungene Figur gleicht eher einer prunkvollen Ritterrüstung als einem Menschen. Denn weder das vom Visier verdeckte Gesicht noch die in eisernen Handschuhen steckenden Hände sind zu sehen.

Die Skulptur von Maximilians erster Gemahlin, *Maria von Burgund*, wurde unverzüglich in Arbeit genommen und im Mai 1516 vollendet (H = 218,8 cm). Maria steht in feierlicher, strenger Frontalität, prunkvoll gekleidet. Das Gesicht ist großflächig, trotzdem von feiner Durchmodellierung. Die burgundische Haube trägt als edle Rahmung zur feinen Stilisierung der Züge bei.

Fast gleichzeitig entstand das Bildwerk *Philipps des Schönen*, des Sohnes Marias und Maximilians. Nach dem Tod seiner Mutter war er der letzte Erbe von Burgund und wurde durch seine Ehe mit Johanna der Wahnsinnigen 1496 König von Spanien. Als Achtundzwanzigjähriger starb er, der Vater Karls V. und Ferdinands I., schon 1506. Auf dem großen viereckigen Postament, das 1533 in der Werkstatt Stephan Godls gegossen wurde, erscheint neben der Jahreszahl ein aus A und P zusammengesetztes Monogramm, das vielleicht auf (artifex?) Melchior Pommer verweist.

Auch der Burgunderherzog ist von jener gedrungenen Statur, wie sie für die Sesselschreiberwerkstatt so charakteristisch ist. Wiederum besticht die unerhört feine Detaildurcharbeitung von Rüstung und Beinschienen. Das plastisch durchgeformte Gesicht ist von einem Kronreif mit Blütenkranz überhöht und von strähnigem Haar gerahmt. Das linke Bein ist leicht vorgesetzt, ohne daß die Auflockerung des Standmotivs durch den Kontrapost erreicht wird, nicht zuletzt bedingt durch die Starre, in die die Rüstung ihren Träger zwängt.

Die Plastik *Ernsts des Eisernen* (H = 242 cm), des Großvaters Maximilians, wird 1513 unter den bereits angefangenen Bildwerken als siebentes und letztes genannt und war 1516 fertig. Die Inschrift auf dem Postament aus der Godl-Werkstatt bezeichnet den Dargestellten als „Ernst Erzherzog zu Österreich, Graf zu Habspurg und Tirol“.

Es ist wahrhaft ein „eiserner“ Ritter, der da spreizbeinig in Kettenhemd und Rüstung, mit Topfhelm und der Hand am Schwert, furchterregend und mit grimmigem Blick Totenwacht hält. Von bestechender Schönheit in der auf den ersten Blick so krausborstig wirkenden Überladenheit des „gewaetes“ sind hier, wie bei allen Figuren aus der Godlwerkstatt, die Details gearbeitet: die Rankenbordüren, Adlerreliefs und die Halskette. Auch hier scheint die Mitarbeit eines Goldschmieds sehr wahrscheinlich.

Von der Skulptur *Elisabeths* (H = 212 cm, Abb. 108), der Gemahlin Albrechts I., hört man erstmals im Mai 1516. Sie war damals schon fertig gegossen. Ihr schönes, beseeltes Antlitz ist leicht geneigt, der Blick der Augen gesenkt. In lockeren Flechten, die auf dem Rücken zu zwei mächtigen Zöpfen zusammengefaßt sind, umspielt das Haar das füllige, reife Gesicht. Glockenförmig weitet sich das Obergewand unterhalb der Brust und liegt in weichen Faltenwellen auf dem Boden auf. Die Rechte hält ein Buch, in dem Elisabeth zu lesen scheint. Die vergleichsweise einfache, dabei noble Kleidung hebt sie gegen die anderen Frauenstatuen, die in der Pracht und Fülle ihrer Staatsgewänder auftreten, ab. Der Verzicht auf Details führt zu einer plastischen Fülle, die im Bunde mit dem „bürgerlichen" Charakter der Bildauffassung an den „Meister der Nürnberger Madonna"[5] als Schnitzer des Formmodells denken läßt.

Ungefähr zur gleichen Zeit wie die Monumentalskulpturen Marias von Burgund und Philipps des Schönen entstand das Bildwerk der *Zimburgis von Masovien,* der Großmutter Maximilians I. (H = 231 cm). Im Frühjahr 1516 trafen Sesselschreibers Söhne die letzten Gußvorbereitungen. Es muß ein hochbedeutsamer Schnitzer gewesen sein, der das Holzmodell zu dieser Skulptur geschaffen hat. Es befand sich im Jahre 1515 in Sesselschreibers Werkstatt, doch verweigerte dieser den Guß wegen der problematischen Anordnung der Einzelteile. Erst Sohn und Schwiegersohn konnten 1516 das schwierige Werk vollenden. Sie wurden mit dem Problem der gleichsam um ihre eigene Achse gedrehten Figur, der Bewegung des ausfahrenden linken Armes und des komplizierten Faltenwurfs des über die rechte Schulter geworfenen Mantels fertig. Sie vermochten dem Werk jene dynamische Räumlichkeit zu verleihen, die es gegenüber den anderen Skulpturen voraus hat und sie in viel stärkerem Maße zur „Freiplastik" werden läßt als die übrigen, die schwer am Erbe gotischer Reihenanordnung und Einansichtigkeit tragen. Karl Oettinger[6] hat vorgeschlagen, Veit Stoß das Modell zu der Zimburgisstatue zuzuschreiben. Trotz manchem, was dagegen spricht, nicht zuletzt die Querelen, die es zwischen Veit

[5] Oettinger, K., Die Bildhauer Maximilians am Innsbrucker Kaisergrabmal, Nürnberg 1966, S. 25ff.

[6] Oettinger, a. a. O., S. 18ff.

Stoß und den Nürnberger Gießern um die Anfertigung einer Statue für das Maximiliansgrab gegeben hatte, wüßte man doch keinen anderen Bildschnitzer anzuführen, der sich selbst eine solch schwierige Aufgabe gestellt haben könnte, die er dann so bravourös löst.

Mit *Rudolf I. von Habsburg*, der 1273 zum deutschen Kaiser gewählt wurde, feierte man den Begründer der Habsburgerdynastie. Seine Bildnisstatue (H = 225,5 cm) gehört zu den letzten Werken Sesselschreibers. Gegen Ende des Jahres 1515 im Modell fertig geschnitzt, war der Guß ein Jahr später vollendet. Er ist von jener panzerartigen Verfestigung, wie sie auch die früheren männlichen Figuren charakterisiert. Die Schreitstellung gleicht der Philipps des Schönen. Das alte, von Furchen gezeichnete Gesicht wird von der mächtigen hakenförmigen Nase und den plastisch ausgeformten Backenknochen gekennzeichnet. Strähniges Haar fällt unter der Rankenkrone auf die Scharniere des Kettenhemdes. Der Brustkorb ist in einen fast kastenförmigen Harnisch gezwängt. Die erhobene Rechte hielt wohl einstens den Lanzenschaft umschlossen.

Das Standbild von Maximilians I. Schwester *Kunigunde* (H = 206 cm) ist wohl gleichzeitig wie das Rudolfs von Habsburg entstanden. Der Schnitzer könnte Hans Leinberger in Landshut gewesen sein.[7] Er hatte die Gelegenheit, nach der Natur zu arbeiten. Denn die Witwe Herzog Albrechts I., Kunigunde, lebte zu jener Zeit zurückgezogen im Münchner Franziskanerkloster. Tatsächlich ist der porträthafte Charakter des Kopfes gegenüber so vielen Idealbildnissen besonders auffällig. Kunigunde war damals über 50 Jahre alt, und der Künstler scheute sich nicht, die Unschönheiten eines alternden Gesichtes, die häßliche, übergroße Nase, die überdimensionale Stirn und das fliehende Kinn akribisch genau wiederzugeben. Auch Kunigunde hält in der Linken ein Buch, in das sie vertieft zu sein scheint. Das feine Brokatgewand folgt dem schleppenden Schritt des nach vorne gesetzten rechten Beines.

Die beiden Statuen der Nürnberger Werkstatt Peter Vischers des Älteren

In den Jahren 1512/13 berichtete der Nürnberger Gesandte auf den Reichstagen, Caspar Nützel, Maximilian, er sei bei Peter Vischer gewesen und habe den Meister vollauf mit der für den Kaiser

[7] Oettinger, a. a. O., S. 25ff.

bestimmten Arbeit beschäftigt gefunden. Eines der Bilder, zu dem er die Form bereits zugerichtet habe, werde derselbe in ungefähr drei Wochen gießen. Von 1515 datiert auch der Vermerk, daß Vischer als Bezahlung 1000 fl. „auf zwei große Messene Bilder" erhalten habe. Doch sowohl der bei Vischer gegossene *Theoderich* (Abb. 109) wie auch der König *Artus* (Abb. 110) wurden sofort nach ihrer Fertigstellung vom Bischof Christoph von Augsburg verpfändet und erst 1532 durch König Ferdinand ausgelöst und gleich nach Innsbruck überführt.

Natürlich gehörte der Ostgotenkönig Theoderich nicht in die Reihe der leiblichen Ahnen des Kaisers, doch es hat schon eine besondere Legitimation, daß gerade der Dietrich von Bern der deutschen Rittersage und die ritterliche Idealgestalt des mythischen Königs vom Anfang des 6. Jahrhunderts Totenwacht am Grab Maximilians, des „letzten Ritters", halten. Nicht nur ihre Gußqualität zeichnet sie vor den übrigen Statuen aus, auch formal passen sie nicht so recht in die Reihe der übrigen Figuren. Theoderich steht in ausgeprägt kontrapostischer Haltung, den rechten Arm müde auf die Streitaxt gestützt, den linken lässig auf den Schild gelegt. Die Linienführung ist gebrochen, das geöffnete Visier gibt den Blick auf ein geneigtes, ernstes Gesicht frei. Die Rüstung erlaubt den Rückschluß auf einen lebenden Körper, der schwer am Gewicht seines eisernen Kleides zu tragen scheint. Artus dagegen steht kühn aufgerichtet, den Blick vorwärts gewandt. Fest hält die rechte Hand den Schild umfaßt. Mit Recht hat man im entwerfenden Künstler für die beiden außergewöhnlichen Skulpturen Albrecht Dürer gesehen[8]. Die Dürerzeichnungen für die Statue Graf Albrechts von Habsburg bieten hier die entscheidenden Hinweise. Den Modelschneider, der sich vor jeder Überladenheit hütet und Klarheit zu seinem obersten Gesetz erhob, kennen wir nicht. Im König Artus gelang ihm in harmonischem Ebenmaß das Idealbild eines frei und selbstsicher empfindenden Renaissancefürsten.

[8] Oberhammer, V., Die Bronzestandbilder des Maximiliansgrabes in der Hofkirche zu Innsbruck, Innsbruck 1935, S. 404ff. – Liebmann, a. a. O., S. 476f.

Die Werkstatt Stephan Godls in Mühlau bei Innsbruck

Dem Standbild *Albrechts IV.*, Graf von Habsburg (H = 230 cm, Abb. 111), liegt ebenfalls als Entwurf eine Dürerzeichnung zugrunde, die von Hans Leinberger ins plastische Modell umgesetzt wurde. Bevor Stephan Godl es in der Mühlauer Werkstatt unweit von Innsbruck 1518 gegossen hat, versuchte man in Landshut, Modelle Leinbergers in Bronze zu fertigen, doch waren die Mißerfolge nicht angetan, einen Guß für das Maximiliansgrab zu riskieren.

So hat sich in der Skulpturengalerie der Berliner Staatlichen Museen (Stiftung Preußischer Kulturbesitz) eine 45 cm hohe *Muttergottes* (Inv. Nr. 381) erhalten, die um 1516 in Zusammenhang mit dem kaiserlichen Auftrag entstand und stilistisch eng mit Leinbergers überlebensgroßer Madonna vom Moosburger Hochaltar (1511–14) verbunden ist. Hier wie dort die gleiche dynamische, dramatisch bewegte, strudelnde Faltengebung, deren Schüsseldrapierung in seltsamem Überspringen zeitlicher Ordnungen an Faltenbildungen der Zeit um 1400 anknüpfen. Unlösbar ist das Kind mit der Mutter verbunden, schmiegt sich an sie, „nistet" in den breiten Gehängen der Pänula, verschmilzt mit Maria zur formalen Einheit. So eigenwillig das alles erfunden, so kühn es aus der Torsion entwickelt ist, so unbefriedigend kommt es im Guß heraus. Man spürt die technischen Mängel, das Fehlen von Erfahrung. So ist der Kern zu klein geraten, das Fehlen von Kernstützen hat sich empfindlich gerächt. Ungleichmäßiger Wachsauftrag hat beim Guß Löcher entstehen lassen. Zu gering war die Anzahl von Zufluß- und Luftkanälen, so daß beim Eingießen des Metalls der Formmantel barst. Grob abgemeißelte Stege auf der Rückseite lassen erkennen, wie die Bronze in die entstehenden Risse eingedrungen ist. Am Kopf Mariens läßt ein großes Loch an der Eingußstelle erkennen, daß letztendlich die Bronzemenge zu knapp bemessen war. Rückstände des Lehmmantels haben sich in der schrundigen Oberfläche festgesetzt, Feinheiten des Wachsmodells sind im Guß „nicht gekommen". Entmutigt scheint man auf eine Nachziselierung verzichtet zu haben.[9]

Angesichts des mehr oder weniger mißlungenen Gusses verwundert es nicht, wenn Hans Leinberger, „Bildhauer zu Landshut", im Jahre 1518 achtzehn Zentner und fünfundsiebzig Pfund Messing

[9] Zum Vorangehenden s. Krohm, H., Kat. Bronzen, Von der Antike bis zur Gegenwart, Berlin 1983, S. 117, Kat. Nr. 62.

zurückerstattet, damit die Figur *Albrechts IV.* in der eingeübten Godl-Werkstatt gegossen werde. Sie ist eine der eigenwilligsten Skulpturen des ganzen Zyklus. Der Kontrapost ist auf die Spitze getrieben, die linke Schulter wird zurückgenommen, die rechte nach vorne geschoben. Etwas Tänzelndes, unfest Schwebendes – unauflöslicher Kontrast zur Schwere der zugrundeliegenden Materie – ist dieser Ritterfigur zu eigen. Der in Brusthöhe eingeschnürte Harnisch, der nach untenzu glockenförmig absteht, die gezattelten Ärmel, die eckigen Umrißformen, alles dies läßt den Grafen Albrecht zur bizarrsten Figur des Zyklus werden. Es ist, als habe der Formenschneider die in Dürers Entwurf angelegten „Krausborstigkeiten" noch übersteigert, um dem Gießer, der damals im Wettstreit mit Sesselschreiber stand, die Möglichkeit zu geben, handwerklich das Bravouröseste zu leisten, dessen der Bronzeguß überhaupt fähig war. Das ist ihm zwar gelungen, doch er hat Opfer dafür bringen müssen. Die große klare Formgebung ist nicht erreicht, Artistisches drängt in den Vordergrund und trägt dazu bei, Assoziationen zu einem überdimensionalen Insekt zu wecken.

Im Standbild *Leopolds III.*, des Frommen (geb. 1349, gefallen 1386 in der Schlacht von Sempach), kommt alles wieder ins Lot. Als zweiter Guß der Godl-Werkstatt 1519 nach einem Modell von Leonhard Magt entstanden (H = 235,5 cm), fehlt ihm die Genialität des Einfalls. Ruhig, ein bißchen steif, steht er in unbewegter Pose, mit leicht gedrehtem Kopf und leitet die Reihe der handwerklich perfekten, künstlerisch geringeren Werke ein, die sich unter den 17 Statuen der Godl-Werkstatt befinden.

Der österreichische Markgraf *Leopold der Heilige* erhält 1520 sein Standbild (H = 236 cm). Jörg Kölderer hat es entworfen, Leonhard Magt schuf das Modell. Das Auge freut sich, unter soviel Gepanzertem und Waffenstarrendem einem gekrönten würdigen Greis in königlicher Gewandung zu begegnen. Unter dem Hermelinkragen und -mantel fällt ein mit Wappenadlern geziertes Gewand herab, das das vorgesetzte rechte Bein erkennen läßt.

Mit dem Burgunderherzog *Philipp dem Guten* (1396–1467) steht wiederum eine Glanzleistung der Godl-Hütte vor uns (Abb. 112). Auch hier hat Magt das Modell geschaffen. 1521 wurde der Guß vollendet. Man spürt in dem charaktervollen Antlitz mit den hageren Zügen, der starken Nase, den ausgeprägten Lebenslinien der Gesichtsfalten, daß Magt hier offenbar über ein gutes Porträtvorbild verfügte. Die Figur ist nach Artus und Theoderich am meisten kontrapostisch aufgefaßt.

Für *Margarethe*, die Tochter Maximilians I. aus dessen erster Ehe mit Maria von Burgund, war schon 1513 ein Standbild in Arbeit. Im März dieses Jahres wird sein Modell als „von holz geschnitten und mit rupf ein leinbat überzogen" beschrieben. Erst 1522 wird es von Magt in Anlehnung an das vorhandene Modell fertiggestellt und von Godl gegossen (H = 229,8 cm). Die strenge Statuarik und würdevolle Ruhe teilt sie mit der Maria von Burgund (vgl. S. 149). In der plastischen Durchformung und der individuellen Auffassung bleibt sie gegenüber der Elisabeth (vgl. S. 150) zurück. K. Oettinger[10] vermutet, daß das Skulpturenmodell in den Niederlanden entstanden sei, die von der Herzogin als Statthalterin regiert wurden. Hierfür könnte auch die nachweisbare Porträtähnlichkeit des Bildwerkes sprechen, das ja zu Lebzeiten der Dargestellten entstand.

Ähnlich wie für die Skulptur der Margarethe war auch das Standbild für *Friedrich V.* (als deutscher Kaiser Friedrich III.), den Vater Maximilians, schon Jahre vor dem Guß 1515 modelliert worden. Möglicherweise mißlang der erste Guß. Im April 1517 hören wir von einem neuerlichen Auftrag Maximilians an die Söhne des Gilg Sesselschreiber, das Bildwerk nach einer in den Niederlanden entstandenen Zeichnung in Arbeit zu nehmen. Wiederum kam es nicht zur Fertigstellung. Erst 1522 gelingt in Godls Werkstatt der endgültige Guß. Das Modell von Magt dürfte freilich auf die Vorarbeiten zurückgegriffen haben. Daß bei Friedrich V. sich vor allem das edle, durchgeistigte Greisenantlitz gegenüber der ruhigen Durchschnittlichkeit der Gesamtfigur abhebt, scheint wiederum auf die Benutzung von Vorlagen zurückzugehen. So werden 1534 ein „gemalt tafel" und ein „geschnittenes täferle" nach dem Bilde des Kaisers erwähnt.

Sigmund dem Münzreichen, der 1490 die Regierung Tirols seinem Vetter Maximilian übergeben hatte, war die nächste Skulptur am Innsbrucker Grabmal zugedacht. Von Kölderer visiert und von Magt modelliert, wird sie um 1523 gegossen. Auch hier zeigt das 1512 datierte Wappen aus Sesselschreibers Werkstatt, wieviel Zeit zwischen Entwurf und Ausführung verging. *Friedrich mit der leeren Tasche* sowie *Maria Blanka Sforza*, Maximilians zweite Gemahlin, beide um 1524/25 entstanden, zeigen das Ermatten der bildnerischen Kraft in der langen Reihe der Innsbrucker Skulpturen, die nun mehr und mehr in einem ermüdenden Schematismus erstar-

[10] Oettinger, a. a. O., S. 68f.

ren. Dabei bleibt die Gußtechnik vornehmlich in den reichen Schmuckdetails von ungeschmälert hoher Qualität. *Karl der Kühne von Burgund*, Maximilians Schwiegervater, gewinnt in der von Magt modellierten und 1526 gegossenen Skulptur (H = 226 cm) nochmals stärkeres individuelles Gewicht. Unter der phantasievollen, breitkrempigen burgundischen Kopfbekleidung ein jugendlich breitflächiges Gesicht, das in seiner Lebensfülle auf den frühen Tod des Herzogs 1477 in der Schlacht von Nancy verweisen könnte; breit und untersetzt der in die Prunkrüstung gezwängte Körper; festes Stehen auf panzergeschienten Beinen: noch einmal ist aus dem in Jahrzehnten gesammelten Repertoire eine kraftvolle Gestalt entwickelt.

Die Standbilder *Albrechts V.* (als deutscher Kaiser Albrecht II.) und *Albrechts I.* wurden um 1526 und 1527 nach Entwürfen von Sesselschreiber und Hans Polhaimer und Modellen von Magt in der Godl-Werkstatt gegossen. Gleich den Figuren *Albrechts II.*, des Weisen, der *Elisabeth von Ungarn* sowie des *Gottfried von Bouillon*, die im Zeitraum zwischen 1529 und 1535 von den gleichen Künstlern und Gießern geschaffen wurden, vermögen sie trotz der Varianten im Dekorwerk nicht mehr an die Meisterwerke früherer Jahre anzuknüpfen.

Johanna der Wahnsinnigen, der Mutter Karls V. und Ferdinands I., wird 1528 ein Bronzebild (H = 221 cm) errichtet, das nochmals die Erinnerung an die großen Frauengestalten aus der Frühzeit des Grabmals wachruft. In der feinen Wendung des Hauptes, der leichten kontrapostischen Haltung des Körpers, dem geschickt der formalen Langeweile vorbeugenden Motiv des vor dem Körper hochgezogenen Mantels ist man der Monotonie des Eintauchens in eine gleichförmige Reihung ausgewichen. Dennoch – welch ein Abstand zu der großartigen Gestalt der Elisabeth (vgl. S. 150) und ihrem von vielfältiger Lebenserfahrung geprägten jungen Gesicht!

Mit Johanna ist ihr Vater *Ferdinand der Katholische* zu einer Zweiergruppe vereinigt (H = 213 cm). 1530/31 fertiggestellt, wird noch einmal das Bild des ritterlichen Herrschers beschworen. Doch das müde, hagere, wohl porträthafte Gesicht, die starre Panzerung für einen altgewordenen Körper zeugen davon, daß die ritterliche Rüstung längst zu einem Requisit der Repräsentation geworden ist, ein „Kostüm“, das man aus Gründen der Staatsräson anlegt. Man fühlt sich auf Tizians 17 Jahre später entstandenes Reiterbild Karls V. nach der Schlacht von Mühlberg (Madrid, Prado) von 1548 vorverwiesen, bei dem die Prunkrüstung für den Mann mit dem

Humanistenantlitz wie ein Gefängnis des Geistes und des Geistigen anmutet.

Mit der Werkstatt Georg Löfflers in Hölting bei Innsbruck, in der 1550 die Statue *Chlodwigs*, des Begründers des Frankenreiches, nach einem Entwurf Christoph Ambergers und dem Modell von Veit Arnberger gegossen wird (H = 244 cm), endet die fast ein halbes Jahrhundert währende Geschichte der Großplastiken des Innsbrucker Maximiliansgrabmals. Zumindest sechs Bildschnitzer zweier Generationen haben ihm das Gepräge gegeben. Wiesen in der ersten Werkstatt noch die großen Namen ihrer Zeit die Richtung, so beschäftigt die zweite Gießhütte nur mehr Leonhard Magt, der freilich nicht den langen künstlerischen Atem hat, um eine solche Reihe von Monumentalfiguren mit innerem Leben zu erfüllen. Die Leistung der Gießmeister bleibt von diesem Wandel unberührt, im Gegenteil, gußtechnisch ist die Godl-Werkstatt der Sesselschreiber-Gießerei noch überlegen.

Noch wäre der 23 heute in der Silbernen Kapelle der Innsbrucker Hofkirche bewahrten Heiligenstatuetten zu gedenken. Auch sie hat Godl nach Modellen Magts gegossen. Namentlich die frühen Figuren dieser Gruppe gehören zum Besten, was der Innsbrucker Bildschnitzer, dessen Heimat wohl Nürnberg war, geschaffen hat.

Das Maximiliansgrab ist ein Torso geblieben. Sieben geplante und schon entworfene Großplastiken wurden nicht mehr ausgeführt. Daß die Reihung von so vielen Großfiguren nicht in ermüdender Monotonie endet, liegt in der großartigen Individualisierung begründet, die den schönsten von ihnen durch bedeutende Künstlerpersönlichkeiten ihr inneres Leben gaben. Doch die Plastik des Innsbrucker Grabes bezeichnet auch ein entscheidendes Kapitel der Geschichte deutscher Plastik im Übergang von der Spätgotik zur Renaissance. Es ist gekennzeichnet durch allmähliches Absterben der Großplastik, das seinen Ausdruck in fortschreitender Erstarrung und Wiederholung findet. Nicht den späten Standbildern des Maximiliansgrabes gehört die Zukunft, sondern der Kleinplastik, mit der die junge Generation der Vischerwerkstatt das Nürnberger Sebaldusgrabmal so überreich geschmückt hatte.

AUSWAHL-LITERATUR

Adamski, Heinz-Josef: Die Bernwardstür am Dom zu Hildesheim. Hildesheim 1977.

Adelung, Friedrich: Die Korssunschen Thüren in der Kathedralkirche zur Heiligen Sophia in Nowgorod. Berlin 1823.

Algermissen, Konrad: Der künstlerische und religiöse Gehalt der Erztüren St. Bernwards. In: Bernward und Godehard von Hildesheim. Hildesheim 1960.

Askanas, Kazimierz: Brazowe drzwi Plocki wx Nowogrodzie Wielkim. Plock 1971. (Die Bronzetüren von Plock in Groß-Nowgorod.)

Barbier de Montault, Xavier: Les portes de bronze de Benevent. In: Revue de l'art chrétien 26, 1883.

Bauch, Kurt: Das mittelalterliche Grabbild. Figürliche Grabmäler des 11. bis 15. Jahrhunderts in Europa. Berlin u. New York 1976.

Bauer, Gerd: Bemerkungen zur Bernwardstür. In: Niederdeutsche Beiträge zur Kunstgeschichte 19, 1980.

Bloch, Peter: Siebenarmige Leuchter in christlichen Kirchen. In: Wallraf-Richartz-Jahrbuch 23, 1961.

–: Der siebenarmige Leuchter in Klosterneuburg. In: Jahrbuch des Stiftes Klosterneuburg N. F. 1962.

–: Zum Stil des Essener Leuchters. In: Dokumentation zur Ausstellung „Werdendes Abendland an Rhein und Ruhr". Düsseldorf 1962.

Boeckler, Albert: Die Bronzetür von Verona. Marburg 1931. (Die frühmittelalterlichen Bronzetüren 3.)

–: Die Bronzetüren des Bonanus von Pisa und des Barisanus von Trani. Berlin 1953. (Die frühmittelalterlichen Bronzetüren 4.)

Braunfels, Wolfgang: Karls des Großen Bronzewerkstatt. In: Karl der Große Bd. 3: Karolingische Kunst. Düsseldorf 1965.

–: Die Welt der Karolinger und ihre Kunst. München 1968.

Cagiano de Azevedo, Michelangelo: Die Bronzetüren von Monte Cassino, Troia und Trani und ihre Wiederherstellung. In: Mitteilungen der Gesellschaft für vergleichende Kunstforschung in Wien 6, 1954.

–: La porta bronzea della Basilica Desideriana di Montecassino. In: Felix Ravenna 3, 1967.

Cielo, Luigi R.: La porta bronzea del Duomo di Benevento. In: Studi meridionali 8, 1975–76.

Colman, Pierre, und Berthe Lhoist-Colmán: Recherches sur deux chefs-d'Œuvre du patrimoine artistique Liègeois: L'ivoire dit de Notger et les

fonts baptismaux dits de Renier de Huy. In: Aachener Kunstblätter 52, 1984.
Collon-Gevaert, Suzanne: Histoire des Arts du Métal en Belgique. Bruxelles 1951.
Daniec, Jadwiga Irena: The bronze door of the Gniezno Cathedral in Poland. In: The Polish Review 11, 1966 (Nr. 4).
Dexel, Thomas: Gebrauchsgerättypen. Das Metallgerät Mitteleuropas vom Spätmittelalter bis ins 19. Jahrhundert. München 1981.
Dobrzeniecki, Tadeusz: Die Bronzetür von Gniezno. Warszawa 1954.
Domm, Robert: Das Bronzetor des Augsburger Domes. Augsburg 1925.
Droste, Thorsten: Die Bronzetür des Augsburger Domes. In: Jahrbuch des Vereins für Augsburger Bistumsgeschichte 14, 1980/81.
Eichler, Hans: Flandrische gravierte Metallgrabplatten des XIV. Jahrhunderts. In: Jahrbuch der preußischen Kunstsammlungen 54, H. IV, Berlin 1953.
Erffa,Hans Martin von: Die Domtür zu Pisa. München 1961 (Piper-Bücherei 155.).
–: Das Programm der Westportale des Pisaner Domes. In: Mitteilungen des Kunsthistorischen Institutes in Florenz 12, 1965–66.
Ex aere solido. Bronzen von der Antike bis zur Gegenwart. Katalog Saarbrücken 1983.
Falk, Ilse, und Jenö Lanyi: The genesis of Andrea Pisano's bronze doors. In: The Art Bulletin 25, 1943.
Falke, Otto v.: Der Bronzeleuchter des Mailänder Domes. In: Pantheon VII, 1931.
Falke, Otto v., und Erich A. Meyer: Romanische Leuchter und Gefäße, Gießgefäße der Gotik. Berlin 1935 (Bronzegeräte des Mittelalters 1). Nachdruck 1983.
Fasanari, Raffaele: I bronzi del porta di San Zeno. Verona 1975 (Collana Le Guide 36).
Fehr, Michael: Exemplarische Untersuchungen zur Ikonographie und Erzählstruktur der Hildesheimer Bronzetür. (Phil.Diss. Bochum 1978.) Bochum 1978.
Fillitz, Hermann: Der Cappenberger Barbarossakopf. In: Münchner Jahrbuch der Bildenden Kunst F. 3, 1963.
Franastel, Pierre: La porte de bronze de Gniezno. In: L'art mosan. Recueil de travaux. Paris 1953. (Bibliothèque Générale de l'Ecole Pratique des Hautes Etudes. 6e section. Journées d' Etudes. Paris, Février 1952.)
Gazzola, Piero: San Zeno, bible des pauvres. Porte de bronze de Vérone. Lausanne 1956.
–: La porta bronzea di San Zeno a Verona. Milano 1965.
Götz, Ute: Die Bildprogramme der Kirchentüren des 11. und 12. Jahrhunderts. (Phil. Diss. Tübingen 1969.) Bamberg 1971.
Goldschmidt, Adolph: Die deutschen Bronzetüren des frühen Mittelalters. Marburg 1926 (Die frühmittelalterlichen Bronzetüren I).

–: Die Bronzetüren von Nowgorod und Gnesen. Marburg 1932 (Die frühmittelalterlichen Bronzetüren II).
–: Die Bronzetür von San Zeno. Marburg 1931.
Grundmann, Herbert: Der Cappenberger Barbarossakopf. Köln u. Graz 1959.
Hassel, Franz Josef: Die Bronzetür von der Albanschanz in Mainz. In: Jahrbuch des Römisch-Germanischen Zentralmuseums Mainz 22, 1975.
Hauser, Christian: Die Kunstgießerei. Genf 1972.
Hiepe, Richard: Prinzipien der Gesamtgestaltung monumentaler Türen von der Antike bis zur Romanik. Phil. Diss. Hamburg 1958 (Maschinenschrift).
Homburger, Otto: Der Trivulzio-Kandelaber. Zürich 1949.
Kohlhausen, Heinrich: Europäisches Kunsthandwerk. Vorromanik und Romanik. Frankfurt a. M. 1968.
Koper. Tentoonstelling van kerkelijke Geelgieterskunst uit de zuidelijke en noordelijke Nederlanden alsmede de collectie Verster. Delft 1961.
Krause, Hans Joachim, und Ernst Schubert: Die Bronzetür der Sophienkathedrale in Nowgorod. Leipzig 1968, [2]1976 (Insel-Bücherei 910).
Legner, Anton: Deutsche Kunst der Romanik. Aufnahmen Albert Hirmer und Irmgard Ernstmeier-Hirmer. München 1982.
–: Die Rinderherde des Reiner von Huy. In: Rhein und Maas, Kunst und Kultur 800–1400. Köln 1973.
Leisinger, Hermann: Romanische Bronzen. Kirchentüren im mittelalterlichen Europa. Zürich 1956.
Lelewel, Joachim: Drzwi kościelne Plocki i Gnieźnieński z lat 1135, 1155. Poznań 1857. (Die Kirchentüren von Plock und Gnesen aus den Jahren 1135 und 1155.)
Lüer, Hermann: Technik der Bronzeplastik. Leipzig 1902 (Monographien des Kunstgewerbes 4).
–, und Max Creutz: Geschichte der Metallkunst Bd. I. Kunstgeschichte der unedlen Metalle. Stuttgart 1904.
Lutze, Eberhard: Bronzebildwerke in Italien und Deutschland. Aufnahmen von Hans Retzlaff. Stuttgart 1963 (Die Sammlung Parthenon).
Mende, Ursula: Die Türzieher des Mittelalters. Aufnahmen Albert Hirmer und Irmgard Ernstmeier-Hirmer. Berlin 1981 (Bronzegeräte des Mittelalters 2).
–: Die Bronzetüren des Mittelalters 800–1200, München 1983.
Meyer, Erich: Der Kaiserstuhl in Goslar. In: Zeitschrift des Vereins für Kunstwissenschaft 10, 1943.
–: Mittelalterliche Bronzen. Hamburg 1960 (Bilderhefte des Museums für Kunst und Gewerbe Hamburg 3).
–: Romanische Bronzen der Magdeburger Gießhütte. In: Festschrift Friedrich Winkler, Berlin 1959.
Montesquiou-Fézensac, Blaise de: Les portes de bronze de Saint-Denis. In: Bulletin de la Société Nationale des Antiquares de France 1945–47.

Mütherich, Florentine: Die Reiterstatuette aus der Metzer Kathedrale. In: Studien zur Geschichte der europäischen Plastik. Festschrift für Theodor Müller. München 1965.

Mundt, Albert: Die Erztaufen Norddeutschlands von der Mitte des XIII. bis zur Mitte des XIV. Jahrhunderts. Leipzig 1908.

Neumann, Waltraud: Studien zu den Bildfeldern der Bronzetür von San Zeno in Verona. Frankfurt a. M. 1979.

Nowak, Gisela: Studien zur Bernwardstür in Hildesheim. In: Die Diözese Hildesheim in Vergangenheit und Gegenwart. Zeitschrift des Vereins für Heimatkunde im Bistum Hildesheim 49, 1981.

Oberhammer, Vinzenz: Die Bronzestatuen am Grabmal Maximilians I. Innsbruck u. München 1955.

Oettinger, Karl: Die Bildhauer Maximilians am Innsbrucker Kaisergrabmal. Nürnberg 1966.

Oman, Charles: The Gloucester candlestick (Victoria and Albert Museum). London 1958.

Panofski, Erwin: Grabplastik. Köln 1964.

Pasierb, Janusz St.: Le programme iconologique de la Porte de Gniezno. In: Polish Art Studies. 2. 1980.

Peltzer, Rudolf Arthur: Geschichte der Messingindustrie und der künstlerischen Arbeiten in Messing (Dinanderies) in Aachen und den Ländern zwischen Maas und Rhein von der Römerzeit bis zur Gegenwart. In: Zeitschrift des Aachener Geschichtsvereins 30, 1908.

Rademacher, Franz: Der Werdener Bronzekruzifix. In: Zeitschrift des Deutschen Vereins für Kunstwissenschaft 8, 1941.

Reudenbach, Bruno: Das Taufbecken des Reiner von Huy. Wiesbaden 1984.

Rolley, Claude: Die griechischen Bronzen. München 1984.

Sauerländer, Willibald: Die Bronzetür von Nowgorod. München 1963 (Piper-Bücherei 185).

Schadendorf, Wulf: Die Bernwardstür in Hildesheim. München 1956 (Piper-Bücherei 91).

Schmitz, Wilhelm: Die mittelalterlichen Metall- und Holztüren Deutschlands. Ihre Bildwerke und ihre Technik. Trier 1905.

Springer, Peter: Kreuzfüße, Ikonographie und Typologie eines hochmittelalterlichen Gerätes (Bronzegeräte des Mittelalters III). Berlin 1981.

Steigerwald, Frank: Der Meister des Grabmals Friedrichs von Wettin und sein Braunschweiger Löwendenkmal. In: Argo. Festschrift für Kurt Badt zu seinem 80. Geburtstag. Köln 1970.

Stiennon, Jacques: La Pologne et le Pays mosan au moyen-âge. A propos d'un ouvrage sur la porte de Gniezno. In: Cahiers de civilisation médiévale 4, 1961.

Storm, Ursula: Die Bronzetüren Bernwards zu Hildesheim. (Phil. Diss. Berlin 1966.) Berlin 1966.

Theophilus. - Technik des Kunsthandwerks im zehnten Jahrhundert. Des Theophilus Presbyter Diversarum artium schedula. In Auswahl neu herausgegeben und erläutert von Wilhelm Theobald. Berlin 1933.
Tronzo, William: The Hildesheim Doors: An Iconographic Source and Its Implications. In: Zeitschrift für Kunstgeschichte 46, 1983.
Walsh, David Albert: The bronze doors of Barisanus of Trani. Phil. Diss. University of Minnesota 1974.
–: The iconography of the bronze doors of Barisanus of Trani. In: Gesta 21, 1982.
Weihrauch, Hans Robert: Bronze. Bronzeguß. Bronzeplastik. In: Reallexikon zur deutschen Kunstgeschichte Bd. II. Stuttgart–Waldsee 1948.
–: Europäische Bronzestatuetten. 15.–18. Jahrhundert. Braunschweig 1967.
Weitzmann-Fiedler, Josepha: Romanische gravierte Bronzeschalen. Berlin 1981.
Werner, Otto: Analysen mittelalterlicher Bronzen und Messinge. 1–3. In: Archäologie und Naturwissenschaften 1, 1977. 2, 1981.
–: Analysen mittelalterlicher Bronzen und Messinge. 4. In: Berliner Beiträge zur Archäometrie 7, 1982.
Wesenberg, Rudolf: Bernwardinische Plastik. Zur ottonischen Kunst unter Bischof Bernward von Hildesheim. Berlin 1955.
–: Frühe mittelalterliche Bildwerke. Düsseldorf 1972.
Winzinger, Franz: Das Tor von San Zeno in Verona. München 1958 (Piper-Bücherei 118).

REGISTER

ABBILDUNGSNACHWEIS

A.C.L. Brüssel: 64, 93, 95.
Alinari, Florenz: 44.
Klaus G. Beyer, Weimar: 51, 102.
Bibliothèque Nationale, Paris: 9.
Bildarchiv Foto Marburg: 23, 25, 26, 27, 34, 41, 52, 54, 56, 58, 70, 71, 72, 78, 81, 83, 84, 85, 97, 98, 100, 104.
Willi Birker, Braunschweig: 59.
Bundesdenkmalamt, Wien: 57.
H. Busch: 68, 80.
Caisse Nationale des Mon. Hist., Paris: 8.
Deutsche Fotothek, Dresden: 50.
Hermann Hessler, Kaiserslautern: 47, 79.
Hirmer Fotoarchiv, München: 10, 22, 24, 28, 29, 30, 32, 33, 35, 36, 37, 38, 39, 40, 42, 43, 69, 76.
Homburger, Trivulzio-Kandelaber: 60, 61, 62.
Institut für Denkmalpflege, Berlin: 101, 106.
A. F. Kersting, London: 87, 88, 89, 90.
Kunsthistorisches Museum, Wien: 74.
Löbl, Bad Tölz: 107.
Lotze: 31.
Ann Münchow, Aachen: 1, 2, 3, 4, 5, 6, 7, 55, 65, 66, 67, 73, 75.
Museum für Kunst und Kulturgeschichte, Lübeck: 77, 82, 92.
Österreichische Nationalbibliothek, Wien: 112.
Rheinisches Bildarchiv, Köln: 94.
Rijksmuseum, Amsterdam: 96.
Helga Schmidt-Glassner, Stuttgart: 45, 48, 53, 86, 91, 103, 105, 108, 109, 110, 111.
Victoria & Albert Museum, London: 63.
Wehmeyer, Hildesheim: 11, 12, 13, 14, 15, 16, 17, 18, 19, 20, 21.
Wolff & Tritschler, Frankfurt: 46.

Abb. 1 Eine der kleineren karolingischen Türen des Aachener Münsters

Abb. 2 Karolingisches („fränkisches“) Gitter im Aachener Münster

Abb. 3 Karolingisches („klassizistisches“) Gitter im Aachener Münster

Abb. 4 Hauptportaltür des Aachener Münsters, sog. Wolfstüre

Abb. 5 Löwenkopf von der Hauptportaltür des Aachener Münsters

Abb. 6 Löwenkopf von einer der kleineren karolingischen Türen des Aachener Münsters

Abb. 7 Pinienzapfen vom ehemaligen Atriumsbrunnen der Aachener Pfalzkapelle

Abb. 8 Karolingische Reiterstatuette, Paris, Louvre

Abb. 9 Sog. Dagobertthron, Paris, Cabinet de Médailles

Abb. 10 Tür am Marktportal des Mainzer Domes

Abb. 11 Stabkrümme des Abtes Erkanbald, Hildesheim, Domschatz

Abb. 12 Leuchter, Hildesheim, Magdalenenkirche

Abb. 13 Silberner Bernwardkruzifix, Hildesheim, Domschatz

Abb. 14 Bronzekruzifix, Ringelheim, Kath. Pfarrkirche

Abb. 15 Bronzetür, Hildesheim, Dom

Abb. 16 Bronzetür, Detail vom linken Flügel, Zuführung Evas, Hildesheim, Dom

Abb. 17 Bronzetür, Detail vom linken Flügel, Verhör und Verurteilung, Hildesheim, Dom

Abb. 18 Bronzetür, Detail vom rechten Flügel, Noli me tangere, Hildesheim, Dom

Abb. 19 Bronzesäule, Hildesheim, Dom (Kapitell von 1871)

Abb. 20 Bronzesäule, Detail, Christus und die Samariterin am Brunnen
Hildesheim, Dom

Abb. 21 Bronzesäule, Detail, Flötenbläser und tanzende Salome, Hildesheim, Dom

Abb. 22 Erztür (Brautportal), Augsburger Dom

Abb. 23 Erztür, Detail vom rechten Flügel, Samson, Augsburg, Dom

Abb. 24 Erztür, Detail, Moses weicht vor der Schlange zurück, Augsburg, Dom

Abb. 25 Westportaltür, Nowgorod, Sophienkathedrale

Abb. 26 Westportaltür, Detail, Einzug Christi in Jerusalem, Nowgorod, Sophienkathedrale

Abb. 27 Westportaltür, Detail, Kreuzigung, Nowgorod, Sophienkathedrale

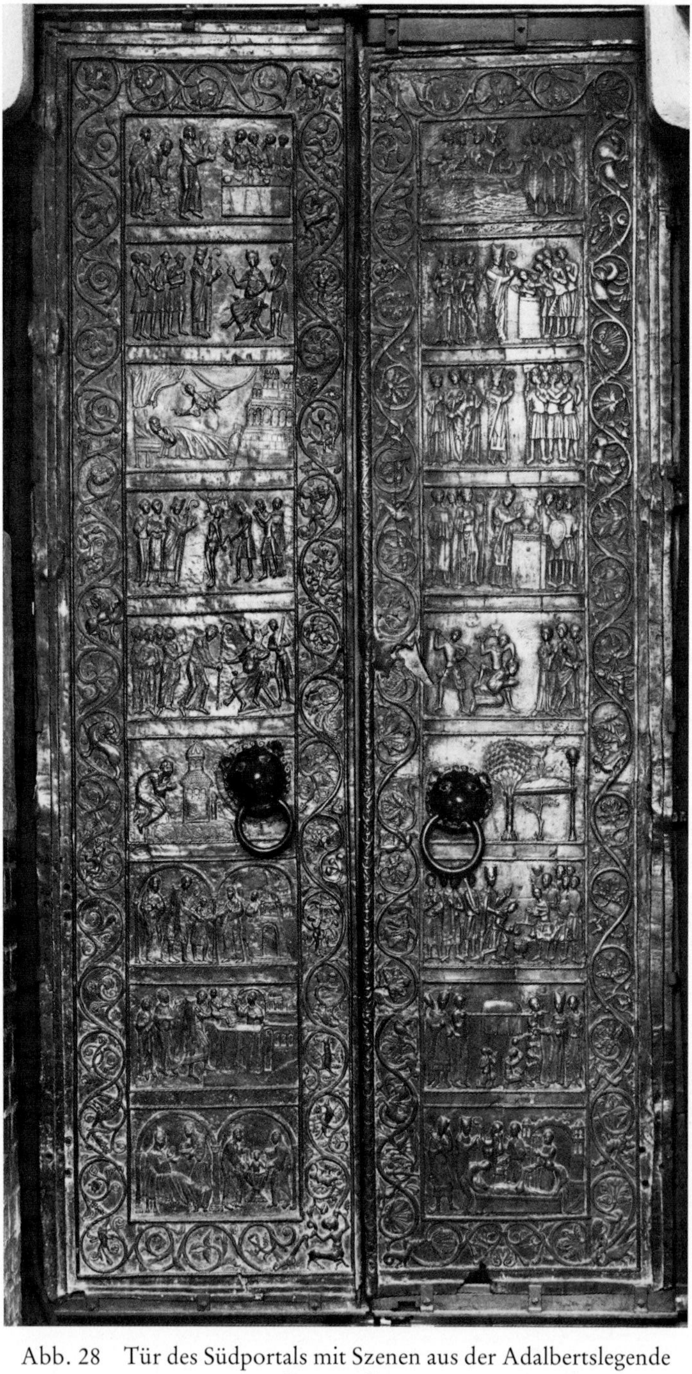

Abb. 28 Tür des Südportals mit Szenen aus der Adalbertslegende
Gnesen, Dom

Abb. 29 Südportaltür, Detail, Verhandlung mit dem Herzog von Böhmen über die Befreiung von Christen und Traumvision des hl. Adalbert, Gnesen, Dom

Abb. 30 Südportaltür, Detail, Tod des hl. Adalbert, Gnesen, Dom

Abb. 31 Tür im Westportal mit Darstellungen aus dem Alten und Neuen Testament
Verona, San Zeno

Abb. 32 Westportaltür, Detail, Schande Noahs, Verona, San Zeno

Abb. 33 Westportaltür, Detail, Abraham und die drei Engel und Verstoßung der Hagar, Verona, San Zeno

Abb. 34 Tür der Porta di San Ranieri (Bonanus von Pisa), Pisa, Dom

Abb. 35 Tür der Porta di San Ranieri, Detail, Zug der hl. drei Könige und Sündenfall
Pisa, Dom

Abb. 36 Tür der Porta di San Ranieri, Detail, Fußwaschung, Pisa, Dom

Abb. 37 Tür des Westportals mit Szenen des Alten und Neuen Testaments (Bonanus von Pisa), Monreale, Dom

Abb. 38 Tür des Westportals, Detail vom rechten Flügel, Verklärung Christi
Monreale, Dom

Abb. 39 Tür des Westportals mit Szenen des Alten und Neuen Testaments (Barisanus von Trani), Ravello, Dom

Abb. 40 Tür des Westportals, Detail, Kreuzabnahme, Ravello, Dom

Abb. 41 Tür des Westportals (Vorkriegsaufnahme), Benevent, Dom

Abb. 42 Tür des Westportals, Detail, bethlehemitischer Kindermord
Benevent, Dom

Abb. 43 Tür des Westportals, Detail, Auferweckung des Lazarus, Benevent, Dom

Abb. 44 Bronzetür des Südportals (Andrea Pisano), Florenz, Baptisterium

Abb. 45 Kruzifixus, Essen-Werden, Propsteikirche St. Liudger

Abb. 46 Kruzifixus, Detail, Essen-Werden, Propsteikirche St. Liudger

Abb. 47 Kruzifixus, Minden, Dompfarrkirche

Abb. 48 „Kaiserthron“, Goslar, sog. Kaiserhaus

Abb. 49 Sog. Crodo-Altar, Goslar, Museum

Abb. 50 Bronzegrabplatte
Rudolfs von Schwaben
Merseburg, Dom

Abb. 51 Bronzegrabplatte des Erzbischofs Friedrich von Wettin Magdeburg, Dom

Abb. 52 Bronzegrabplatte des Erzbischofs Wichmann Magdeburg, Dom

Abb. 53 Löwendenkmal, Braunschweig

Abb. 54 Sog. Wolframleuchter, Erfurt, Mariendom

Abb. 55 Porträtbüste Kaiser Friedrich Barbarossas, Cappenberg, Stiftskirche

Abb. 56 Siebenarmiger Leuchter, Essen, Münsterkirche

Abb. 57 Siebenarmiger Leuchter, Klosterneuburg, Augustinerchorherrenstift

Abb. 58 Fragment eines Leuchterfußes, Reims, Museum

Abb. 59 Siebenarmiger Leuchter, Braunschweig, Dom

Abb. 60 Sog. Trivulzio-Kandelaber, Mailand, Dom

Abb. 61 Sog. Trivulzio-Kandelaber, Detail, Krönung Esthers
Mailand, Dom

Abb. 62 Sog. Trivulzio-Kandelaber, Detail, Zug der Könige, Mailand, Dom

Abb. 63 Leuchter aus Gloucester, London, Victoria-und-Albert-Museum

Abb. 64 Osterleuchter
Léau, Leonhardskirche

Abb. 65 Taufbecken, Lüttich, St. Barthélemy

Abb. 66 Taufbecken, Detail, Taufe Christi, Lüttich, St. Barthélemy

Abb. 67 Taufbecken, Detail, Taufe zweier Zöllner im Jordan, Lüttich, St. Barthélemy

Abb. 68 Taufbecken, Hildesheim, Dom

Abb. 69 Taufbecken, Detail, Taufe Christi, Hildesheim, Dom

Abb. 70 Taufbecken, Tragefigur als Personifikation eines Paradiesflusses
Hildesheim, Dom

Abb. 71 Sog. Weihrauchgefäß des Gozbertus, Trier, Domschatz

Abb. 72 Weihwasserkessel, Speyer, Domschatz

Abb. 73 Radleuchter, Aachen, Münster

Abb. 74 Greifenaquamanile, Wien, Kunsthistorisches Museum

Abb. 75 Büstenaquamanile, Aachen, Domschatz

Abb. 76 Kopfreliquiar aus Fischbeck, Hannover, Kestner-Museum

Abb. 77 Türbeschlag, Lübeck, Rathaus

Abb. 78 Taufbecken (Meister Eckhard), Würzburg, Dom

Abb. 79 Taufbecken (Aert van Tricht), ’s-Hertogenbosch, Kathedrale

Abb. 80 Marktbrunnen, Detail, Goslar

Abb. 81 Adlerpult, Tongern, Liebfrauenkirche

Abb. 82 Hostienturm, Lübeck, St. Marien

Abb. 83 Frauenkopf, Sainte-Fortunade (Corrèze), Kirchenschatz

Abb. 84 Hl. Georg im Kampf mit dem Drachen, Prag, Nàrodni Galerie
Replik vor dem Veitsdom

Abb. 85 Grabmal des Bischofs Evrard de Fouilloy, Amiens, Kathedrale

Abb. 86 Grabrelief des Erzbischofs Konrad von Hochstaden, Köln, Dom

Abb. 87 Grabmal der Eleonore von Kastilien, Gattin Eduards I., London, Westminsterabtei
Memorienkapelle des königlichen Palastes

Abb. 88 Grabmal König Eduards III., London, Westminsterabtei

Abb. 89 Grabmal Edwards, des „Schwarzen Prinzen“, Canterbury, Trinity Chapel

Abb. 90 Prunkgrab des Sir Richard Beauchamps, Warwick, Marienkirche

Abb. 91 Grabmal des Bischofs Wolfhart von Roth, Augsburg, Dom

Abb. 92 Tumba für Bischof Heinrich von Bocholt, Lübeck, Dom

Abb. 93 Grabplatte des Wouter Copmann, Detail, Brügge, St. Jakobskirche

Abb. 94 Grabmal des Erzbischofs Friedrich von Saarwerden, Detail, Köln, Dom

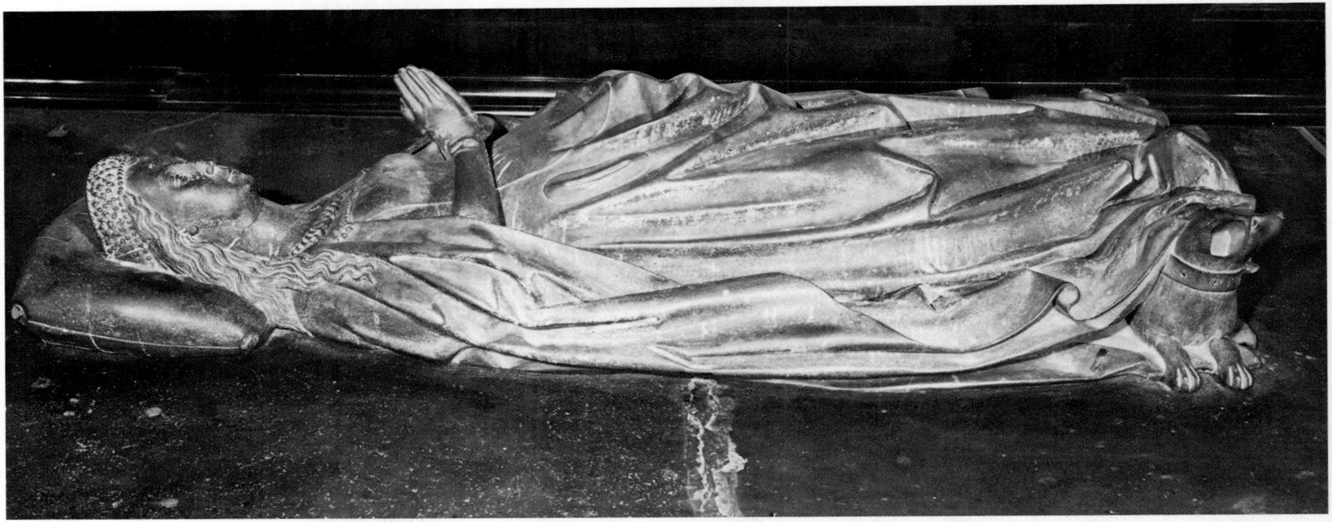

Abb. 95 Grabfigur der Isabella von Bourbon, Antwerpen, Kathedrale

Abb. 96 Messingstatuetten vom Grab der Isabella von Bourbon
Amsterdam, Rijksmuseum

Abb. 97 Grabmal der Maria von Burgund, Brügge, Liebfrauenkirche

Abb. 98 Sebaldusgrab (Peter Vischer und Söhne), Nürnberg, Sebalduskirche

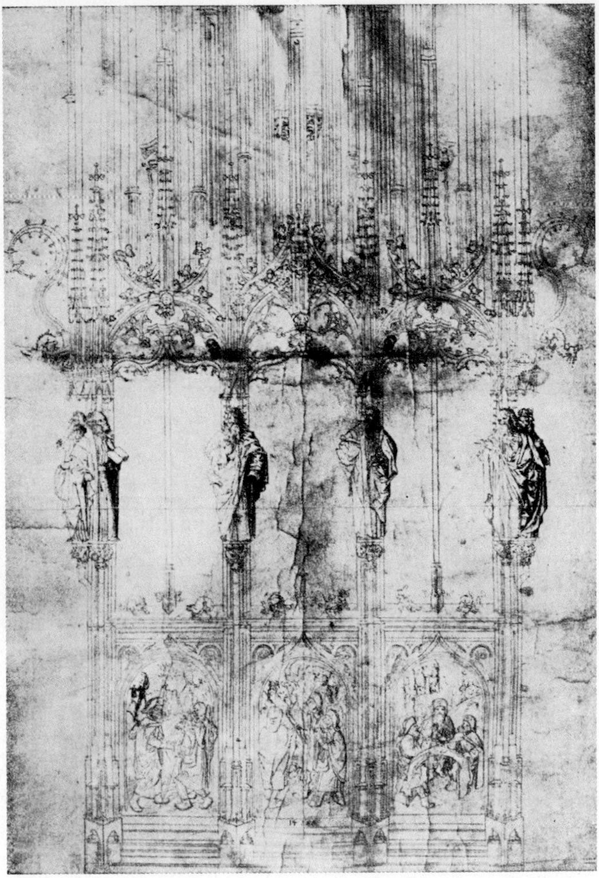

Abb. 99 Entwurf des Sebaldusgrabes, Peter Vischer, 1488

Abb. 100 „Astbrecher" (Peter Vischer oder Adam Kraft), München
Bayerisches Nationalmuseum

Abb. 101 Grabmal des Erzbischofs Ernst aus dem Hause Wettin
Magdeburg, Dom

Abb. 102 Grabmal des Grafen Hermann VIII. von Henneberg und seiner Frau (Peter Vischer), Römhild, Kirche

Abb. 103 Sebaldusgrab, Relief mit der Heilung des blinden Wirtes
Nürnberg, Sebalduskirche

Abb. 104 Sebaldusgrab, Selbstbildnis Peter Vischers d. Ä.
Nürnberg, Sebalduskirche

Abb. 105 Sebaldusgrab, Apostelstatuette, Nürnberg, Sebalduskirche

Abb. 106 Sebaldusgrab, Detail, Scylla späht in ihrem Spiegel nach sich nahenden Schiffen, Nürnberg, Sebalduskirche

Abb. 107 Maximiliansgrab, Innsbruck, Hofkirche

Abb. 108 Elisabeth, Gemahlin Albrechts I., Maximiliansgrab
Innsbruck, Hofkirche

Abb. 109 Theoderich, Maximiliansgrab, Innsbruck, Hofkirche

Abb. 110 König Artus, Maximiliansgrab, Innsbruck, Hofkirche

Abb. 111 Albrecht IV., Graf von Habsburg, Maximiliansgrab, Innsbruck, Hofkirche

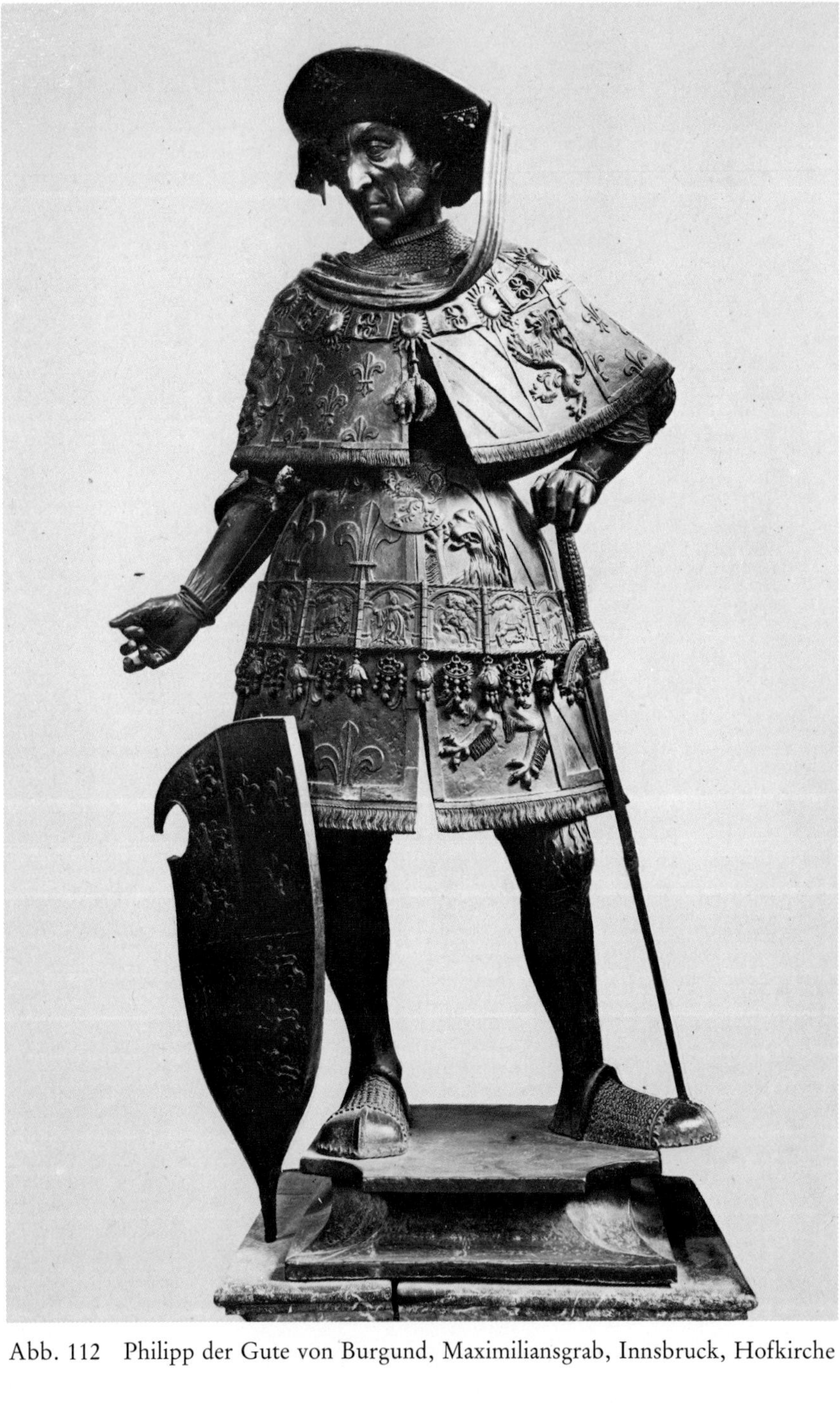

Abb. 112 Philipp der Gute von Burgund, Maximiliansgrab, Innsbruck, Hofkirche